中國社會思想史

（上）

張承漢 著

學歷：國立臺灣大學法學士
　　　美國聖路易大學社會學碩士
現職：臺灣大學社會學系暨研究所
　　　教授兼主任

三 民 書 局 印 行

© 中國社會思想史（上）

著　者　張承漢
發行人　劉振強
著作財
產權人　三民書局股份有限公司
印刷所　三民書局股份有限公司
　　　　地址／臺北市重慶南路一段六十一號
　　　　郵撥／○○○九九九八一五號
初　版　中華民國七十五年三月
再　版　中華民國八十一年九月
編　號　S 50003
基本定價　陸元貳角貳分
行政院新聞局登記證局版臺業字第○二○○號
著作權執照臺內著字第三八七八二號

ISBN 957-14-0308-3 （上冊：平裝）

謹以此書紀念　先師

龍　冠　海　教授

自　　序

　　人類由獸皮裹體，更之以衣縷；由茹毛飲血，代之以爨食；由穴居
野處，易之以宮室；由涉水歷險，調之以舟楫。不僅衣食住行如此，其
他在科技、倫理、制度等等方面，亦復如此，故一部人類歷史，可說是
為求生存而向自然和社會環境挑戰的調適紀錄。無論挑戰的成敗如何，
人類均能從中汲取經驗，用以調整生活之內涵與方式。所以古往今來的
歷史，也就隨著人類挑戰的經驗而豐富、而壯麗。人類於挑戰成功之
餘，固然把經驗用之於生活之上，同時也隨著新挑戰和新問題的出現而
不斷思慮。思慮周詳，固喜不可抑；思慮欠周，亦不揚棄。因之，有關
人類生活方式之思慮，日積月累、浩瀚無際。可是，在連串的挑戰之
中，與人類關係最密切和最重要者，厥惟人類共同生活——社會——的
觀念。因為克服自然環境並非不易；不易者，乃人類社會應如何組織、
如何調適之基本問題。這些問題是人類生存之所繫，如果社會之組織和
問題不能解決，其他一切努力，形同多餘。所以自古以來之聖賢哲士，
無不費盡心智，思以說明人類社會之種種現象，和解決人類社會的各種
問題；而一部人類歷史，事實上就是人類應該如何彼此調適、以謀生存
與發展之社會思想史。如果從歷史中抽出社會思想部分，其所剩者，也
就寥寥無幾，乏善可陳了。

　　一個國家民族的社會思想史，是該國家民族對於社會生活的種種觀
念之紀實，通常隨著其特殊之地理、心理，以及文化背景之不同，而別具
風貌。因此，中國社會思想史乃中國人在求生存和生活之過程中，如何
彼此調適、克服問題之觀念紀錄。然而，不幸的是，對於這部生活觀念
的紀錄，始終沒有合邏輯、有系統之整體闡述；或偶爾為之，亦不以社會

學的觀點作解釋。此種棄先賢社會思想於不顧，總不能不說是件憾事。

　　尤其近百年來，中國在西方文化與工業衝擊之下，固有文化遭受劇烈而重大破壞，代之以西方思想文物，其勢力方興未艾。其初，在文化震驚 (Cultural Shock) 之下，國人對於來自西方的文物制度，思想體系，每抱著一種驚奇、排外，甚至敵視的態度。及至義和團事變，八國聯軍直搗北京，「天朝」美夢，從此驚醒，始知「華夏文物」並非唯我獨尊。加之軍事失利，導致政治主權的喪失，於是割地賠款，相繼而來，大有走上世界其他古老帝國同一命運之趨勢。所幸「自強」運動及時而生，如「師夷之長以制夷」，「中學為體，西學為用」以及「全盤西化」等等。其目的皆在挽狂瀾於既倒，振大漢之先聲。這些運動迨至推翻滿清建立民國而鼎盛，故民國的建立，無疑亦是西方文化影響的結果。中共佔據大陸，一切作為，固不足取，而今日臺灣之社會文化正是此種西方文化影響下的延續，尤其美國化 (Americanization) 的程度，更日甚一日。

　　由於這種文化變遷之趨勢，遂引起國人對中國思想文化之關切，於是提倡所謂「中華文化復興運動」，期從中國固有之文化遺業 (Culture Heritage) 中，就適合於當前時代者，擷其精華，宏揚之，光大之。但此文化復興運動對於思想發展之影響如何？成就如何？目前尚言之過早，不過從長期觀點而言，支配中國思想者既非歐美文明，亦非孔孟遺光，殆為一種適合當前時代需要的混成模式。此所謂「歐美文明」，乃指歐美文明之通性，此種通性吸取精到，固有助於中國思想文化之現代化；吸取不精到，則自暴自棄，永遠附驥人後。所謂「孔孟遺光」，乃我國思想文化之精髓，此精髓是否能夠發揚光大，亦難斷言。蓋在文化衝擊之下，孔孟價值所能付予文化復興的力量有多少，也是疑問。而所謂「混成模式」，乃指中國之思想文化，既不能如數吸收歐美文化，

又不能以「文藝復興」方式恢復固有文化，則兩者趨中，可能發生涵化（Acculturation）作用，故可獨樹一幟，自成一格。

　　然則中國之思想文化，確有其不朽價值，此等價值極宜擇善固執，以為文化涵化之要素。蓋揆諸以往五千餘年的歷史，其間文物思想，以一貫之，苟非有其永恆之價值，則華夏文物，孔孟遺光，恐早已成為歷史紀錄，與古埃及、希臘、羅馬同為人們憑弔之遺跡，夫何復興價值之可言？近代研究中國思想文化之外國人，日益增加，其原因固不一而足，而中國思想文化之實質，恐為其欲了解之真正目的。尤其當今國際勾心鬥角方殷之際，惟力是尚，人慾橫流之時，中華文化尤能屹立不搖，使專以物質為重的西洋文明為之敬重，其不朽價值殆存乎其本體矣。

　　十二年前，先師龍冠海教授嘗對我說：「余因中風，行動不便，望你能繼承我志，著中國社會思想史一書，以宣揚中國社會思想」。我於恭謹拜受之餘，內心卻有無限辛酸與惶恐。心酸者，吾師一生，焚膏繼晷，兀兀窮年，其獻身於社會學之教學與研究者，可謂勞矣。而晚年竟落得形單影隻，輾轉牀第，終以諸症併作，撒手人寰，怎不令人掩面唏噓！惶恐者，筆者才疏學淺，遊學無根，面對浩若煙海之中國古籍，怎不令人徬徨躊躇，不知所以！可是，辛酸可以，惶恐則不足取。因此，自受命以來，無時不以撰寫「中國社會思想史」為職志，無地不以順遂龍師心願而自期。尤其希望能拋磚引玉，激發中國社會思想之研究興趣。故敢將十餘年來在臺大講授「中國社會思想史」之講義，彙集擴充，予以付梓，其用意即在於此。

　　然而，寫社會思想史不易，寫中國社會思想史尤其不易。其中涉及問題之多，絕非想像可及。不過，我只為激發中國社會思想之研究工作率先開路，希望後繼者，尤其年輕之社會學者，不斷努力，則於「宣

揚」中國社會思想之目的，自然就可達到了。

　　本書是「社會思想史」（三民書局出版，再版時擬改為「西洋社會思想史」）的姊妹篇，兩書合併讀之，讀者當知中西社會思想之旨趣及其異同也。

　　最後，本書之能出版，要特別感謝同窗好友韓復智教授之鼓勵與賜助。復智者，仁人君子也，其在中國思想史上的鑽研成就，知者共識；微復智關懷，則本書無由問世。此外，鄉長黃鵬志先生，時賜教宜，每出書，輒經其仔細校訂。本書付梓，又蒙賜正，五內感篆，非筆墨所能形容。至於書中內容與解釋，容有欠當不周之處，尚祈博雅君子，學界前輩，不吝指正，是所幸焉。

　　　　　　　　　　張承漢　序於臺灣大學社會學研究室
　　　　　　　　　　　　　　民國七十四年十月二十五日

中國社會思想史(上) 目 次

自 序

第一篇 緒 論

第二篇 先秦時期的社會思想

第五篇　隋唐五代時期的社會思想

第一篇

緒　論

第一章　中國社會思想的性質

第一節　社會生活與社會思想

　　人類生活是社會生活，蓋個體的生存與發展，必須依賴社會的運作與合作，方有可能。雖然，個人為社會而生存，抑社會為個人而存在的爭執，由來已久，但其目的,均在人類生存或生活之保障是否可得實現。

　　在整個之人類發展過程中，社會生活是求生存、謀福祉的手段；同時，也是製造問題，帶來紛亂的禍源。自古以來之聖賢哲士，其潛心於思考或追求者，卽在於社會生活之如何協調與順遂，社會問題之如何解決或消除，俾便增進人類求生存和謀福祉的能力。可是由於人類社會的層面複雜，向度不一，個人常見其組織，不見其變遷；見其合作，不見其衝突；見其個人，不見其整體；見其心理，不見其體系，因此，欲一舉而得社會的整體形象，或了解社會的整個問題，無異緣木求魚，鮮有可能。所以，社會學中便發展出各種理論——功能論、交換論、衝突論、互動論等等，擬從社會的一點、一面、或一個角度去了解或說明社會現象。正因社會是一個無法一舉而得的「實體」，因此，它的起源、

組織、功能、變遷、和問題等等，就成了思想家思以了解的中心課題。

在思想家所要了解的重點當中，無論那一部分或現象，均與社會生活直接有關。可是，愈與社會有關之現象，愈能爲人類帶來問題與困擾，因之，亦愈能使人類感受痛苦與悽楚。尤其是人類因羣居而生之社會價值——名、利、權——成了人類趨之若鶩、夢寐以求之標的以後，社會也就在對名、利、權之「你爭我奪」的局面下，永無寧日；大至於革命與戰爭，小至於竊盜與賄行，在在都是名利權支配下的動機目標與行爲。

可是，從另一方面看，社會表現的現象，並非全然是問題、困擾與衝突，其中合作、競爭、強制、順應、同化、與交換等等，亦是社會的主要過程。因此，社會思想家，一方面在探討社會問題的負面作用，另一方面在尋求人類社會生活之正面結構，其目的均在對社會作周詳而深入的了解。而無論對於何種現象的了解，或了解現象的某一面，或對整個社會生活之說明，都是與社會生活直接有關的事項觀念。因爲唯有了解人類社會生活的諸現象，才能予以疏導、矯正、和控制。

人類發展至今，約有五十萬年，有史料可稽者，不過五千餘年，而史料中信而有徵、並有社會生活觀念之記載者，約三千餘年。與宇宙比較，三千餘年或不爲長，但三千年的社會思想，卻浩若煙海，不可勝言。可見人類自始卽重視社會生活的探討、社會現象的說明，以及社會問題之解決。雖然說者觀點不一，但其有利於社會生活現象的了解，殆無疑義。

第二節　從社會思想到社會學理論

在本書序言之中已經指出，本書是「社會思想史」一書的姐妹篇，

關於社會思想的性質，上述一書言之綦詳，此處不擬重複。但其中有四
個概念，讀者常易混淆，所以有深入分析的必要。這四個概念是社會思
想 (Social Thought)，社會哲學 (Social Philosophy)，社會理論
(Social Theory)，以及社會學理論 (Sociological Theory)。

　　前已言之，人類生活係社會生活。有社會生活，斯有社會現象與問
題；有社會問題，斯有痛苦與不安。所以古今中外之思想家為解決這些
問題，每每思想出一種理想狀態，作為社會「應該」如何結構和運作的
指標，這種「應該」如何的狀態，即是社會思想。但是，要設計出社會
「應該」如何的狀態，當然要對各種社會現象或生活的因果及功能有所
說明或解釋；所以在每種社會思想之中，皆包括對社會現象或生活之解
釋，以及由此解釋而推衍出來的理想狀態——社會「應該」如何的觀
念。例如對於犯罪與懲罰、戰爭、性、社會責任、團體關係等等之說明
與判斷均是❶。所以社會思想大都含有訓示、解釋、評價、以及倫理等
目標。如果這些訓示、解釋、評價及倫理等目標與某些人的教誨或教義
(Teachings) 關連，則便是社會哲學。因此，社會哲學涉及之範疇與
社會思想雷同，皆在對社會與社會生活之分析，以及社會問題的解決提
出各種答案，只是泛泛言之，謂之社會思想，而限定於某人或思想家
者，謂之社會哲學。包斯考夫 (Alvin Boskoff) 認為，兩者均是「評
價而非觀察；判斷而非知識。」❷。不過，也有些社會學家認為，社會思
想與社會哲學乃同一概念，無須區分❸。

❶ Alvin Boskoff, "From Social Thought to Sociological Theory" in *Modern Sociological Theory,* edited by Howard Becker and Alvin Boskoff (N. Y.: Dryden Press, 1957), p. 4.
❷ 同上。
❸ George A. Theoderson and Achilles G. Theoderson, *Modern Dictionary of Sociology,* p. 396.

可是另一方面，社會思想與社會哲學的最大區別，並不限於其內涵涉及之範疇，而是解釋社會現象時所使用的概念與方法。質言之，凡以社會學之概念與方法解釋社會現象者，謂之社會思想；凡以哲學概念與方法爲之者，謂之社會哲學。

至於社會理論，乃由社會思想或社會哲學發展而來。雖然社會思想中有些部分是想像的、不實的、不科學的，但其中有些思想依然是經驗的、實際的、科學的，而此等部分便成了社會理論的基礎。因此，社會理論與社會思想或社會哲學的主要區別，在於社會理論的形成，重在經驗生活之系統的和可資驗證的敍述。換句話說，兩者之區別是在方法，不在研究或解釋的對象。事實上，卽在現代社會學理論中，觀念的任意蒐集，遠過於對各種通則的系統化和驗證化的運用❹。

至於社會學理論、社會理論，以及社會學思想(Sociological Thought)，三者意義相同。在現代社會學中，此等概念的運用因人而異，並無定規，卽使同一個人，有時對上述概念亦交替爲用❺。不過，社會理論也可泛指社會科學的理論，它是一個與自然科學或人文科學相對的概念。因此，使用「社會學理論」者多於「社會理論」，其原因殆出乎此。

第三節　研究中國社會思想史的限制

前面曾經說過，研究社會思想史，主要在了解過去思想家對於人類

---

❹ The Dushkin Publishing Group (ed.), *Encyclopedia of Sociology*, p. 276.

❺ 如寇塞 (Lewis A. Coser)，在其與魯遜柏格 (Bernard Rosenberg) 所編之書中，使用「社會學理論」(Sociological Theory) 爲名，而其自撰者，則以「社會學思想」爲名，如「社會學思想大師」(Masters of Sociological Thought)，卽爲一例。

社會生活的觀念，包括對於各種社會現象的解釋及各種社會問題的解決。但是要了解過去思想家對於社會生活的觀念，並不容易，尤其要了解中國古代思想家有關社會生活的觀念，更加不易。蓋其中有種種限制必須克服，方可抓住思想家正確的觀念。否則隨意解釋，不但不能了解古人的社會觀念，而且貽患後學，作賤自己；對於社會思想的宣揚與發展，自是有害而無益。所以研究中國社會思想史，必先克服許多限制，方可著手進行。這些限制如下：

第一為史料問題。既是研究社會思想史，顯然是指過去或古人對於社會生活的一些觀念。這些觀念只有從歷史的文獻及思想家的著作中方可找到。但是中國古人的著作，有些比較零碎，對於邏輯及系統觀念不太講究，而且沒有明確的主題和定義，所以了解起來頗為不易；甚至用同一概念代表不同現象，或同一概念先後用法不一，因此，如不能對於思想家應用某一概念時的「真意」有所了解，則很可能「望文生義」，造成錯誤。再加上古代──尤其先秦時期，印刷及刻板不發達，戰亂頻仍，以致後來編書者，往往把不同之人的著作彙集一起，冠以某人之作，使一部書之內容先後矛盾、義理不通，如莊子、管子、韓非子，均屬實例。至於託古人之名而述己見者，更不乏其例，如禮記是❻。所以研究中國社會思想，首先要肯定史料的真實性。胡適認為，講中國思想史，史料正確最為重要❼。但是在現代知識爆炸的時代，只求義理之了解，已有不勝負荷之感，再去考證，更非一般人所能擔當。所以考據之事不妨由專家為之，而社會學者則應有辨別專家考據真偽的能力，或選擇公認為正確之考證資料，用為闡述某人或某派社會思想之依據。不過，正如

---

❻　「禮記」被公認為漢代之作品。換言之，可能是漢代之人託古人之名而表達自己的思想。但也能是古代非正式流傳下來的思想，到了漢代而加以編纂而成。

❼　見胡適著「中國古代哲學史」，導言，商務。

以上所言，史料之正確應由史學家或國學家去考證，研究社會思想史的人，有辨別考證正確與否的能力就足矣。但這並不是說考證不重要。如果把古書中每一篇的眞僞都仔細辨證，則義理恐怕就無法問津了。其實我們不能認爲，博雜不純的古籍無研究價値。例如，商君書是僞造的，其中並非全部是商鞅的思想，可是我們可以「商君書」中的社會思想，作爲研究的對象。如果是研究商鞅的思想，我們可以把「商君書」中與商鞅有關的思想找出來，無關者，則捨棄不用。所以，史料的眞僞是一回事，而史料的辨別與應用是另一回事。但無論如何，選用正確的史料，是研究社會思想史的首要之務，否則「張冠李戴」，就罪大「惡」極了。

　　第二是訓詁。我國的古書，年代頗爲久遠，了解不易，尤其是先秦的著作，有些了解尤爲不易，蓋古代的文法結構，言簡意眩，無論是字或詞，都不是直接可以察覺了解的；也不能「望文生義」，因爲一字或一詞可能包括一個情節複雜的故事；或者一段歷史的掌故。所以，要了解中國古代的社會思想，對於所謂之文言或古文必須要看得懂，懂得的眞。例如，詩經一書，了解頗爲不易，如無專家注釋，僅從字面上是無法知其含義的。再如莊子一書，其哲理的深厚，比起儒家的著作要難以理解的多。至於進一步辨音、辨義、辨理，更不是一蹴可及、人人可以勝任的。所以，要研究中國社會思想史，訓詁是必要條件，因之也是一項限制。因爲不能了解古書的意義，自然不能了解古書的義理。然而這一層功夫對現代的學生而言，比讀外文還要困難，這種文字上的隔閡，可能是傳統中國思想不受重視的原因之一。可是，要研究中國傳統思想，這層功夫是不能免的，否則只能附驥他人之後，人云己云，不能直達原著，自然就不能有所創見了。

　　第三是專業知識。現代的學術領域，雖然有「分久必合、合久必分」之勢，但大體言之，各類科的概念、觀點與方法，依然有其顯著不

同之處。因此，以某種學術觀點研究中國傳統思想時，此種學術之基本觀念、立場、方法等等，則必不可缺。例如，研究中國社會思想時，對於古代社會結構的敍述與分析，則必須以社會學的觀點、概念、方法為之。如果對於社會學本身的知識不足，則很難把古人的社會觀念或社會生活，詳加闡釋。例如，孔子言「正名」，國學家最多告訴我們是:「辨名份，正名義」。但就其社會學含義而言，則就不同了（詳見孔子的社會思想節）。至於其社會功能，則更不是一般人所能理解的。現代歷史社會學的發展，雖然糾正了以往的一些疏漏，但要以社會學的觀點、概念、方法澈底解釋中國傳統的社會思想，尚待學者繼續努力❽。

第四是史學知識。在本書之始即已言及，要了解一位思想家的社會思想，必先了解其時代背景與生活經驗。因為個人思想之形成必與其時代背景及經驗有關。事實上，有許多思想家的社會思想，乃針對當時社會情況或問題所作的直接反應。所以，了解時代背景是了解社會思想的先決條件。而要了解時代背景，則必須有史學知識。因為歷史上任何事件之發生，都不是孤立的、偶然的、或單獨的，換言之，必與整個的社會情況及以往事件之延續有關。而對這些之了解，則須靠歷史知識；因為所有之事件或資料，均已過去，只有從可靠史料才能了解整個的情況，也才能了解思想家所受之影響。因此，研究中國社會思想史必先了解中國之歷史，其中尤以社會文化史為最重要。況且社會思想史所研究者，均是古人的遺著，這些遺著已經是歷史的部分了。時下言思想者，多未說明思想形成的背景，及其歷史影響，不能不說是一件遺憾。所以要彌補此種遺憾，中國歷史知識是不可或缺的。

---

❽ 我國史學家許倬雲教授，在此方面有極大之貢獻。許教授所著之「An-cient China in Transition, an Analysis of Social Mobility」(Stanford Uni. Press, 1965.)，即以社會學的觀點與方法撰述，讀者可以參考。

以上四點限制不能克服，則研究中國社會思想史，勢必徒勞無功，或有所言而不當，並非「社會思想」也。至於其他之限制，或不如此四者之重要，酌予省略，讀者當可自悟。

第四節　中國社會思想史的分期

社會思想，乃文化中之主要成分，亦其菁華所在。所以其分期，可涵蓋於文化史的分期之中。然而，有關中國思想史的分期，說者觀點並不一致。蕭公權先生將中國二千餘年之思想分爲四大段落如下❾。

(一)創造時期　　自孔子降生至始皇統一，爲時約三百年，卽所謂先秦時代。

(二)因襲時期　　自秦漢至宋元，爲時約一千六百年。

(三)轉變時期　　自明初至清末，爲時約五百年。

(四)成熟時期　　自三民主義之成立以迄於今，爲時約六十年。

梁啓超又將先秦時期分爲三期。

第一，部落期，唐虞迄殷末約千餘年。

第二，封建期，西周約三百年。

第三，霸政期，周東遷後至孔子出生前約二百年。

而王爾敏先生又將一八四〇年之後的近代中國思想，分成四個段落；卽(一)一八四〇～一八六〇；(二)一八六〇～一八八〇；(三)一八八〇～一八九五；(四)一八九五～一九〇〇❿。

上述之中國思想史分期，無論是總分期，或細分段，大致均以各個

---

❾　蕭公權著「中國政治思想史」(上)，頁3，中國文化大學出版，民國六十九年。

❿　王爾敏著「中國近世思想史論」，頁2，民國六十七年三版，華世出版社，臺北市。

時代思想所表現的特徵爲依據。就思想發展之過程而言，此種分期只不過爲了研究方便而已。事實上，一個社會之思想多有其累積性與連續性，易言之，先前思想是後期思想發展的源流，而後期思想是先前思想發展的累積或結果，所以人類思想可以「以一貫之」。海爾德 (Johann Gottfried Von Herder, 1744-1803) 把人類歷史視爲一種有機之連串體❶，正是在說明人類歷史文化之連續性。不過，各個時代之社會思想亦有其獨特之處，蓋各時代之社會現象與問題不同故也。而研究中國社會思想史，苟知其在各時代之發展特徵，不僅便於研究，而且可知其變遷之大勢。因此，按照各時代之特性，中國社會思想史大約可別爲四個階段或時期。

第一爲草創或萌芽時期，約自商至春秋。此一時期之主要思想，可見尚書、詩經、易經、國語、左傳、逸周書等。就社會思想而言，其中以詩經較多，書經、易經次之。

第二爲興盛或黃金時期，卽春秋戰國時期，亦卽中國思想史上的黃金時代。所謂百家爭鳴，百花齊放，各種思想一應俱備，九流十家儘出於此；在時間上與西方古希臘思想並行，東西輝映，是人類思想史上的兩道巨光。

第三爲儒家思想主流時期，約自漢初至清末。蓋漢武帝納董仲舒之議，罷黜百家，獨尊儒術之後，奠定了儒家對於中國學術思想之影響基礎。其間雖然道家亦曾流行；唐以後佛學輸入，影響可謂不小，但仍以儒學爲主流，只是許多儒家思想已經雜揉其他思想罷了。

第四爲西方社會思想影響時期，約自清朝末年以迄於今。此一時期，因中西文化接觸頻繁，西方文物不斷輸入，因之中國社會思想產生空前

---

❶ 龍冠海、張承漢合著「社會思想史」，頁 275，三民書局，民國六十八年。

之巨變。換言之，此一時期的中國社會思想，似乎走上一個中西合璧的綜合時期。不僅倡言西學者思以西方文物爲中國思想發展之歸向，卽傳統儒學，亦已開懷接納西方觀念，形成所謂「新儒學」⑫。

上述之分期，並非固定不變。事實上，可以根據未來發展趨勢與特質，再增第五期或第六期，或每一時期再細分成幾個階段或段落。總之，中國社會思想發展之特質，徵之上述四個時期，其梗概可顯而易見矣。

第五節　近代中國社會思想發展的阻礙

前已言之，社會思想是解釋社會生活或現象的觀念，因此，在每一個社會文化之中，都有難以罄盡的社會思想，以說明社會生活或現象的眞相。中國社會自然亦不例外。從殷商至今約三千七百餘年，其中對於人類社會作解釋的思想家，何至千計，卽其中知名者，亦可百計。在這些成百上千的思想家中，對於社會生活或現象的解釋，雖然不盡相同，但其目的則一──要在瞭解社會生活之眞相。可是，自清末以還，中國國運多舛，連串禍端，接踵而來。所謂「不眠憂戰火，無力正乾坤」(杜甫詩)，於是國勢日衰、人心日溺。部分有識之士，頓覺中國固有思想之非、社會之薄，於是思以拯救之道者，陸離光怪，爭豔鬥麗。當然凡此種種，亦係社會思想。惟行之旣久，難免數典忘祖，甚至譏刺、污辱，相沿成習。這些所謂之「有識」之士，大都是「無識」之輩。他們對於中國社會文化，多數缺乏整體認識；對於人類文明之發展歷程，又沒有深刻理解，掇拾西洋牙慧，用當欺世工具。今人寫文章者，每謂西人謂之

---

⑫　「新儒學」之內涵，可參見羅光著「新儒家論叢」，臺灣學生書局，民國七十年。

如何，實則三千年前中國古書之中，已經載之綦詳。可是有幾人回首前
塵，探溯中國社會思想之豐富內涵？其實人類的社會文化，因生物的、
地理的、及社會生活的需要與自然環境的限制，每有許多共同之處，此
所謂之文化普遍性 (Cultural Universals)。換言之，西洋人能想到者，
中國人亦能想到；西洋人能行之者，中國人亦可行之，所謂「人同此
心，心同此理」。雖然在思想的內容上、形式上、對象上、以及方法上，
容有層次之不同，但非「彼有己無」，亦非「彼深己淺」、「彼長己消」、
「彼優己劣」、「彼是己非」。可是回顧中國近代歷史，似乎是一部中國社
會文化退縮史。不僅科技不如人，社會生活之觀念，亦不如人。於是自
暴自棄，妄自菲薄，眼見「蜂蝶紛紛過牆去，卻疑春色在鄰家」（王駕
詩），乃至奴顏婢膝，醜態畢露。其實，社會思想只是些社會生活觀念，
其本身並無「好壞」之別。因為思想之發展隨著社會變遷而不同。所以
不能把中國的一切問題，悉歸咎於學術思想之不振。或「則曰中國自秦
以來二千年，思想停滯無進步，而一切事態，因亦相隨停滯不進。……
或則謂二千年來思想，皆為孔學所掩脅，或則謂二千年來思想，皆為老
學所麻醉。故或則以當前病態歸罪孔子，或則歸罪於老子。或謂二千年
來思想界，莫不與專制政體相協應。或則謂此二千年來之思想，相當於
歐洲史之所謂中古時期，要之如一丘之貉，非現代之所需。或則謂思想
限制於文字，欲一掃中國自秦以來二千年思想之沉疴積痼，莫如並廢文
字，創為羅馬拼音，庶乎有瘳」[13]。諸如此類，不勝枚舉，至此，中國
社會思想，似乎無人問津，要救中國，唯有西洋思想，所以中國社會思
想的厄運，就因之而註定了。

　　事實上，一國之社會思想，乃該國順應環境而生的生活觀念，這種

---

[13] 錢穆著「國史大綱」，國立編譯館出版，商務印書館發行，民國二十九年。

觀念應是其文化的一部分，故能自成一個體系❶。但社會變遷不已，因
之順應變遷後之社會生活觀念，亦應改變。所以，古人之社會思想，乃
古人在其社會文化背景下發展出來的生活觀念，其與今人者自然不同。
可是另一方面，人類文化也有其共同之處，換言之，共同之文化並不因
時空限制而迥異。因此，嚴格地說，社會思想一在探討與時俱移的生活
調適方法，另一在探究不受時空影響而可垂世之「眞理」。從此一觀點
而言，中國社會思想與西洋社會思想同具價值；古人社會思想與今人社
會思想同有意義。我們探討的是社會生活的「眞理」，不是古今中西之
分，天南地北之別的那些「價值判斷」。因此，對於中國自古以來的那
些生活觀念，乃至提供生活觀念的個人，實無毀謗、侮辱、攻擊之必
要，所必要者，是找出古人解釋社會生活的那些眞理，然後具以引導社
會的變遷，或配合社會變遷的需要，使社會生活更加順暢，個人亦更加
滿足與幸福。如此，研究社會思想的目的，就算達到了。

---

❶　有關社會體系、文化體系以及人格體系諸概念間之關係，可參見張承漢譯
　　「社會體系」一書，第三章，黎明文化事業公司，民國七十一年。

第二章　本書的目的、設計與困難

　　本書的主要目的，在將中國數千年來有關社會生活之觀念與看法，作一種有系統的 闡述與評價， 俾了解中國人對於社會生活的 理解與安排，並找出其特性，以便與世界其他地區之社會思想相比較。所以，本書在設計上具有以下幾點特徵：第一、全書之結構按時代排列，然後就每個時代的主要思想家，列述其社會思想之要義，並根據當代社會學的各種知識解釋之、批評之。第二、在論述每一時代的社會思想之前，先簡要敍述該時代的社會背景，以便了解其思想發展的原由及其特性。第三、在敍述每一位思想家的社會思想之前，扼要說明其生平事略，以便了解其社會思想發展的歷程與特性。孟子說：「頌其詩、讀其書，不知其人可乎？是以論其世也。」（孟子萬章篇）正是此意。第四、根據中國社會思想發展之全部歷程，說明未來中國社會思想之發展方向與大勢。第五、本書所用資料，以原著爲主，如非必要，不以他人論述解釋。

　　雖然如此，要就上述五點特性，臚述蒸詳，洵非易事。蓋其中涉及問題之多與內容之廣，斷非一人或少數人之力所能竟功。其最顯著者：第一爲訓詁與考證。訓詁與考證原非社會學之事，但須有辨別比較之能力，不可採用斷章取義之說，積非成是之論。尤其對於自矜創見，強作

疏釋，而實則膠柱鼓瑟，標新立異之說，能有論斷取捨之膽識。第二為社會學知識的廣博與深入。因為唯有廣博深入之社會學知識，方能作周詳而完整之解釋，更能作「社會學」的說明。第三為公正客觀之批判態度。批判非但不易，而且跡近不能。但是，如果批判持之有故，言之成理，能從整個社會文化的發展層次上著眼，則批判仍可進行。時下對古人之批評者，每以今非古，「幾若善博者能呼盧成盧，喝雉成雉之比」❶。如此，非但不能了解古人思想之一貫體系，而且往往曲解成癖，以致去古人之本意遠矣。今日學術思想之眾說紛紜，莫衷一是者，與此不無關係。

綜括以上所言，不過其犖犖大者而已。其他問題，不再一一論述，讀者倘能本此原則進一步探究，必可觸類旁通，左右逢源。

---

❶ 李漁叔教授語。見李注「墨子今註今譯」緒言，頁2，商務印書館，民國六十八年三版。

第二篇
先秦時期的社會思想

第一章　殷周時期的社會思想

第一節　殷周時期的社會背景

商朝末年，帝辛（紂）暴虐，諸侯周興兵討伐，周武王揮軍直入商京朝歌（今河南淇縣），商朝覆亡，周朝誕生。武王雖然建國，但以積勞成疾，於艱困創造時期逝世。成王即位，周公旦輔政，建國大業於焉完成，所以史家謂：「周家之業文王經之，武王定之，成王成之」。而周之典章制度與中華道統，遂而奠定。

周平天下之後，在政治上，行宗法及封建制度。在經濟上，行井田制度，並使政教合一，以安定社會，充裕民生。此外整軍經武，開疆拓土，國勢日隆。

在社會上，行奴隸制度，奴隸多來自戰爭及罪犯，以從事貴人左右之服侍和勞動生產工作為主。奴隸可以抵押、買賣，而且地位世襲，鮮有變更。

在商業上，則仍未脫離以物易物的階段，但商人勢力已逐漸形成，「金玉其車，交錯其服」，甚至插手於政治舞臺。

在家庭與婚姻上，多妻已是當時社會的普遍現象，因此許多骨肉相殘之家庭悲局，亦由此而生。又由於男女社交上的隔離，青年男女的婚姻決定權，悉被剝奪。雖然詩歌詠著城隅桑間的密會幽期，野外田間的柔情似水，但男女之間並無擇偶的權利。此外，嫡長繼承，也是內亂不已、外禍頻仍的原因之一。

在軍事上，訓練武士，或為保國衞民，或為擴充國勢。平日使其練習射、御和干戈的使用，以及舞蹈、音樂，和禮儀之培養，以便忠心耿耿，為國家效命。

在宗教上，敬天法祖，祭祀衆神。其中社祭最為普及，含有娛樂和團結之功能。

總之，在封建的階層制度之下，最上一層是周王及同姓諸侯構成的大家族。第二層為國君和同姓大夫構成的大家族。第三層為氏室，擁有土地、人民和軍隊。最下一層是庶民，為被統治者和生產者。所以，整體看來，天子和異姓諸侯之間，或異姓諸侯彼此之間，多有與宗族關係相等之姻親關係聯繫之，整個的社會組織以家族為經，家庭為緯❶。

第二節　殷周時期的社會思想

一、尙　書

尙書又稱書經，意謂古代之政府公文。相傳尙書凡三千餘篇，至孔子刪定為百篇。秦始皇焚書時，伏生藏百篇尙書於壁中，後經秦末之亂、楚漢之爭，伏生發其書，僅存二十九篇。漢景帝時，魯恭王擴建宮室，損及孔子故居，又於壁中發現古本尙書，惟因當時未予珍惜，至西

---

❶　周代社會背景，見張蔭麟著「周代的封建社會」一文（清華學報第十卷第四期，民國十七年）及陳安仁著「中國上古中古文化史」第四章（華世出版社，民國六十四年十月）。

晉永嘉之亂，全部亡佚❷。東晉時梅賾獻尙書五十八篇，除伏生二十九篇外，餘均係僞撰。今之尙書卽伏生所傳之二十九篇。（顧命與康王之誥合爲一篇，故又謂二十八篇）

尙書中的社會思想，要在說明社會生活的內涵及其發展的過程。首先說明社會現象與自然現象之關係，而後再強調社會秩序與組織之重要。

(一)自然與社會文化的關係　尙書堯典有云：

歷象日月星辰，敬授人時。……寅賓出日，平秩東作；日中、星鳥，以殷仲春。厥民析；鳥獸孳尾。……平秩南訛；敬致。日永、星火，以正仲夏。厥民因；鳥獸希革。……寅餞納日，平秩西成；宵中、星虛，以殷仲秋。厥民夷；鳥獸毛毨。……平在朔易；日短、星昴，以正仲冬。厥民隩；鳥獸氄毛。……允釐百工，庶績咸熙。

由是可知，人類社會生活的內涵與運作順序，均取法於自然，卽使辦理各種政事，亦須依時序而訂定。換言之，人類社會生活應配合自然，而非克服自然、支配自然，或主宰自然。此種觀念，在儒家思想中有之，而在道家思想中尤然。當然這與當時自然科學不發達有關。另一方面，當時的思想層次不高，自然科學亦無由發達。不過克服自然、壓抑自然，必然破壞宇宙體系原理，如今科學所帶來的負作用，是否與此有關，實在發人深省。

(二)論社會組織　人類社會生活隨自然秩序確定之後，尙須有本身之運作原理，始能順遂。所以說：

克明俊德，以親九族；九族旣睦，平章百姓；百姓昭明，協和

❷　見屈萬里註譯「尙書今註今譯」，頁1至2，臺灣商務印書館，民國六十六年四月七版。

萬邦。（尚書堯典）

可見社會生活之暢遂，決定於社會關係之調適與協和。蓋符合自然法則，只是社會生活之取向，而社會關係之調適才是目的與保障。在社會關係的調適方法當中，首先是對社會規範之遵從，所謂：

慎徽五典，五典克從，納于百揆，百揆時敍；賓于四門，四門穆穆，納于大麓，烈風雷雨弗迷。（尚書堯典）

此處所謂五典，即五教——父義、母慈、兄友、弟恭、子孝。它是五種地位（父、母、兄、弟、子）與角色（義、慈、友、恭、孝。又，角色之要素為規範）的關係與表現。社會組織便由此而產生，並由此而外延。於是才能「協時、月，正日；同律、度、量、衡。修五禮、五玉、三帛、二生、一死，贄，」（尚書堯典）也就是創造文化。但是，這些角色規範不足維持社會秩序，尚需要刑罰加以補救。

象以典刑。流宥五刑。鞭作官刑，扑作教刑，金作贖刑。眚災肆赦，怙終賊刑。「欽哉，欽哉！惟刑之恤哉！」（尚書堯典）

惟刑罰之運用有範圍、對象和程度之不同，只有對怙惡不悛者施以重罰，旨在「刑期無刑」。所以說：「敬敷五教，在寬」（尚書堯典）；而「有不吉不迪，顛越不恭，暫遇姦宄，我乃劓殄滅之。」（尚書盤庚）

社會秩序維持之後，再從事政治、經濟、宗教、倫理、福利等種種措施之推動，以期最終理想社會的到來。

（三）政治主張　在政治上，首先強調天道觀念。天是自然秩序的法則，所以人類應該遵循天意❸。統治者的作為，應時時顧及天的要求

---

❸　馮友蘭在「中國哲學史」（頁55）一書中指出：「在中國文字中，所謂天有五義：曰物質之天……曰主宰之天，……曰命運之天……曰自然之天……曰義理之天」。但從社會學的觀點而言，實乃一義，所指者，係一個對象及其發揮之功能而已。即上帝（主宰）是有形（物質）的，祂代表宇宙（自然）及其最高原則（義理），發揮控制人類之功能（命運）。

（即義理或正義），所謂「鮮以不浮于天時」（尚書盤庚）。 如果違背天意，只有「惟恭行天之罰」（尚書牧誓）。因爲「惟天陰騭下民，相協厥居」（尚書洪範）；「惟天監下民，典厥義」（尚書盤庚）。 所以在尚書之中，言天者，處處可見。其要義在對君主及人民發揮社會控制之功能。

其次是民本觀念，即統治者的地位與權力來自人民。所謂「天子作民父母，以爲天下王」 （尚書洪範）。故天子的地位，一方面在表現天（上帝）之子的角色（孝）， 另一方面在扮演人民父母的角色（義、慈）。統治者應時時戒懼和反省， 是否正確而有效地扮演這些角色。 蓋「天聰明，自我民聰明；天明畏，自我民明威」（尚書皋陶謨）。天既然是民意的反應，統治者自不應脫離民意。如果遠離民意，爲所欲爲，則即非統治者之角色，人民自然可以易之。此後孔孟之徒主張人民革命，可能淵源於此。

統治者除了尊重民意之外，尚有九事待成，即五行、敬用五事、農用八政、協用五紀、建用皇極、乂用三德、明用稽疑、念用庶徵、嚮用五福、威用六極(尚書洪範)。其中與社會組織有關者是八政（食、貨、祀、司空、司徒、司寇、賓、師）， 即八種官職（地位）及其角色； 與社會價值有關者是五福，即壽、富、康寧、攸好德、考終命。而統治者與其屬僚關係之協和，是治理人民的先決條件。所以說:

> 臣哉鄰哉！鄰哉臣哉！ ……臣作朕股肱耳目；予欲左右有民，汝翼；予欲宣力四方， 汝爲……予違， 汝弼； 汝無面從， 退有後言。欽四鄰， 庶頑讒說， 若不在時， 侯以明之。 ……工以納言， 時而颺之； 格則承之庸之， 否則威之。（尚書皋陶謨）

君臣關係若此， 則自然政治清明， 澤被四表。所以「元首明哉， 股肱良哉， 庶事康哉！ 」「元首叢脞哉， 股肱惰哉， 萬事墮哉！ 」（同上）可見君臣關係的良窳對於政事， 乃至社會之影響了。

(四)經濟主張 除了政治之外，經濟問題亦是社會生存與發展的基本因素。語云:「民以食爲天」，人的生存如果受到影響，其他問題固不能解決，而社會本身的運作亦必不能順暢。所以經濟問題之解決，云爲當務之急。

> 棄! 黎民阻飢，汝后稷，播時百穀。（尚書堯典）

農業固然是解除民眾飢餓的要素，但工業亦不應疏忽。所以說:

> 疇若予工?……俞咨! 垂，汝共工。垂拜稽首，讓于殳斨，暨伯與。（同上）

古代社會由於科技不發達，生產力低，只有生之者眾，食之者寡，或者辛勤工作，不敢懈怠與享樂，才能免於饑餓。

> 君子所其無逸。先知稼穡之艱難，乃逸; 則知小人之依。相小人，厥父母勤勞稼穡，厥子乃不知稼穡之艱難，乃逸乃諺旣誕。（尚書無逸）

由於生產效率及效果過低，造就了中國人何以克勤克儉的美德，俟後經濟上的保守主張，均與此有關。

(五)論宗敎 就宗敎現象而言，尚書中所表現者比經濟事物爲多。一般言之，其宗敎性之實務，多於宗敎性之理論; 其潛功能 (Latent Function)，大於顯功能 (Manifest Function)。尚書之中有關天帝祭祀之事，處處可見。例如高宗肜日，記述祭祀之事甚多。尤其是周朝爲一個多信仰的封建社會，在封建社會之上有一個天王，是主宰眾神的上帝，祂關心眾人的道德問題，賞善罰惡; 換言之，具有社會控制之功能。其他眾神主管人民的衣食住行娛樂。周人事事求神問卜，方作決定，以便逢凶化吉（詳見尚書洪範），順遂所願; 大至於國事，小至於私行，無以例外。

(六)論娛樂 又就娛樂而言，音樂與舞蹈是陶冶心情、規範行爲的

方法。所以尙書堯典有云：

　　　帝曰：「夔，命汝典樂，敎胄子。直而溫，寬而栗，剛而無虐，
　簡而無傲，詩言志，歌永言，聲依永，律和聲；八音克諧，無相奪
　倫，神人以和。」
音樂之功能，於此可見。後來儒家言樂，其要義亦在於此。
最後，尙書中之社會安全政策，對於後世亦有影響，例如

　　　無胥戕，無胥虐，至于敬寡，至于屬婦，合由以容。（尙書梓
　材）又謂：

　　　……汝無侮老成人，無弱孤有幼。各長于厥居，勉出乃力，聽
　予一人之作猷。無有遠邇，用罪伐厥死，用德彰厥善。（尙書盤庚）
上述之言，充分顯示出老人福利、兒童福利以及貧窮救助等人道思想。

　　總而言之，尙書中之社會思想，要在說明社會生活之理想內涵及其
運作之方式。基本上，它是以原始經濟形態爲主而發展出來的生活觀念。
雖然以政治爲主導，強調統治者一人責任說，但亦重視社會的其他現象，
並根據貌(態度)、言(互動)、視 (觀察)、聽(分析)、與思 (考慮)等五
種行爲要素(尙書洪範)，以及「民訖自若是多盤，責人斯無難；惟受責
俾如流，是惟艱哉」(尙書泰誓)之人格傾向，說明社會生活之各個面向。

二、易　　經

　　易經是中國最古老的經典，置于羣經之首，備受敬重。易經非一人
所作，所謂「易更三聖」，卽伏羲氏畫卦，文王演卦，孔子釋義。事實
上，由於數千年來之變遷，易經疏釋，新義迭出，尤其時下言易者，陸
離光怪，莫衷一是。本來，易經中之卦只是一種形式上的方法，或符號
邏輯，要在說明宇宙人事變遷的過程，所以自秦漢以至現代，易之內涵
時有變動。宋以後，易之內涵大都包括「理、象、數」三者。所謂「理」，

卽探究宇宙人生之能變、所變、與不變的原理；所謂「象」，是從現世中尋求變遷的原則；所謂「數」，是從現象中，演繹推論其變遷的過程，進而了解宇宙萬物及人事變遷之前因後果❹。由此可知，易在討論社會變遷上，當有其獨到之處。本節所述者，係依據周易，其社會思想係以象辭、象辭爲主；至於「繫傳」、「序卦」、「說卦」，應係孔子研究易學之心得（上述諸篇之文詞、思想、及出處，有先後異同之處，故非孔子一人手筆❺，然屬孔門敎義，應無異議。此處爲方便計，悉歸孔子思想），故於闡述孔子社會思想時，再予論述。然象辭、象辭、爻辭之解釋，學者觀點不一，此處所持觀點容或有不同之處，或卽「易」之本質也。至於易經中之社會思想大約可分以下數端：

（一）**萬物起源與變遷** 易中之變，概括宇宙一切現象之變。社會現象自然亦包括在內。事實上，宇宙萬物之來源，亦由變而起。易乾卦象辭說：

> 大哉乾元，萬物資始，乃統天。雲行雨施，品物流行，大明終始，六位時成。時乘六龍以御天，乾道變化，各正性命，保合太和，乃利貞，首出庶物，萬國咸寧。

萬物始於一，卽乾元大始，萬物產生之後，「聖人作而萬物覩，本乎天者親上，本乎地者親下，則各從其類也」（易乾卦九五）。所以對於自然界之現象以及人間的關係，須待聖人之後才能認定。

人類社會變遷不已，而變遷形式如何？自來說者不一。摩爾（Wilbert E. Moore）將社會變遷的模型分成十種❻，其中第四種爲循環

---

❹ 南懷瑾、徐芹庭註譯「周易今註今譯」，頁 11，臺灣商務印書館，民國六十八年四月。

❺ 同上，頁7。

❻ Wilbert E. Moore, *Social Change,* 2nd ed. (Englewood Cliffs, N. J.: Prentice-Hall, 1974), p. 36.

型，而易經中之變遷，亦屬此型。蓋由太極而兩儀、而四象、而八卦，以至六十四卦。八卦內容雖有不同，但由兩儀結合而成，所以返本歸眞，又回到太極。宇宙萬物之變化，卽本此往返進行。其用於人事方面者亦然。例如「无平不陂，无往不復，艱貞……象曰：无往不復，天地際也」（易泰卦九三），說明了人事有合有分。孔子亦謂：「方以類聚，物以羣分」（易繫辭第一章）。所以由合到分，復由分到合之循環變遷，就是易經中之主要觀念。

但是變遷須順乎自然法則，循序漸進。所謂：「先天而天弗違，後天而奉天時，天且弗違，而況於人乎，況於鬼神乎」（易乾卦文言）。所謂：「童蒙之吉，順以巽也」（易蒙卦六五）。因此變遷應合乎自然法則，與事理配合，始克有濟，突變則因一切適應不易，後果堪慮，所以說：

　　　　九四突如其來如，焚如，死如，棄如。象曰：突如其來如，无
　　　所容也。（易離卦九四）

鄔格朋（William Ogburn）的「文化失調」（Cultural Lag）說[7]，亦隱含此意。

（二）社會組織　易經中言社會組織，其重點有二。一為地位與角色；一為社會均衡。

蓋易經畫卦，以類萬物；卦本身代表現象，卦中之爻指每類現象發展的階段，故易所言之現象均係變動不居之動態現象。就社會學之觀點而言，卦代表某一社會體系（Social System）之現象，而爻是指此一社會體系中各個部分間的互動（Interaction）。所以在易經中言人事關係者，必言地位與角色的互補。所謂「貴而無位，高而無民，賢人在下

---

[7]　William Ogburn, *Social Change with Respect to Culture and Original Nature.* (N. Y.: Viking, 1950.)

位而無輔，是以動而有悔也」（易乾卦上九）。易經中講時位之處，俯拾可見。如坎卦象辭：「險之時用大矣哉」，睽卦象辭：「睽之時用大矣哉」；蹇卦象辭：「蹇之時用大矣哉」。而需卦有：「位乎天位，以正中也」；噬嗑卦有：「雖不當位，利用獄也」，遯卦有：「當位而應，與時行也」❽。上述之時位觀念，藏有豐富之社會學含義。所謂「位」，應指社會地位（或職位）而言，由社會成員佔據之，並依之與他人（或物或事）互動，所謂：「六四富家大吉，象曰：富家大吉，順在位也。」（易家人卦六四）這卽是說，順著本分（角色），盡其在我的固守地位。而互動則隨時而互異。此處所謂之「時」，含義頗廣，非僅指時間而言，應指各種情況配合適時而言❾，此種情況，在社會之中尤然。蓋個人行為雖然隨著文化、人格、情境、與互動的改變而改變〔B＝f(C,P,I,S)〕，但是行為之發展，卻隨著時間由一情況轉至另種情況。在個人如此，在社會亦然。人類的社會行為卽在其佔有之地位之上，配合其他因素，與時俱移，不斷進行。〔易之能占筮，卽應用盧文（Kurt Lewin）的 B＝f(P, E) 模型為之。〕❿

　　至於社會均衡（Social Equilibrium）觀，原係帕深思（Talcott Parsons）早期社會體系學說的主要概念，易經對均衡現象，尤其重視。例如乾卦最末一爻曰：「亢龍，有悔」，卽是說乾陽發展到極點，不免空虛，於是坤陰乘虛而入，取而代之，乾陽不能自保，故悔。而坤卦最末一爻說：「龍戰於野，其血玄黃」，這卽是指，坤陰發展到極處，便招致乾陽侵襲，以致不能自保。由此可見，陰陽發展到極處，便會遷生變化，此所謂「陽極生陰，陰極生陽」。因此，社會有此兩極現象存在，

❽　周鼎珩著「易經講話」，頁99，自由出版社，民國五十三年。
❾　同上。
❿　按王述先先生解釋，確有此意。見王著「易經淺說」，中華民國孔孟學會主編「易經研究論叢」，頁13-14，黎明文化事業公司出版，民國七十年。

卽表示社會偏頗已極。例如豪門大富過多，卽貧窮者大增，不但產生問題，也使社會失去均衡。亞當斯密 (Adam Smith) 說：「每一個富有人，同時卽有五百個窮人；少數人的富有，必有多數人的貧乏」，正是此意。因此，社會現象偏頗不公，卽兩極現象的盛衰不一，致使社會問題叢生，社會秩序危墜。反之，兩極均衡，卽社會現象彼此相埒，勿過與不及，如此，非但社會問題不易產生，社會秩序亦得以維繫。所以，「執兩用中」的中庸之道，就成了中國儒家思想之基本哲學❶。

雖然社會均衡之體系學說，遭人詬病，但從易經之觀點而言，其含蘊之道理，恐非功能論及其反對者所能窮究其詳。

(三)政治主張　在易經中講政事之處甚多。其中一則言君臣關係，一則言君民關係。易言之，前者言上司下屬之層級關係，後者言統治者與被統治者之對待關係。

　　1.君臣關係　君臣關係應建立在信實之上，要在「下兌悅以應上，上巽順以孚下」。所謂：

> 九二鳴鶴在陰，其子和之，我有好爵，吾與爾靡之。象曰：其子和之，中心願也。(易中孚卦九二)

用於人事，說明君臣關係建立在互信之上。「信」是社會體系運作的要件，孔子說：「民無信不立」(論語顏淵)，其義卽在此。另一方面，臣須牢記其地位，注意其言行（角色），否則禍臨當頭，悔之晚矣。所以說：

> 六二過其祖，遇其妣不及其君，遇其臣，无咎。象曰：不及其君，臣不可過也。(易小過卦六二)

雖臣子之德超過其君，但須時懷謙沖，以遠禍端。語云：伴君如伴虎；惟時時念及為臣之角色，君臣關係方可調適。

　　2.君民關係　易經中言君民關係者，卽臨卦中的治民方法。其象

<hr />

❶　同註❽，頁77-78。

辭說:

> 澤上有地，臨。君子以敎思无窮，容保民无疆。

統治者對人民應做到敎、思、容、保四者。敎就是統治人民應有適當之政策政令，並以之敎育人民，蓋「不敎而殺謂之虐」。（論語堯曰）其次爲思，卽政令之頒佈須慎思熟慮，設想周密，不可掛一漏萬，變幻無常，以致影響政府的威信。再次爲容，卽指包容異議，接受批評，不可情緒用事，造成嚴重後果。最後爲保，係指「以民保民」，商鞅的「農戰」，唐朝之「府兵」，元朝的「輪戍」，均係例證。❷

總之，統治者時時念及人民，爲了人民卽使損失本身享樂，亦所不惜，蓋其可得民心也。屯卦初九曰：「以貴下賤，大得民也。」又益卦象辭說：

> 益、損上益下，民說无疆。自上下下，其道大光，利有攸往，中正有慶。

統治者忘我爲民，民以忘我爲君。兌卦象辭說：

> 兌、說也；剛中而柔外，說以利貞，是以順乎天而應乎人，說以先民，民忘其勞。說以犯難，民忘其死，說之大，民勸矣哉。

治者與被治者間的交換關係，由此可見一斑。儒家思想中多有交換論(Exchange Theory)的觀念，或源於此。

(四)社會需要與衝突　人類爲了生存與生活而有許多需要，但需要之物或價值稀少而不能人人滿足時，衝突便由之而起。大凡一部人類歷史，可說是由於需要不能獲得滿足而引發的衝突史。因此，易經需卦卽針對人的需要而發揮者。

> 需，有孚，光亨，貞吉，利涉大川。（易需卦辭）

這卽是說，爲了滿足需要，必須達於至情至性，誠信不欺。事實上，人

---

❷　同註❽，頁139-142。

每滿足一種需要，或使之順暢通達，總惹人羨嫉，欲分一羹。所以需卦上六說：「不速之客來，敬之終吉」，此時最應把持自己，與之周旋，否則衝突必不可免。由此可知，易經中所謂之衝突，乃由於人類有需要而不能滿足使然。此與馬克思 (Karl Marx) 及達倫道夫 (Ralf Dahrendorf) 的辯證衝突論 (Dialectical Conflict Theory)，允有異曲同工之妙。

社會衝突形式之一，是革命。而革命是變遷的方法。但革命必須待時機成熟、非革命不足生存和圖強時，方可為之。易革卦卦辭說：

革、已日乃孚，元亨利貞，悔亡。

彖辭亦說：

革、水火相息，二女同居，其志不相得曰革，已日乃孚，革而信之，文明以說，大亨以正，革而當，其悔乃亡，天地革而四時成，湯武革命順乎天而應乎人，革之時義大矣哉。

所以革命不是隨意之衝突，其必有正當之理由、適當的時機；以順乎真理、公平之需要，方能解民倒懸於水深火熱之中。此外，「王者相承」，或「自然演化」，均不能謂之革命，「革命必須是一種人為的，澈底而全面的社會變動。」[13]

三、詩　經

詩經是中國最古老的詩集，言簡意賅，寓意深遠。詩經三百零五篇係經孔子刪定，於漢之後流行者。

詩經分風、雅、頌三部分。風為十五國風，即各地民歌，有濃厚之鄉土風味。雅是正聲，即周京畿附近的音樂，又有大雅小雅之別。大雅是會朝的樂歌，莊重嚴肅，無悲怨之聲。小雅是燕饗之樂，優雅傷感，

---

[13]　余英時著「民主革命論」，頁 19，九思出版社，民國六十八年。

悲怨交集，是情緒之自然流露。頌是表揚祖德之意，體制莊嚴，絲毫不苟，作者多爲士大夫階級。

詩經由於孔子刪定提倡，列爲五經之一。孔子說:「詩，可以興，可以觀，可以羣，可以怨。邇之事父；遠之事君。多識於鳥獸草木之名」(論語陽貨)。可見讀詩的功能無所不包，主要原因是詩的主題正確。所以孔子說:「詩三百，一言以蔽之，曰:『思無邪! 』」(論語為政) 這可能是孔子刪定並提倡詩經的主要目的了。

詩經中之社會思想，多屬人類關係之流露與表現，政治氣味較少。但對於政治上的橫征暴歛，時有表露。一般言之，其社會思想可分以下數端。

(一)社會正義（或公正） 社會正義的觀念是在人類日常互動中發展出來的，是人人相對時的持平理想，也就是人類互動時，對於媒介所持的中庸之道。詩經中所言之社會不平，部分是對於政治的反應，尤其對於暴政、重歛，以及不勞而獲的利益等等，時有怨尤。例如詩經魏風伐檀:

> 坎坎伐檀兮，寘之河之干兮；河水清且漣猗。「不稼不穡，胡取禾三百廛兮? 不狩不獵，胡瞻爾庭有縣貆兮? 」彼君子兮，不素餐兮。

此說明了對官吏不勞而獲的不滿。再如大雅瞻卬:

> 人有土田，女反有之；人有民人，女覆奪之。此宜無罪，女反收之；彼宜有罪，女覆說之，哲夫成城，哲婦傾城。(二章)

> 天之降罔，維其優矣。人之云亡，心之憂矣。天之降罔，維其幾矣，人之云亡，心之悲矣。(六章)

語云: 不平則鳴，人民對於其所受待遇不公，自然憤憤不平。對於橫征暴歛，自是深惡痛絕，所以魏風碩鼠有云:

　　　　碩鼠碩鼠，無食我黍。三歲貫女，莫我肯顧。逝將去女，適彼
　　樂土，樂土樂土，爰得我所。

大雅「民勞」亦說：

　　　　民亦勞止，汔可小康。惠此中國，以綏四方。無縱詭隨，以謹
　　無良。式遏寇虐，憯不畏明。柔遠能邇，以定我王。

其對於官吏橫征暴斂、緇銖盡取的失望，以及渴望休養生息，天下太平
的期望，可謂極矣。

　　（二）人倫觀念　詩經中最重人倫觀念，其中尤以孝道及友誼爲甚。
小雅蓼莪說：

　　　　哀哀父母，生我劬勞……哀哀父母，生我勞瘁！……無父何怙，
　　無母何恃？出則銜恤，入則靡至。……父兮生我，母兮鞠我，拊我
　　畜我，長我育我，顧我復我，出入腹我，欲報之德，昊天罔極！

對於父母敬愛尊重的觀念，可謂無以復加。此外，對於兄弟間的情
義，亦有明確表白。小雅常棣說：

　　　　常棣之華，鄂不韡韡，凡今之人，莫如兄弟。死喪之威，兄弟
　　孔懷。原隰裒矣，兄弟求矣。

兄弟間的情義與關懷，由此足見一斑。

　　除了兄弟之外，夫妻間恩情的融洽和樂，更可增加家庭的親密關係。
小雅鹿鳴之什中有：

　　　　妻子好合，如鼓瑟琴。兄弟既翕，和樂且湛。宜爾室家，樂爾
　　妻帑，是究是圖，亶其然乎！

可見傳統中國家庭的關係，是建立在父母、兄弟、姐妹、夫婦之整體關
係之上，唯有此一整體中之所有成員關係和樂調適，家庭始可樂也融融。
這與西方只重視夫妻子女關係之核心家庭，迥然不同。

　　此外，詩經中，最爲膾炙人口的思想，是男女間的情人關係。詩經

首篇卽云:

> 關關雎鳩，在河之洲，窈窕淑女，君子好逑。（國風周南關雎）

這首詩充分表達對於愛情的嚮往。中國古代婚姻，雖然秉父母之命，媒妁之言，但是以愛情爲基礎之結合，乃是青年男女所嚮往者。所以「參差荇菜，左右芼之，窈窕淑女，鍾鼓樂之」（同上）。愛是情緒，發自天性，制度雖能對之抑壓於外，但不能改變於內，所以順乎人情之制度，方是至善至美，合乎人類需要的制度。國風木瓜篇云:

> 投我以木瓜，報之以瓊琚，匪報也，永以爲好也。

這種以木瓜、玉佩相交換之物質報答，正是男女間愛情之交換表現。

又，友誼關係亦不可廢。小雅伐木篇云:

> 伐木丁丁，鳥鳴嚶嚶，出自幽谷，遷於喬木。嚶其鳴矣，求其友聲。相彼鳥矣，猶求友聲，矧伊人矣，不求友生？神之聽之，終和且平。

禽且如此，況乃人乎？友誼貴信，所以「豈弟君子，無信讒言」。

(三)歌功頌德 歌功頌德是中國早期社會思想的特徵之一，其目的在對於社會有貢獻者，予以褒揚。一方面是社會大眾對於造福社會之人，無以爲報（交換），故而以歌其功、頌其德，表示感激。而另一方面，爲了鼓勵後人爲民服務，造福鄉里，而賦予名望 (Prestige)，又有正的激勵作用（或潛功能）。

有關歌功頌德之思想，詩經中最爲常見。例如對於周文王的讚揚:

> 亹亹文王，令聞不已，……穆穆文王，於緝熙敬止，假哉天命，有商子孫……無念爾祖，聿修厥德，永言配命，自求多福。
>
> （大雅文王之什）

又說:

明明在下，赫赫在上。天難忱斯，不易維王。天位殷適，使不
挾四方。（大雅大明）

再如讚美召公平淮夷詩：

江漢浮浮，武夫滔滔。匪安匪遊，淮夷來求。既出我車，既設
我旟，匪安匪舒，淮夷來鋪。（同上江漢）

這些詩歌皆在頌揚對於人民造福或對社會有貢獻之人。其中眞情披露，
溢於言表。

（四）厭戰思想　戰爭是一種不得已的罪惡，其爲害於個人及社會文
化者，無由計算。所以古今中外不爲戰爭所苦者殊少。其中受害最多者
當爲一般百姓。因之有關厭戰的思想在民間流行亦最普及。國風邶擊鼓
詩云：

擊鼓其鏜，踊躍用兵，土國城漕，我獨南行。

對於久戍於外，不得於歸之哀怨，可謂抱恨之極。戰爭不僅使人羈旅在
外，不得而歸，而其造成家破人亡，妻離子散，尤令人悲酸。小雅祈父
之什祈父詩云：

祈父！予，王之爪牙，胡轉予于恤，靡所止居？

所以抱怨從軍，厭惡戰爭之論，處處可聞。再如國風王揚之水詩云：

揚之水，不流束薪，彼其之子，不與我戍申，懷哉懷哉，曷月
予還歸哉！

廿世紀之今日，戰火處處可見，暴戾時時可聞。換言之，利益衝突更形
尖銳，雖然和平之論甚囂塵上，可是廝殺之聲不絕於耳，戰爭與和平
已成了人類日常生活不可或缺的一部分。當前之衝突理論（Conflict
Theory）對於戰爭的起因與功能已有說明❶，因此欲求消彌戰爭，只

---

❶ 見 Lewis A. Coser, *The Functions of Social Conflict* (Glencoe Ill.: Free Press, 1956). Ralf Dahrendorf, *Class and Class Conflict in Industrial Society*, Calif: Stanford University Press, 1959.

有等待天國之降臨了。

（五）天人合治論 大凡人類於無可奈何之際，即祈求於天（神），以萬能之神作爲化解痛苦的希望，這也是宗教的重要功能。中國古代，一在於統治者的昏瞶無能，橫征暴歛，人民苦不堪言；再於由天災地變之爲患不已，所以人民無不祈求天的協助，使治者符合天意、神旨。蓋天不厭其民，如以天意治民，民即「可得而食矣」。所以便發展出天人合治之政治觀念。例如，周頌淸廟之什昊天有成命詩云：

> 昊天有成命，二后受之，成王不敢康，夙夜基命宥密，於緝熙，單厥心，肆其靖之。

說明了統治者的權力來自天，應該小心謹愼，竭盡所能爲民服務。否則招致人民反抗，有失天意。所以統治者要時時警惕。大雅生民之什板篇云：

> 天之方難，無然憲憲。天之方蹶，無然泄泄。辭之輯矣，民之洽矣。辭之懌矣，民之莫矣。

此一方面說明了統治者與天之關係，另一方面也在警告治者言行謹愼。倘有不測，則祭告於天，以求多福，所以大雅雲漢篇云：

> 倬彼雲漢，昭回于天，王曰：「於乎！何辜今之人？天降喪亂，饑饉薦臻，靡神不舉，靡愛斯牲。圭璧旣卒，寧莫我聽？」

總之，統治者應按天意統治人民，天下自然大治，民生自然富足。

第二章 春秋戰國時期的社會思想

第一節 春秋戰國時期的社會背景

春秋戰國時代，約始於周平王東遷洛陽，至周赧王爲秦所滅，爲時五百餘年。其中春秋起自周平王四十九年，訖周敬王三十九年，凡二百四十二年，因孔子作「春秋」而得名。戰國始於周威烈王三家（韓、趙、魏）分晉，訖秦始皇兼併六國，蓋春秋以降，周室衰微，諸侯紛爭，七雄爭霸，因而得名。

衆所周知，春秋戰國是中國思想史上的黃金時代，百家爭鳴、百花齊放，各種思想應有盡有。究其原因，主要是由社會背景所造成。當時社會的主要特徵約有以下數端。

第一，在政治上，周室衰微，諸侯紛爭，天下大亂，因而分裂。春秋國十四，戰國分七雄，周室中央全無控制之力。而各國諸侯，彼此用兵，以霸天下。所以自春秋之後，在政治上已無統一之實。諸侯爲了爭取天下，無不強化自身力量，苟能富國強兵者，無不致之，無不用之。其中最明顯者是平民在政治上漸受重視，因而導致學術之昌盛。許多飽

學之士，遂爲各國君侯羅致，以爲己用，而所延攬之士，亦無不竭其心智，貢獻所長。在此種情況下，思想學術自然就容易昌盛發達。

第二，在社會上，階級制度廢除。蓋封建之世，社會階級劃分嚴格，分貴族（君子）、平民（庶人、小人）、奴隸（隸人、皂隸）等三級。所謂「貴有常尊，賤有等威」。後因政治紛亂，諸侯爭霸，遂不得不廢除階級，羅致英才，以謀富國強兵之道。而與此有關者，乃爲更法維新，所以社會政治制度亦隨之變遷。如李克、吳起之於魏，商鞅之於秦，申不害之於韓。皆由於廢除階級之後，布衣卿相，而見用於政府者。

第三，在經濟上，私有土地興起，工商業發達。春秋之世，土地墾殖普遍，加之士大夫相互兼併，貴族采邑，逐漸擴大。再者，由於耕牛與鐵器之利用，效率與效果大爲提高，人口亦因之增加。政府爲了稅收之便，乃廢助法，計畝課稅，土地私有便由之產生。行至戰國，土地私有與買賣極其平常。再因戰爭連年，糧食供應尤爲攻守要圖，故對於土地之利用及效率之提高就更加重視了。

除了土地私有之外，工商業發達，亦爲春秋戰國社會之主要特徵。中國自古以農立國，工商業一直不受重視，斥爲末業。可是春秋之後，人在重利誘惑之下，棄農就商，已成風氣，雖政府抑止，學者攻擊，亦不能遏其趨勢。如在工業方面，冶鐵起家的有邯鄲之郭，趙之卓，梁之孔，皆富埒王侯；而以經商致富而聞名者，有猗頓、猈氏、寡婦淸、呂不韋，呂氏甚至以大商大賈，位至卿相。戰國之時，工商尤其發達，其主要原因，一在貨幣流暢；二在人口增加；三在平民解放❶。可見春秋戰國之時，經濟制度已有變遷，因而導致思想自由之產生。

---

❶ 齊思和著「戰國制度考」，載韓復智編「中國通史論文選輯」上，頁191至200，雙葉書廊，臺北市，六十一年。又見陳安仁著「中國上古中古文化史」，第四章，華世出版社，臺北市，民國六十四年。

　　總之，春秋戰國學術思想勃興之主因，在其社會之背景，當然其他
因素之累積，亦不失其原因，所以梁啓超認爲，從春秋之末到戰國之時
爲中國學術全盛時代，其原因有七事：一由於蘊藏之宏富；二由於社會
之變遷；三由於思想言論之自由；四由於交通之頻繁；五由於人材之見
重；六由於文字之趨簡；七由於講學之風盛❷。實則上述因素交互影響，
彼此激盪，才蘊育了中國思想史上之黃金時代。

第二節　儒家的社會思想

　　儒家思想是中國思想之主流，數千年來，一脈相承，少有變動。
　　至於儒家的社會思想，乃中國儒者受地理、生物、心理、文化、團
體，以及經濟等因素的相互影響，所發展出來的人類生活觀念。它的意
義與貢獻，世所共睹，勿須贅言。但儒家的社會觀念究竟如何？說者紛
紜，莫衷一是。其主要原因，一在於儒家思想博大深邃，不易逕下結
論，再者受社會學知識的限制，說者常見其一，不見其二；知其淺，而
不知其深；領其表，而不悟其裏，以致對影響中國達數千年之久而佔人
類文明要津之儒家社會思想，始終沒有合邏輯、有系統的解說。本節擬
對儒家社會思想之闡述，另闢新徑。唯儒者繁多，此處所論及者，僅
孔、孟、荀三子之社會思想而已。

一、孔子的社會思想

(一)孔子略傳

　　孔子名丘，字仲尼，魯國（今山東曲阜）人氏。生於魯襄公二十二

---

❷　梁啓超著「中國學術思想變遷之大勢」，頁 11 至 15，臺灣中華書局，臺
　　北市，民國四十九年。

年（西元前五五一年），卒於魯哀公十六年（西元前四七九年），享年七十有二。其先世爲宋國貴族，因避難至魯，遂落籍。父名叔梁紇，「與顏氏女野合而生孔子」❸。「生而首上圩頂，故因名曰丘云」。三歲喪父，二十四歲喪母。童年時，「常陳俎豆，設禮容」，殊不平凡。十七歲卽以禮教人，因爲家貧，「嘗爲季氏史」。三十五歲時，因魯亂而至齊；數年後返魯，任中都宰，時年五十有一。此後七、八年間，刪詩書，治禮樂，聚徒講學，旋升任司空、再任司寇，舉國大治。五十五歲率子弟周遊列國，六十返魯，未任政事，著春秋，講學術，終老杏壇。

孔子在中國學術思想上的地位，無人能出其右者，卽在世界文明史中的地位，亦少能與之相埒。其對人類學術思想之貢獻，世所公認。馮友蘭指出：（一）孔子是中國第一個使學術民衆化的、以教育爲職業的「教授老儒」；他開戰國講學遊說之風；他創立，至少亦發揚光大，中國之非農非工非商非官僚之士之階級。(二)孔子的行爲，與希臘之「智者」相彷彿。(三)孔子的行爲及其在中國歷史上之影響，與蘇格拉底之行爲及其在西洋歷史上之影響，相彷彿❹。馮氏之言，大致可以肯定孔子的歷史地位。

(二)社會思想

1.論文化的起源與變遷　文化是指一個團體或社會共有之價值與意義體系，包括此等價值與意義在物質方面之具體表現。換言之，就是由

---

❸　見史記孔子世家。孔穎達撰「五經正義」云：男八月生齒，八歲毀齒，二八十六陽道通，八八六十四陽道絕。女七月生齒，七歲毀齒，二七十四陰道通，七七四十九陰道絕。婚姻過此者，皆爲野合。叔梁紇與顏氏女成婚時，年已七十，而顏氏尙不及十五（見張其昀著「孔子新傳」，頁11，中華大典編印會，民國五十六年，臺北市。），故謂之野合。
❹　馮友蘭著「中國哲學史」，頁70至71。

團體經驗而產生之共同思考和信仰方式，薪火相傳，永不間斷❺。所以它是一個社會的生活方式，卽其成員所有之知識、信仰、風俗，以及技能等等。文化涵蓋之範圍甚廣，主要與社會生活的方式有關。按孔子之意，文化是宇宙產生之後，人類，尤其聖人，有感於天時地利而生之人類生活觀念。宇宙由陰陽兩極（兩種力量）交相互動而產生，有了宇宙，則有人類，人之聖者，觀察天文地理及人類相與之常，而創造文化。周易繫辭下傳說❻：

> 古者庖犧氏之王天下也，仰則觀象於天，俯則觀法於地，觀鳥獸之文，與地之宜，近取諸身，遠取諸物，於是始作八卦，以通神明之德，以類萬物之情。

這說明了文化起源的原因。至於文化之內容，則視人類需要，逐一創建。例如：

> 作結網而爲網罟，以佃以漁。

這說明了捕漁和捕獸工具之發明。又說：

> 庖犧氏沒，神農氏作，斲木爲耜，揉木爲耒，耒耜之利，以敎天下。

這說明了農業生產工具之發明與利用。又說：

> 日中爲市，致天下之民，聚天下之貨，交易而退，各得其所。

這說明了商業行爲之產生。又說：

> 刳木爲舟，剡木爲楫，舟楫之利以濟不通，致遠，以利天下⋯⋯服牛乘馬，引重致遠，以利天下。

---

❺ A.L. Kroeber and Clyde Kluckhohn, *Culture: A Critical Review of Concepts and Definitions*, N.Y.: Random House, 1963. 又見 L. Broom, P. Selznick, and D.B. Darroch, *Sociology*, 7th ed., N.Y.: Harper & Row, 1981, p.54.

❻ 周易十翼，傳統上認係孔子所作。唐後雖有人疑之，唯論證薄弱，本文採傳統觀點。

這說明了水陸交通工具之發明與功用。又說：

> 重門擊柝，以待暴客。

這說明了維持社會秩序之警政制度的建立。又說：

> 斷木爲杵，掘地爲臼，臼杵之利，萬民以濟。

這說明了生產工具之發明與利用，亦卽精米工具之演進。又說：

> 弦木爲弧，剡木爲矢，弧矢之利，以威天下。

這說明了兵器的演進，及對威服叛離分歧分子的功能。又說：

> 上古穴居而野處，後世聖人，易之以宮室，上棟下宇，以待風雨。

這說明了居所之演進及其功能。又說：

> 古之葬者，厚衣之以薪，葬之中野，不封不樹，喪期無數。後世聖人，易之以棺槨。

這說明了葬喪制度之演進，使生養送死之禮，俱以齊備，此亦可見中國古代文明之日臻完善。又說：

> 上古結繩而治，後世聖人，易之以書契，百官以治，萬民以察。

這說明了文字的演進，以及其在溝通上所發揮的功能。❼

從上觀之，孔子認爲，文化也者，是由於聖人觀察宇宙現象，觸及靈感而形成之觀念，然後將此觀念具體化或形象化，創造出符合人類實際生活需要之各種制度。此種文化演化觀與近代人類學之觀點，大致相同。

文化雖然由此建立，但卻隨社會需要而變遷、而增長。周易云：

> 神農氏沒，黃帝、堯、舜氏作，通其變，使民不倦；神而化

---

❼ 龍冠海著「孔子的社會思想」，臺大社會學刊第十期，頁 14，民國六十八年。

之，使民宜之。易窮則變，變則通，通則久。是以天下祐之，吉无
不利。（周易繫辭下）

由此可見，文化變遷是一種順應社會需要而創新的過程，也是因爲社會
演進日趨繁盛，舊有文物不敷應用，因而創立新的制度，以滿足人類需
要的過程。故文化變遷是社會變遷的結果。孔子之此種觀點頗有見地，
環顧文化創新，那些不是爲滿足社會變遷的需要而形成的？

　　2.論社會組織　社會組織是個人與團體關聯之模式。申言之，即個
人按照社會之規範 (Norm)、角色 (Role)、地位 (Status) 及職位
(Position) 的規定，而與他人作有秩序、有模式之結合；進而形成團
體、組織、社區，以及大社會。人類社會之所以有其可能，端在社會有
其組織，否則，個人各是其是，各非其非，行無常軌，動無定則，則不
僅社會生活受其影響，人類生存亦不可能。孔子有鑑於此，乃提出其理
想之社會組織觀，其中以在人際層次上的貢獻最大。

　　前已言之，孔子認爲，人類文化乃聖賢哲士觀察宇宙現象及其演變
而創造的，而在觀察的同時，又發現自然有一定的秩序與位置，日升月
恆，雖變而有常，雖動而有軌，一切按定律而進行。他說：

　　　　有天地然後有萬物，有萬物然後有男女，有男女然後有夫婦，
　　　有夫婦然後有父子，有父子然後有君臣，有君臣然後有上下，有上
　　　下然後禮義有所錯。（周易序卦傳）

　　由此可見，孔子的社會組織觀，是由男女、夫婦、父子、君臣、上
下（社會階級或等級）等關係所組成之社會秩序。也就是中庸裏所謂之
五達道：「曰：君臣也，父子也，夫婦也，昆弟也，朋友之交也」。這
些社會關係，如日月星辰一樣，各有其所（地位或職位），各有其用（功
能），彼此距離適中，關係一定，既不混亂，亦不侵奪。所以，孔子認
爲，人類社會關係亦當如是，每個人皆有一定的位置，一定的權利、義

務和責任，卽所謂之職位與角色也。例如中庸上說：

> 君子素其位而行，不願乎其外。素富貴，行乎富貴；素貧賤，
> 行乎貧賤；素夷狄，行乎夷狄；素患難，行乎患難。君子無入而不
> 自得焉。……在上位，不陵下；在下位，不援上。

上述孔子之社會體系結構，係社會學中之個體 (Micro) 觀，由構成社會的基本單位（個人地位）及其應行遵守之行爲（角色）開始，以爲人與人間互動的依據。所謂父子、夫婦、昆弟、朋友、君臣、上下等，顯然係指社會地位或職位而言，而地位或職位間的互動，則須依照規範制定的角色而進行，所以在每一個地位或職位之上，必規定應行遵守的行爲準則，至於應行遵守何種行爲？周易下經有云：

> 象曰：家人，女正位乎內，男正位乎外；男女正，天地之大義
> 也。家人有嚴君焉，父母之謂也，父父子子，兄兄弟弟，夫夫婦
> 婦，而家道正，正家而天下定矣。

大學亦云：

> 爲人君，止於仁；爲人臣，止於敬；爲人子，止於孝；爲人
> 父，止於慈；與國人交，止於信。

所謂父父、子子、兄兄、弟弟、夫夫、婦婦，其第一字指地位而言，第二字指應有之行爲——角色而言。所以父有父道（角色內涵），子有子道，依次類推，毋須枚舉。而君須仁，臣須敬，子須孝，父須慈，朋友須信，皆在指陳地位與角色之關係。所以，從個體觀點而言，孔子首在確定社會地位及職位，並透過角色互補（如父慈而子孝）而界定其間的關係。如此，整個社會中之個人便納入社會體系之中，按既定的地位與角色，彼此互補，相互配合，社會組織由之而生，而社會秩序亦由之而維繫。

3. 人性與人格　人性是人類天賦的生物傾向，常隨社會化而改變。

近十年來，社會生物學（Sociobiology）家指出，人類行爲乃傳遺基因（Genes）與文化交互作用的結果。因此，人性問題再度受到社會學者的重視❽。孔子言人性時指出：

性，相近也；習，相遠也。（論語陽貨）

又說：

唯上知與下愚不移。（同上）

這兩段話，可謂道盡人性的極致。蓋人之生物特質，差異極少，人之所以有不同者，乃教育、習慣、或環境使然。惟其中亦有極少數生性爲善，或天生爲惡者。今言違規行爲（Deviant Behavior）時，有謂某些人之有違規行爲，乃由於生物因素造成的。對此雖然尚無一致的結論❾，但生物因素對於違規行爲之影響，則似可肯定，惟其間之關係尚未十分明瞭罷了。

至於人格，孔子區分爲君子與小人兩種類型。其根據係以個人之道德規範爲要件。君子與小人原爲古代區別階級之名詞，後經孔子之應用，意義大變；其所重視者，乃道德及其表現之行爲規範，而非社會次第之階級也。君子與小人之差異在其心態與行爲之表現。孔子嘗以對比方式，說明兩者之不同，其要義如下。

君子周而不比；小人比而不周。（論語爲政）

君子懷德，小人懷土。君子懷刑，小人懷惠。（論語里仁）

君子喻於義，小人喻於利。（同上）

君子坦蕩蕩，小人長戚戚。（論語述而）

君子成人之美，不成人之惡，小人反是。（論語顏淵）

---

❽ Edward O. Wilson, *Sociobiology: The New Synthesis.* Combridge: Harvard University Press, 1975.

❾ Albert K. Cohen, *Deviance and Control.* Englewood Cliffs, N.J.: Prentice-Hall, 1966, pp.48-54.

君子和而不同，小人同而不和。（論語子路）

君子泰而不驕，小人驕而不泰。（同上）

君子而不仁者有矣夫！未有小人而仁者也。（論語憲問）

君子上達；小人下達。（同上）

君子求諸己；小人求諸人。（論語衛靈公）

君子有三畏：畏天命，畏大人，畏聖人之言。小人，不知天命而不畏也；狎大人，侮聖人之言。（論語季氏）

由上觀之，凡爲君子者，必有某些優異之人格特質，如缺乏此種特質，則爲小人。孔子之所以強調君子人格而漠視小人人格，要在使個人行爲達於高尚層次，增強與人相處之調適能力。同時也代表人類進化之高度成就。

4. 政治主張　衆所周知，孔子的思想是建立在道德層次之上，因此，其對政治上的觀念，亦以道德爲出發點，此卽所謂之「德治」。在孔子看來，個人是國家的縮影❿，所以正身類似治國，能正身，國必可治。因此，他對統治者的道德要求最爲迫切。他所制定之治國標準，達到者，必爲聖君；而聖君賢相就是清明政治的保障，比起今日由「民主」而選出之「治者」，何啻天壤之別。申言之，當前之民主政治，只是一種選擇「治者」之方式而已，但無有德之人，或有德之人隱而不出，則選擇方式再完美，亦不可能有清明政治出現。近代行民主之國，其逐鹿公職者，有德之人少，無德之人多，蓋其不重德也。孔子重視德行，故雖未言及民主，但其政治效果，應在民主之上。

概括言之，孔子的政治主張，約有以下數端：

(1) 注重人治而非法治　孔子重視人治，要在使治者與被治者建立和諧而適宜之社會關係，而關係之建立，須治者先從修身做起。大學

❿　同註❼，頁15。

有云:

> 古之欲明明德於天下者，先治其國；欲治其國者，先齊其家；
> 欲齊其家者，先修其身。……身修而后家齊，家齊而后國治，國治
> 而后天下平。

修身有成，則視民如子，愛之育之，國家可治焉。所以孔子有許多言
語，均在勉勵統治者瞭解修身與政事之關係。例如:

> 季康子問政於孔子。孔子對曰:「政者正也。子帥以正，孰敢
> 不正?」(論語顏淵)

又說:

> 苟正其身矣，於從政乎何有! 不能正其身，如正人何! (論語
> 子路)

又說:

> 其身正，不令而行；其身不正，雖令不從。(同上)

又說:

> 修己以敬……修己以安人……修己以安百姓。修己以安百姓，
> 堯舜其猶病諸! (論語憲問)

又說:

> 為政以德，譬如北辰，居其所而眾星共之。(論語為政)

又說:

> ……丘也聞: 有國有家者，不患寡而患不均，不患貧而患不安。
> 蓋均無貧，和無寡，安無傾。夫如是，故遠人不服，則修文德以來
> 之，既來之，則安之。(論語季氏)

以上所言，旨在使統治者從道德內化 (Internalization) 做起。蓋
有德之人，可以積極為民圖利；無德之人，只圖自我享受，所以比虎尤
猛之苛政，於焉產生。

孔子因重視人治，故輕視法治，蓋法治是消極的，表面的，非根本之計。他說：

　　道之以政，齊之以刑，民免而無恥。道之以德，齊之以禮，有耻且格。（論語為政）

又說：

　　子為政，焉用殺！子欲善而民善矣！君子之德風；小人之德草。草上之風必偃！（論語顏淵）

所以治者用德不用刑，蓋其有利國利民之功效焉。

　　(2) 重信與民生　信是社會體系建立的基石，蓋不信，社會體系便無由運作。吾人之敢於在路上行走，乃相信無人會攔路打刼；吾人之敢於居某社區，乃相信無人會破門而入、殺人放火。如果無信，非但社會體系不能建立與運作，而人類能否生存，亦有疑問。孔子有鑑於此，故特別重信，唯有信實不欺，被治者與治者始能建立起真誠之關係。他說：

　　道千乘之國，敬事而信；節用而愛人，使民以時。（論語學而）

又如：

　　子貢問政，子曰：「足食、足兵；民信之矣。……自古皆有死，民無信不立。」（論語顏淵）

這充分說明了君主無信，難獲人民支持，國家亦難生存。事實上，人若無信，社會也難以運作。

　　除了以信獲得人民支持外，便是養民，其措施在先富而後教，此亦治國之根本大計。論語載：

　　子適衞，冉有僕。子曰：「庶矣哉！」冉有曰：「既庶矣，又何加焉？」曰：「富之！」曰：「既富矣，又何加焉？」曰：「教之！」（論語子路）

這一段話清楚地說明經濟措施在治國上的重要性。蓋人之行為首在追求生存，而後生活，倘生存不得，而欲教之，不啻緣木求魚，鮮有可能。孔子先使民富之，而後教之，可見其政治眼光之遠大了。

總之，孔子的政治主張，係建立在上下關係的適當安置上，無論是德、信，或民生、修身，其要義均在使治者與被治者之地位間，由合宜之上下等級，進而建立互補的角色關係。所以他說：「君使臣以禮，臣事君以忠」（論語八佾），禮與忠是一種互補之角色關係，也是一種交換關係。凡佔有某一地位者，即應以該地位之角色與他人互動，過與不及，皆非所宜。孔子又說：「不在其位，不謀其政」（論語憲問），又說：「不患無位，患所以立」，曾子也說：「君子思不出其位」（同上）。其要義均在說明治者與被治者，或上下之間的角色分際。

5.教育主張　教育是社會化的一種工具，亦即把文化價值（尤其是道德、倫理）傳授給個人的一種過程。苟無教育，則禮與樂，德與刑皆不能發揮功能。孔子鑑於此，對於教育特別重視。前面曾引論語中載孔子在衛國的一段說：「既庶之，又何加焉？」曰：「教之」。可見其對教育之重視。孔子論教，大致可分為兩大部分，一為教授之範圍；一為學習的方法。

孔子教學的範圍是文、行、忠、信（論語述而），即所謂典籍、德行、忠誠、信實。由此可見，其教育的重點是在人際關係基礎的培養，並非知識能力之傳授；是在個人品行之修持（或規範內化），而非知能之應用。在孔子看來，人類生活之基本問題是關係調適問題；而關係調適之得當與否，在於個人是否能以規範約束自己。所以規範內化（行為修養）是個人與他人互動的依據，而規範內化則要靠教育。換言之，教育的功能可使人與人之間相處融洽，協調而和諧；即良好社會關係之建立，有賴於教育之推動。當今言教育功能者，亦不過如此。雖教育的功

能不限於此，但此乃其主要功能，殆無問題。

其次是學習的態度。孔子認爲，學習不因天賦差異而有異，他說：

> 生而知之者，上也；學而知之者，次也；困而學之，又其次
> 也；困而不學，民，斯爲下矣。（論語季氏）

所謂勤能補拙，正是此理。學習要有科學態度與方法，始能見效。他說：

> 學而不思則罔，思而不學則殆。（論語爲政）

又說：

> 知之爲知之，不知爲不知，是知也。（同上）

又說：

> 毋意、毋必、毋固、毋我。（論語子罕）

又說：

> 學而時習之，不亦說乎？（論語學而）

可見學習需要先有某種心理上的執著，堅定不移，摒棄成見，發現事實，才是求知之基本態度。

6.社會控制　人類社會之欲長期存在，必須有種種方法制裁違規行爲，或激勵個人順從社會規範，方有可能。此種制裁或激勵之過程，便是社會控制。社會控制的方法一般可別爲二：一爲內在控制，卽透過社會化過程，把規範內化於其人格之中，成爲其人格的一部分。如此，則言必中規，行必中矩，社會秩序卽可得而維持。另一種方法爲外在控制，卽以環境加諸於個人身上的力量作爲工具。又可分爲非正式的和正式的兩種。前者指基本關係所發揮的控制力量而言，後者指建立制度和權威以爲控制的機構，例如法官、警察等等。至於孔子的社會控制觀，兼具上述兩種方式，不過重在內在控制。觀其社會控制方法，約有以下數端：

(1) 正名　正名係指恢復或監督個人角色之執行而言。「名」指職位、地位或身分；而「正」指恢復或糾正。前已言之，在孔子的觀念中，每一職位或地位之上，皆有應行遵守之規範，此所謂之角色。準此，如果在某一地位之上的人不能正確而有效的扮演其角色，卽脫離了社會組織的常規，理應加以「矯正」。所以從社會學的觀點而言，「正」字含有恢復適當的、公平的、正確的角色行爲之意。由此可見，正名係指糾正個人的角色表現 (Role Performing)。蓋依孔子的看法，一個人的行爲如與其地位不相符合，便是違規 (Deviance)，社會應加糾正。例如「季氏八佾舞於庭」，「臣弑君，子弑父」等，均屬地位與角色失調的表現，亦卽所謂之角色不當 (Role Inadequacy)，所以應該糾「正」。反之，如果個人的地位與行爲相符，社會便有秩序，便能控制。他說：「名不正則言不順，言不順則事不成，事不成則禮樂不興，禮樂不興則刑罰不中，刑罰不中則民無所措手足。」(論語子路) 此充分說明了正名與社會控制的關係，也足以代表儒家對於社會控制的基本觀點。

(2) 道德　道德是從是非、善惡、對錯等原則中抽演出來的高層次理念。其功能在約束人之行爲，故有社會控制之作用。在孔子思想中，道德是一種普通概念，是每個人應行修養和遵守的行爲準則。不過通觀孔子思想，不僅把道德作爲個人處事之最高法則，而且也是治國平天下的最佳工具，所以孔子對於統治者的道德要求最爲嚴格。例如前面指出，孔子所謂「爲政以德，譬如北辰，居其所而衆星共之」，又說：「道之以政，齊之以刑，民免而無恥；道之以德，齊之以禮，有恥且格」；再如，「君子之德風，小人之德草，草上之風必偃」；「遠人不服，修文德以來之」；「修己以安人……修己以安百姓」；「子帥以正，孰敢不正」等，都在說明道德與政治的關係。道德的最高層次是仁，換言之，仁是美德的極致。個人行爲如果合乎仁，則行寡尤，言寡悔，卽無違規行爲發生，

進而達到「從心所欲，不逾矩」的境界。至於表現仁的方式，卽孔子所謂之「非禮勿視，非禮勿聽，非禮勿言，非禮勿動」（論語顏淵），或「曰恭、寬、信、敏、惠」，或「己所不欲，勿施於人。」（同上）

(3) 禮與樂　道德是合於公理之行爲準則，但過於抽象，其具體表現要靠禮。禮是一種制度，有一定的表現方式與過程。孔子說：「上好禮，則民易使也」（論語憲問）。又說：「博學於文，約之以禮，亦可以弗畔矣夫」（論語顏淵）。又說：「立於禮，成於樂」（論語泰伯）。又說：「恭而無禮則勞，愼而無禮則葸，勇而無禮則亂，直而無禮則絞」（同上）。由此可見，禮確具束縛行爲之功能。

禮的表現以名位爲依歸，換言之，禮必須是合乎地位或職位的行爲，因此，無論是政事常軌，或生活表現，都是禮的功能之實現❶。

其次是樂，樂的功能在滿足人的情緒需要，使之穩定安謐，心平氣和。蓋個人情緒穩定，行爲便易於控制，而社會秩序自然得以維繫。因此，就社會學的觀點而言，樂的控制是內在的，是心理的，但它的功能卻是社會的、外顯的。故孔子言禮時，常兼顧樂。例如他說：「文之以禮樂」（論語憲問），「天下有道，則禮、樂，征伐自天子出；天下無道，則禮、樂，征伐自諸侯出」（論語季氏），「禮云禮云，玉帛云乎哉！樂云樂云，鐘鼓云乎哉」（論語陽貨）。可見孔子把禮樂等量齊觀，蓋其均有控制秩序之功能故也。

樂的控制旣是內在的、心理的，故其功能在使人的性情安謐而和平。孔子說：

興於詩，立於禮，成於樂。（論語泰伯）

此處所謂之「成於樂」，卽指此而言。他又說：

---

❶ 陳飛龍著「釋禮」，國立政治大學學報，第四十五期，頁 28 至 32，民國七十一年五月。

吾自衞反魯，然後樂正，雅頌各得其所。（論語子罕）

他之所以要修正音樂，在樂有控制功能。後來儒者據此發揮，言及「先王之制禮樂，人爲之節」（禮記樂記），此處所謂之節，應爲法度或分限[12]，其社會控制之功能就更爲顯見了。

　　7.社會變遷　孔子所指之社會變遷，包括文化演化在內。所以其社會變遷的觀念，應是社會文化變遷[13]。依照孔子的看法，天地由陰陽兩種力量產生之後，而生萬物，然後生人，人生文化，而人以表現文化之方式與他人互動時，卽產生社會。社會隨時間而變遷。他說：

　　有天地然後萬物生焉，盈天地之間者唯萬物，故受之以屯，屯者，盈也；屯者，物之始生也。物生必蒙，故受之以蒙，蒙者，蒙也，物之稺也；物稺不可不養也，故受之以需。需者，飲食之道也，飲食必有訟，故受之以訟，訟必有衆起，故受之以師。（周易序卦傳）

這段話不僅說明了萬物產生的過程，也說明了萬物發展的力量。易經六十四卦，其發展與變遷，皆由此種方式而推衍。例如，他說：

　　有天地然後有萬物，有萬物然後有男女，有男女然後有夫婦，有夫婦然後有父子，有父子然後有君臣，有君臣然後有上下，有上下然後禮義有所錯。（同上）

人類社會組織之起源與變遷，於此可見一斑。社會變遷隨著時間而進展，無可遏阻。論語載子張問孔子的一段話，最能表現孔子對於變遷的看法。

---

[12]　王夢鷗註譯「禮記今註今譯」（下册），頁 494，臺灣商務印書館，六十八年二月。

[13]　社會與文化自來是社會學者所困惑的兩個概念。如今的學者認爲，文化是社會的靜態面，社會是文化的動態面，換言之，靜態的文化由人將之表現出來，卽爲社會。詳見 F. Bates and C. Harvey, *The Structure of Social Systems*, N.Y.: Gardner Press, 1975, Part I.

　　子張問:「十世可知也?」子曰:「殷因於夏禮,所損益可知也。
周因於殷禮,所損益可知也。其或繼周者,雖百世可知也」。(論語
為政)

　　可見社會變遷雖然代有不同,但其軌跡及其先後關係,依然歷歷可
尋。人類社會變遷之最終目標是大同,到了大同之境以後,社會似不再
變。這種人類生活理想之追求,並非自孔子始,西哲柏拉圖的「共和
國」,莫爾的「烏托邦」,以及近代馬克思 (Karl Marx) 的「無階級
社會」(Classless Society) 之理想,亦復如此。但以社會變遷的觀念
而言,「黃金境界」、「大同之治」、「無階級社會」等,即令出現,亦不
過曇花一現,旋即為變遷巨流所吞噬。不過要達到理想之境,尚有一段
漫長之變遷歲月。因此,不妨把社會變遷視為達到理想社會境界的一種
過程。

　　8.理想社會　孔子的理想社會,從「論語」及周易「十翼」之中,
大致可以窺其面貌。這個社會是由仁人統治,人之各種需要都可滿足,
關係和諧,各適其所,各得其樂,是一幅美好之景象。但是最能代表孔
子的理想社會者,厥為「禮記」禮運篇之大同境界。禮運篇云:

　　　　大道之行也,天下為公。選賢與能,講信修睦,故人不獨親其
　　親,不獨子其子,使老有所終,壯有所用,幼有所長,矜寡孤獨廢
　　疾者,皆有所養。男有分,女有歸。貨惡其棄於地也,不必藏於
　　己;力惡其不出於身也,不必為己。是故,謀閉而不興,盜竊亂賊
　　而不作,故外戶而不閉,是謂大同。

大同境界就是孔子的理想社會。其包含者與今日福利國家所追求之目標
相同。有老人福利、兒童福利、殘障福利、就業保險以及社會安寧等
等。其實此種理想不僅為孔子所嚮往,而今日倡言社會設計者之最終理
想,亦不過如此。可是世界之上又有幾許社會達到此一境界?雖然「禮

記」所載思想是否爲孔子思想，尙無定論，但其爲儒家思想，殆無疑義。吾人於二千餘年後讀禮記禮運，此種境界，此種胸懷，又有那位思想家能與之相比？惟數典忘祖者衆，動輒以外人如何，眞是「漢兒盡作胡兒語，卻向城頭罵漢人」（唐司空圖河湟有感詩）。

　　總之，孔子的社會思想，重在人際關係之調和與處理。而其貢獻與影響，恐非一般世儒所能想像。當然其思想亦有缺點，此於儒家思想總評中述之，玆不多贅。

二、孟　子

(一)孟子略傳

　　有關孟子的生平紀錄，史書所集者不詳，所以知之不多。雖然時人有關其傳述不少，惟以「孟子」一書及當時其他著作言及者爲依據，事實殊難考證。史記載：

　　　　孟軻，騶人也。受業子思之門人。道既通，游事齊宣王，宣王不能用。適梁，梁惠王不果所言，則見以爲迂遠而闊於事情。當是之時，秦用商君，富國彊兵。楚、魏用吳起，戰勝弱敵。齊威王、宣王用孫子、田忌之徒，而諸侯東面朝齊，天下方務於合從連衡，以攻伐爲賢。而孟軻乃述唐、虞、三代之德，是以所如者不合。退而與萬章之徒序詩書，述仲尼之意，作孟子七篇。（孟子荀卿列傳）

孟子生卒不詳，時人多以其生於周烈王四年（西元前三七二年），卒於周赧王二十六年（西元前二八九年）。因騶與魯近，故深受孔學風氣影響。曾周遊各國，惟不見用，乃退以繼承並傳授孔子之道爲職志。

(二)社會思想

　　孟子的社會思想，主要受中國傳統、家庭教育，以及時代背景之影響。其中尤以時代背景的影響最大。蓋孟子所處之戰國時代，各方均有

顯著改變。其著者有下列三端:

第一、在政治方面,各國諸侯交互攻伐,封建國家瓦解,霸權觀念崩潰;眾暴寡,強凌弱,戰亂頻仍,即孟子所謂「今夫天下之人牧,未有不嗜殺人者」之亂局。第二、在社會方面,由於宗法制度失效,民風民俗無用,以致社會控制不彰,社會暴亂時起。加之,井田制度崩潰,民不聊生,致使「仰不足以事父母,俯不足以畜妻子,樂歲終身苦,凶年不免於死亡」。第三、思想紛歧,莫衷一是;遊說之風盛行,導致是非不明。因而造成其淑世救人之胸懷壯志。他說:

夫天,未欲平治天下也;如欲平治天下,當今之世,舍我其誰也?(孟子公孫丑)

由此可見,孟子的社會思想其來有自,主要是對其社會背景的反應。其要者,約有下列數端。

1.人性與人格 孟子的學術思想雖然淵源於孔子,惟獨性善之說,則發孔子之未發。戰國諸儒論人性之善惡者不一,孟子言性善,在於人之本質為善,又有為善之傾向。換言之,人有同樣之生理特質,則在心理上亦應有同樣之善端——天賦的良知、良能。他說:

人皆有不忍人之心。……今人乍見孺子將入於井,皆有怵惕惻隱之心;非所以內交於孺子之父母也,非所以要譽於鄉黨朋友也,非惡其聲而然也。由是觀之:無惻隱之心,非人也;無羞惡之心,非人也;無辭讓之心,非人也;無是非之心,非人也。惻隱之心,仁之端也;羞惡之心,義之端也;辭讓之心,禮之端也;是非之心,智之端也。人之有是四端也,猶其有四體也。有是四端而自謂不能者,自賊者也。謂其君不能者,賊其君者也。凡有四端於我者,知皆擴而充之矣;若火之始然,泉之始達。苟能充之,足以保四海;苟不充之,不足以事父母。(孟子公孫丑)

又說：

> 乃若其情，則可以爲善矣；乃所謂善也。若夫爲不善，非才之
> 罪也。惻隱之心，人皆有之。羞惡之心，人皆有之。恭敬之心，人
> 皆有之。是非之心，人皆有之。惻隱之心，仁也。羞惡之心，義
> 也。恭敬之心，禮也。是非之心，智也。仁義禮智，非由外鑠於我
> 也，我固有之也。（孟子告子）

這兩段話，不僅在說明性善之來源，也說明了性善之功能；同時更說明
了性善的先驗性和普遍性。雖然以現代社會學之觀點而言，難以證明，
但是若與弗洛伊德（Sigmund Freud）及米德（George Mead）之學
說相比較，則孟子性善之說，未必「非科學」。

因爲孟子主張性善，其社會政治思想，卽以此爲出發點。其倡言仁
政，亦基於此，所謂「先王有不忍人之心，斯有不忍人之政矣」（孟子
公孫丑篇）。因此，性善說是其思想之基礎。

雖然孟子倡言性善，但社會中人，仍有「不善」之行爲。孟子認
爲，主要由兩個因素造成。一是環境的影響。他說：

> 富歲子弟多賴；凶歲子弟多暴。（孟子告子）

另一是自我逃避。他說：

> 自暴者，不可與有言也，自棄者，不可與有爲也。言非禮義，
> 謂之自棄也。吾身不能居仁由義，謂之自棄也。仁，人之安宅也。
> 義，人之正路也。曠安宅而弗居，舍正路而不由，哀哉！（孟子離
> 婁）

個人自暴自棄，自甘墮落，以致後天的物欲汨沒其本性，進而有爲非作
歹、作姦犯科之情事發生。其原因與天性無關。此說若以涂爾幹（Emile
Durkheim）的「迷惘」（Anomie）觀念解釋之，也許難以圓通，但是
人類好逸惡勞，只圖享樂，不付代價，不正是「非善」之表現？

　　至於人格，孟子的觀點與孔子者類似，他所理想的人格是大丈夫。
他說：

　　　居天下之廣居，立天下之正位；行天下之大道。得志，與民由
　　　之，不得志，獨行其道。富貴不能淫，貧賤不能移，威武不能屈。
　　　此謂之大丈夫。（孟子滕文公）

　　孟子所謂之大丈夫，顯然是其理想人格之極致，也是人類行爲之最
高層次，對一般人而言，大丈夫的境界不易達到，所以孟子刻劃之理想
人格，其磅礴浩然之氣，可以想見。

　　2.社會組織　孟子對於社會組織之貢獻，在於社會分工，其論點基
礎建立在功能論 (Functionalism) 上。他認爲，社會生活之所以有其
可能，在成員有其分工，社會有其分化。然分工之後尚須彼此合作，相
互挹注，始能滿足人類的多種需要。他說：

　　　然則治天下，獨可耕且爲與？有大人之事，有小人之事。且一
　　　人之身，而百工之所爲備，如必自爲而後用之，是率天下而路也。
　　　故曰：或勞心，或勞力。勞心者治人，勞力者治於人。治於人者食
　　　人，治人者食於人。天下之通義也。（孟子滕文公）

　　由此可知，孟子的社會分工，不重階級之尊卑，而重功能之發揮；
唯有彼此支助，合作無間，社會才能運作。分工不只限於生產，在統治
方面亦然。例如勞心與勞力之區別，在於個人之修持，務使「德必稱
位」，位權相符。所以他說：

　　　天下有道，小德役大德，小賢役大賢；天下無道，小役大，弱
　　　役強。斯二者，天也，順天者存，逆天者亡。（孟子離婁）

　　可見權力地位亦隨個人修養而定。據此，則非常之位，應有非常之
人佔據，似無疑義。

　　此外，孟子和孔子一樣，對於社會地位和職位，予以種種角色界定。

其中對於統治者、被統治者、父子、夫婦等等，皆有明確之角色釐訂。例如，王者應「施仁政於民，省刑罰，薄稅歛，深耕易耨；壯者以暇日修其孝悌忠信，入以事其父兄，出以事其長上。」(孟子梁惠王)其他之地位，亦有不同之角色內涵，玆不多贅。

3.政治主張　孟子一書言政治主張者甚多。歸納言之有三：(1)為尊重民意，以民為重(本)。孟子主張「王者行仁政」，所謂仁政，即愛民之政，因為人民是統治者的權力來源，也是統治的基礎，無民便無由統治，而欲民之歸順，在其從統治者處獲得利益。如仁者處處以人民利益為依歸，自然容易獲得支持與擁護。所以他認為民最貴。他說：「諸侯之寶三：土地、人民、政事。」(孟子盡心)又說：

> 民為貴，社稷次之，君為輕。是故得乎丘民而為天子，得乎天子為諸侯，得乎諸侯為大夫。諸侯危社稷，則變置。(孟子盡心)

孟子強調仁政之重要，蓋統治者不行仁政，便不能收拾人心。他說：「不仁而得國者，有之矣；不仁而得天下，未之有也」(同上)。但是，「保民而王，莫之能禦也」(孟子梁惠王)。又說：「老吾老，以及人之老；幼吾幼，以及人之幼，天下可運於掌」(同上)。且使「民之所好好之，民之所惡惡之」，「所欲與聚，所惡勿施」。此種愛民保民之思想，基本上在強調人民與君王之間的互賴性。孟子引尚書：「天降下民，作之君，作之師」(泰誓)，要在說明了人民需要君主，而「民為貴……君為輕」，在說明君主需要人民。

(2)與民同樂　所謂與民同樂者，應指與民打成一片，建立關係，以增加人民對於君主的向心力。換言之，是從心理面著眼。孟子說：

> 為民上而不與民同樂者，亦非也。樂民之樂者，民亦樂其樂；憂民之憂者，民亦憂其憂。樂以天下，憂以天下，然而不王者，未之有也。(孟子梁惠王)

統治者欲使民樂，則須滿足其需要，需要滿足後，始有良好之關係。故民樂，國家才能富，社會才能安，所謂「國富民樂」。而唯有民樂，統治者才能真樂，所謂「獨樂樂，不若人樂樂；與少樂樂，不若與眾樂樂」；只有與民同樂，「則王矣」。

(3) 注重教與養　孟子認為，生存是人類的當務之急，所以經濟問題不解決，則「放辟邪侈」，無所不為。他說：

> 無恆產而有恒心者，惟士為能。若民，則無恆產，因無恒心；苟無恒心，放辟邪侈，無不為已。……是故明君制民之產；必使仰足以事父母，俯足以畜妻子，樂歲終身飽，凶年免於死亡。然後驅之善，故民之從之也輕。今也制民之產，仰不足以事父母，俯不足以畜妻子；樂歲終身苦，凶年不免於死亡。此惟救死而恐不贍，奚暇治禮義哉？(孟子梁惠王)

孟子之觀點，與現代社會學的觀點並無任何不同，蓋人必先求生存（Existence），而後才求生活（Life）。苟生存不易，生活無望，此時教之以禮樂，無異緣木求魚，鮮有可能。因此，只有在經濟滿足之後，再言教事，方有意義。所以他說：「不教民而用之，謂之殃民，」(孟子告子)正是此意，也就是孔子所謂「富之」而後「教之」。

最後值得一提的是「進賢」與「懲處」。孟子說：

> 國君進賢，如不得已，將使卑踰尊，疏踰戚。可不慎與！左右皆曰「賢」，未可也；諸大夫皆曰「賢」，未可也；國人皆曰「賢」，然後察之；見賢焉，然後用之。左右皆曰「不可」，勿聽；諸大夫皆曰「不可」，勿聽；國人皆曰「不可」，然後察之；見不可焉，然後去之。左右皆曰「可殺」，勿聽；諸大夫皆曰「可殺」，勿聽；國人皆曰「可殺」，然後察之；見可殺焉，然後殺之。故曰「國人殺之」也。然後可以為民父母。(孟子梁惠王)

　　孟子的這一段話,歷來均未受到應有之重視。其中所含有關「民意」之政治觀念,卽使今世之民主政治,亦瞠乎其後。蓋就現代民主而言,國人皆曰賢,國人皆曰不可,或國人皆曰可殺,卽國之民意,理應予以肯定,然後用之、去之、殺之,都可以「國人曰如此」而行之,這係民意,一國之領袖亦無可奈何。可是,孟子則主張在國人皆如何之後而察之。「見賢焉」,用之;「見不可焉」,去之;見可殺焉,殺之。換言之,衆議之後,再予審察,如有不實,則排衆議,公正處置。這比現代民主政治中之鼓動風潮,造成時勢,以「勢大理直」、強姦事實的作風,如之何呢?民主政治只是當前的時代價值,它不是永恒的眞理。事實上,二十世紀以來的社會混亂,民主卽其中之一(其他為「相對論」與「科技」)。今之論民主者不思缺失之如何矯治,不慮方向之如何修正,一味推而廣之,結果可能導致反民主、反民意、反事實,而將社會引至一種悲慘境地。

　　4.教育主張　孟子繼承孔子思想,又認為人性為善,人人皆可為聖賢。而為賢為聖之方法,卽是教育或社會化。所以在經濟生活獲得保障之後,接著就言教育。他說:

　　　　謹庠序之教,申之孝悌之義(孟子梁惠王)。

又說:

　　　　設為庠序學校以教之,庠者,養也;校者,教也;序者,射也。夏曰校;殷曰序,周曰庠;學則三代共之:皆所以明人倫也。人倫明於上,小民親於下。(孟子滕文公)

　　孟子雖然認為人性為善,但不受教育,善便萎縮,不能發揮,這與愛情需培養始能表現的意義相同。所以他說:「人之所以異於禽獸者幾稀」(孟子離婁)。又說:「逸居而無教,則近於禽獸」(孟子滕文公)。可見人之為善,乃人之本質為善,如果不由而教之,則徒善無以自發。

其次，孟子重視個人人格之平等，換言之，只要透過社會化（敎育）的方法，每個人都可變成聖人，亦卽在道德層次上，沒有社會階級之區別，所謂「聖人與我同類者」（孟子告子）；「舜何人也，予何人也，有爲者亦若是」（孟子滕文公）。這與西方早期基督敎神父們所謂「奴隸的道德可能高於主人」的看法，有異曲同工之處。換言之，一個人爲聖爲賢，是由敎育的結果，不受其他社會環境的控制。此外，孟子尚注重後天的訓練與修養。蓋在人生的過程之中，個人的經驗與嚴格的訓練，能爲其日後的成就與發展，奠定基礎，他說：

> 故天將降大任於是人也，必先苦其心志，勞其筋骨，餓其體膚，空乏其身，行拂亂其所爲；所以動心忍性，曾益其所不能。人恒過，然後能改。困於心，衡於慮，而後作，徵於色，發於聲，而後喻。入則無法家拂士，出則無敵國外患者，國恒亡。然後知生於憂患，而死於安樂也。（孟子告子）

由此可知，一個人之能爲大丈夫或具有浩然之氣，則須於社會化過程中予以種種挫折與阻阨，以增加其社會適應的能力。而如引伸到團體或國家之上，則各種橫逆挫折可增加其本身團結，以達求生的目的。這種利用內團體（Ingroup）與外團體（Outgroup）特性，以說明生存力量之由來者，與現代社會學之觀點，毫無區別。

總之，孟子認爲，由於人性基本爲善，而又受環境的影響，因此，只要透過敎育的過程，卽可把道德內化，使人人知書達禮，優入聖域。

5.社會變遷與社會問題　孟子認爲，社會變遷是循環的，卽一治一亂，交替進行。在他看來，唐堯、虞舜、夏禹的時代，是人與自然闘爭的亂局，人類最大的敵人是洪水猛獸，此一時期係爲狩獵與採集社會（Hunting and Gathering Society）。⓮ 人類生活原料來自自然界之

⓮　有關人類社會的分類，可參見 Gerhard Lenski, *Human Societies* (N.Y.: McGraw Hill, 1970), pp. 118-42.

成品，所以自然界本身的阻礙能影響人類生存的機會。他說：

　　　天下之生久矣，一治一亂。當堯之時，水逆行，泛濫於中國，
　　蛇龍居之。民無所定，下者爲巢，上者爲營窟。……洪水也，使禹
　　治之。禹掘地而注之海。……險阻既遠，鳥獸之害人者消，然後人
　　得平土而居之。堯舜既沒，聖人之道衰，暴君代作。……民無所安
　　息，棄田以爲園囿，使民不得衣食。……及紂之身天下又大亂，周
　　公相武王，誅紂伐奄，三年，討其君。……天下大悅。……世衰道
　　微，邪說暴行有作。臣弒其君者有之，子弒其父者有之。孔子懼，
　　作春秋。……聖王不作，諸侯放恣，處士橫議。楊朱墨翟之言盈天
　　下。……孔子之道不著，是邪說誣民，充塞仁義也。……吾爲此
　　懼，閑先聖之道，距楊墨，放淫辭。……昔者，禹抑洪水而天下
　　平，周公兼夷狄，驅猛獸而百姓寧；孔子作春秋而亂臣賊子懼。
　　（孟子滕文公）

由上可知，孟子的社會變遷說，係屬於循環方式。而循環之時間約爲五
百年，他說：

　　　五百年必有王者興，其間必有名世者，由周而來，七百有餘歲
　　矣。以其數，則過矣；以其時考之，則可矣。（孟子公孫丑）

　　按孟子治亂循環之說，自堯、舜、禹克服自然險阻爲一個循環；由
商至周是另一個循環，自周至戰國孟子之世，則又爲一個循環，其間大
約各爲五百年。孟子以戰爭與和平作爲社會變遷之原因，說明了戰亂爲
社會帶來的災難與痛苦。所以在孟子看來，社會最大之問題，莫過於戰
爭。他曾說過：「今夫天下之人牧，未有不嗜殺人者也。如有不嗜殺人
者，則天下之民，皆引領而望之矣。」（孟子梁惠王）可見當時戰爭爲
害之甚，人民痛苦之深。他又說：「爭地以戰，殺人盈野；爭城以戰，
殺人盈城。」（孟子離婁）蓋戰爭不只殺人盈野或盈城，而且能造成暴行

和貧窮。所以有安定的社會環境，始能有社會發展和成長；戰亂頻仍，求生尚且不易，再言發展自然就了無可能了。

6.社會控制 孟子的社會控制觀與孔子者雷同，皆以道德內化為手段，而內化之方法靠教育。因此，他認為以教化作為控制的方法最為有效。他說：

> 善政，不如善教之得民也，善政民畏之，善教民愛之。善政得民財，善教得民心。（孟子盡心）

換言之，欲使人民循規蹈距，恪守法律，只有透過教育過程，把道德規範內化於人格之中，方為有效。至於道德規範之內涵，則為仁義禮智——雖然是先天所備，但不教化，仍不能表現。不過，統治者欲社會有秩序，人民安和樂利，必先得民心，滿足其需要，人民自會由衷支持，不存作姦犯科、圖謀不軌之心。他說：

> 得天下有道，得其民，斯得天下矣。得其民有道，得其心，斯得民矣。得其心有道，所欲與之、聚之，所惡勿施爾也。（孟子離婁）

孟子既然主張以德化人，使其遷善改過，故反對以法為社會控制之工具。蓋法律由外強制，而非由內誠服，對於社會秩序之維持並非根本之計。他說：

> 明法審令，民趨君命，崇寬務化，民愛君德。（孟子公孫丑）

又說：

> 以力服人者，非心服也，力不瞻也。以德服人者，中心悅而誠服也。（孟子公孫丑）。

所以，孟子主張以德服人，不以力服人，蓋前者是內在的，效果宏大；後者是外在的，效果不彰，此所謂制其心而非制其身也。

7.理想社會 理想社會是人類生活追求之最終目標，當前社會學中

之社會設計 (Social Planning)，事實上就是追求理想社會生活的具體
表現。孟子的理想社會，是一個政治清明，經濟富足，道德發達，教育
普及，關係和諧之安和樂利社會。他說：

> 尊賢使能，俊傑在位，則天下之士，皆悅而立於其朝矣。市廛
> 而不征，法而不廛，則天下之商，皆悅而願藏於其市矣。關，譏而
> 不征，則天下之旅，皆悅而願出於其路矣。耕者，助而不稅，則天
> 下之農，皆悅而願耕於其野矣。廛，無夫里之布，則天下之民，皆
> 悅而願爲之氓矣。（孟子公孫丑）

又說：

> 請野九一而助，國中什一使自賦。卿以下，必有圭田。圭田五
> 十畝，餘夫二十五畝。死徙無出鄉。鄉田同井。出入相友，守望相
> 助，疾病相扶持，則百姓親睦。（孟子滕文公）

從上所言，可知孟子的理想社會生活要素，是政治的、經濟的、道德的
和社會安全的多面健全發展。此種境界，不僅孟子心嚮往之，即使當今
之世，各種社會設計及其追求之最終目標，亦無不與此有關。撫今追
昔，展望未來，人類社會的理想境界，恐尚有一段遙遠歷程。

孟子在中國學術上的地位，僅次於孔子。對於中國，尤其對於唐之
後的宋、明各代的思想影響最大。就其思想內容而言，雖然有欠周詳，
但他主張人性之尊嚴，可說是中國人權觀念的濫觴。他的惟善之說並不
健全，尤其是「良能」、「良知」之說，更乏根據。他說：

> 人之所不學而能者，其良能也，所不慮而知者，其良知也。孩
> 提之童，無不知愛其親也；及其長也，無不知敬其兄也。親親，仁
> 也；敬長，義也。無他，達之天下也。（孟子盡心）

從社會學的觀點而言，並無所謂「良能」、「良知」之事。蓋不待學習
（社會化）便不能表現社會（文化）行爲。孟子所謂良知、良能，至多

是種生物上之學習能力而已，而學習並表現何種行爲，係社會化的作用。因此，就此而言，孟子把社會化的生物能力與社會化之內涵混爲一談，後來之儒家多未在此向度 (Dimension) 上予以澄清，故只能作爲一種哲學概念加以發揮。另一方面，誠如孟子所謂「不慮而知」，則此「知」是本能，但人類並無本能。若人類果具本能，則人類之社會化便不能進行，社會化不能進行，則文化不能傳遞，文化不能傳遞，便無文化累積，更無文化發展。此外，個人長成與發展的潛力，亦不能發揮。所以言及人類社會化之生物基礎時，人無本能，位列第一❺。人既無本能，則「人之所不學而能者，其良能也；所不慮而知者，其良知也」便不存在。至少在社會學的基礎上找不到根據，卽使良知、良能存在，則亞維倫 (Aveyron) 野童、野人卡斯巴浩塞 (Kaspar Hauser)，及印度狼童 (The Wolf Children of India) 等❻，又作何解釋？故人之爲人，並非由天賦之某些「人性」之生物特質決定之，最重要的是社會化，尤其要過團體生活，才能成「人」，否則，人的差別便不可能產生了。

此外，孟子主張性善，亦難斷言。雖然「性善」一詞，歷來解釋不一，但基本上，係指人有爲善之生物傾向，但何謂善？並無客觀標準。善惡係依當時社會制度、價值體系，以及心理傾向測量之，所以一種行爲在某一社會爲善，而在另一社會也能爲惡；卽使在同一社會，於某一團體或階級爲善者，而在另一團體或階級則爲惡。因此，客觀善惡標準難以釐定，人又焉將爲善？所以前面所謂之性善，至多可謂生物傾向，可是就此而言，與現代許多違規理論又不符合。總之，性善之說，只能當作是種哲學概念，在社會學及心理學中，並無任何理論可予佐證。

❺ Leonard Broom, Philip Selznick, and Dorothy Broom Darroch, *Sociology: A Text With Adapted Readings*, (N.Y.: Harper & Row, 1981), p. 84.

❻ 龍冠海著「社會學」，頁 110—112，三民書局，臺北市，民國五十五年。

　　當然，孟子思想也有其優點。例如，他強調環境之重要，因之重視教育；他強調政治清明，經濟富裕，因之重視社會安全——現代社會設計的最終目標。此外，他強調分工、重視社會組織，以及以道德為社會控制之工具等，都有其獨到之處。惟其在道德層次上之要求過高，以為人人皆可為堯舜，不重視個別差異。當然這些也可視之為對人性之尊重，故其對人權之保護與發揚，自然亦有所貢獻。

三、荀　子

(一)荀子略傳

　　荀子生卒年代均不可考，其事蹟亦無詳載。據史記云：

> 荀卿，趙人。年五十，始來遊學於齊。……齊襄王時，而荀卿最為老師。齊尚修列大夫之缺，而荀卿三為祭酒焉。齊人或讒荀卿，荀卿乃適楚，而春申君以為蘭陵令。春申君死而荀卿廢，因家蘭陵。李斯嘗為弟子，已而相秦。荀卿嫉濁世之政，亡國亂君相屬，不遂大道，而營於巫祝，信禨祥。鄙儒小拘，如莊周等，又滑稽亂俗。於是推儒墨道德之行事興壞，序列著數萬言而卒，因葬蘭陵。(孟子荀卿列傳)

　　據近人考證，荀子約生於西元前二八六年，卒於西元前二三八年[17]。另說為西元二九八年至二三八年，均無足夠資料佐證云。

　　荀子思想，俱見「荀子」一書，漢書藝文志著錄荀卿子三十三篇，劉向敍錄稱荀卿新書三十二篇。其中部分荀子自著，部分係由弟子所撰。

　　荀子思想大致是新舊社會傳統，和社會秩序爭執下的產物。雖然師承孔子，亦吸收戰國時許多流派之觀點。所以其社會思想較諸孔孟，尤加豐富。茲就其犖犖大者，臚述如后。

---

[17]　木鐸出版社編「中國歷代哲學文選」，頁 373，臺北市，民國六十九年。

(二)社會思想

1.**人性論**　荀孟雖然繼承孔子，隸屬儒家，但對於人性的觀點，孟荀兩人，迥然不同。孟子主張人性善，荀子則主張人性惡。他說：

> 人之性惡，其善者僞也。今人之性，生而有好利焉，順是，故爭奪生而辭讓亡焉；生而有疾惡焉，順是，故殘賊生而忠信亡焉；生而有耳目之欲，有好聲色焉，順是，故淫亂生而禮義文理亡焉。然則從人之性，順人之情，必出於爭奪，合於犯分亂理而歸於暴。故必將有師法之化，禮義之道，然後出於辭讓，合於文理，而歸於治。用此觀之，然則人之性惡明矣，其善者僞也。（荀子性惡）

這卽是說，人有好利疾惡之天性，所以人性是惡的，必須用禮義、道德、法律等等控制工具，限制人性中惡的表現，否則爭奪，暴亂必不可免，社會秩序自然就無法維持了。他又說：

> 孟子曰：「人之學者，其性善」。曰：是不然。……凡性者，天之就也，不可學，不可事。禮義者，聖人之所生也，人之所學而能，所事而成者也。不可學，不可事之在天人者，謂之性；可學而能，可事而成之在人者，謂之僞；是性僞之分也。今人之性，目可以見，耳可以聽。夫可以見之明不離目，可以聽之聰不離耳；目明而耳聰，不可學明矣。孟子曰：「人之性善，將皆失其性故也」。曰：若是則過矣。今人之性，生而離其朴，離其資，必失而喪之。用此觀之，然則人之性惡明矣，其善者僞也。（同上）

從上述兩段話看來，荀子已把人的許多本性 (The Original Nature of Man) 和人性 (Human Nature) 加以區別。孟子則非如此。本性和人性迥然有別，前者是生理或心理上的取向，而後者則隨社會化而改變。總之，荀子認爲，人天生是一種自私自利、好逸惡勞、只求欲望滿足，不惜侵害他人的動物。

2.社會國家起源說　荀子對於社會國家，未有明確區分，而對其起源說，一般以功利觀點立論。例如，在言及社會起源時說：

> 人之生，不能無羣。羣而無分則爭，爭則亂，亂則窮矣。故無分者，人之大害也。有分者，天下之本利也。（荀子富國）

這卽是說，人類之欲生存，必須要過社會生活，而且要有社會組織。荀子所謂之「分」，含義頗廣，蘊蓄貴賤有等，長幼有別，卽有不同社會地位及角色之意。事實上，它是社會分工的表現，其功能在維持社會秩序和滿足人類需要。換言之，社會之所以產生，乃因其有利於生存故也。他進一步指出：

> 萬物同宇而異體，無宜而有用爲人，數也。人倫並處，同求而異道，同欲而異知，生也。皆有可也，知愚同；所可異也，知愚分。執同而知異，行私而無禍，縱欲而不窮，則民心奮而不可說也。……無君以制臣，無上以制下，天下害生縱欲，欲惡同物，欲多而物寡，寡則必爭矣。故百技所成，所以養一人也，而能不能兼技，人不能兼官，離居而不相待則窮，羣而無分則爭。窮者患也，爭者禍也，救患除禍，則莫若明分使羣矣。彊脅弱也，知懼愚也，民下違上，少陵長，不以德爲政；如是，則老弱有失養之憂，而壯者有分爭之禍矣。事業所惡也，功利所好也，職業無分；如是，則人有樹事之患，而有爭功之禍矣。男女之合，夫婦之分，婚姻娉內，送逆無禮，如是，則人有失合之憂，而有爭色之禍矣。故知者爲之分也。（同上）

這段話係從功能論之觀點說明社會國家的起源。事實上，從古希臘以來，論社會國家起源者，亦有類似看法。因爲從功能或需要滿足的觀點上立論，固然易於解釋，而且較易接受，這可能是結構功能分析（Structural-functional Analysis）在早期受到重視的原因。

衆所周知，荀子的思想重在制度及其功能的建立與發揮，尤其以社會秩序之維繫爲然。他可以說是中國結構功能論的鼻祖。惟就孔孟荀比較言之，孔孟偏重社會結構的形式，而荀子偏重功能之發揮，故三人論點稍有不同。

至於國家構成的要素，荀子認爲有土地、人民、法制與君主。四者同等重要，缺一不可。他說：

> 國家者，土民之居也。……無土則人不安居，無人則土不守，無道法則人不至，無君子則道不舉，故土之與人也，道之與法也者，國家之本作也。（荀子致士）

荀子此說，與現代所謂之國家構成要素——土地、人民、主權——雷同。

總之，荀子對於國家社會起源之說，與英儒霍布斯（Thomas Hobbes, 1588-1679）所主張者，相去不遠。兩人均以自然社會爲鬪爭狀態，唯霍氏認爲，國家係由社會契約而成立，而荀子則認爲，國家乃由於聖君之制禮定分所形成。所以說：「君者，善羣也」。

3.社會組織　在荀子的思想中，「羣」與「分」兩個概念最爲重要。前者指社會或團體，後者指社會分化或分工。荀子認爲，人類社會之所以有其可能，端在有其組織；所以有其組織，則在人類有過集體生活的需要。他說：

> 水火有氣而無生，草木有生而無知，禽獸有知而無義；人有氣有生有知亦且有義……（人）力不若牛，走不若馬，而牛馬爲用，何也？曰：人能羣，彼不能羣也。人何以能羣？曰：分。（荀子王制）

此處所謂「分」，係指位分而言，也就是指社會組織中之地位與角色之分化而言。申言之，包括倫常之分、官職之分、貴賤之分、職業之分、

才能之分、異同之分等❶。「分」之所以需要，乃因其能使社會分工，運行不輟；且可維持社會秩序，不至於亂。他在言及「分」之功能時說：

> 分均則不偏，埶齊則不壹，衆齊則不使。有天有地而上下有差。明王始立而處國有制。夫兩貴之不能相事，兩賤之不能相使，是天數也。埶位齊，而欲惡同，物不能澹，則必爭，爭則必亂，亂則窮矣。先王惡其亂也，故制禮義以分之，使有貧富貴賤之等，足以相兼臨者，是養天下之本也。（荀子王制）

他在言及何以能「分」時說：

> 分何以能行？曰：義。故義以分則和，和則一，一則多力，多力則彊，彊則能勝物。……故人生不能無羣，羣而無分則爭，爭則亂，亂則離，離則弱，弱則不能勝物。（荀子王制）

由此可見，社會組織必須建立在「分」上，人類生存方有可能，社會秩序方可維繫。所以說：「序四時，裁萬物，兼利天下，無它故焉，得之分義也」（同上）。

總之，社會分工是基於實際需要，亦基於其社會功能。分工之後，再釐定個人的地位與角色，「皆使人載其事而各得其宜」（荀子榮辱），以形成社會組織中的人際關係層次（Interpersonal Level）。例如君道篇載：

> 請問爲人君？曰：以禮分施，均徧而不偏。請問爲人臣？曰：以禮待君，忠順而不懈。請問爲人父？曰：寬惠而有禮。請問爲人子？曰：敬愛而致文。請問爲人兄？曰：慈愛而見友。請問爲人弟？曰：敬詘而不苟。請問爲人夫？曰：致功而不流，致臨而有辨。請問爲人妻？曰：夫有禮，則柔從聽侍；夫無禮，則恐懼而自

---

❶　熊公哲註「荀子今註今釋」，頁159，商務印書館，民國六十六年二版。

竦也。此道也，偏立亂，俱立而治，其足以稽矣。

其中君、臣、父、子、夫、妻等地位，皆有其角色——地位上所定之應有行爲；而按角色行事，則社會便可以定，國家便可以治，因爲每一種角色行爲的內涵，都由經驗而獲致，應無偏差。

此外，荀子認爲，社會由三個階級組成：農夫衆庶、將率、聖君賢相。每一階級之人，各有其角色或職務。他說：

> 兼足天下之道在明分；掩地表畝，刺屮殖穀多糞肥田，是農夫衆庶之事也。守時力民，進事長功，和齊百姓，使人不偸，是將率之事也。高者不旱，下者不水，寒暑和節，而五穀以時孰，是天之事也。若夫兼而覆之，兼而愛之，兼而制之，歲雖凶敗水旱，使百姓無凍餒之患，則是聖君賢相之事也。（荀子富國）

總之，在荀子的思想中，分工合作是社會及個人需要滿足的唯一途徑，也是社會賴以生存的不二法門。就此而言，荀子的社會組織觀，較諸孔孟尤爲周詳。

4.政治主張　荀子在政治上的觀點多承孔子，所以其基本政治主張有三：

第一主張人治。荀子認爲，國家須有賢能之人治理，人民才能獲得幸福。他說：

> 賢能不待次而舉，罷不能不待須而廢，元惡不待敎而誅，中庸不待政而化。（荀子王制）

賢能之人治國，國必可強，民必可富。所以政之良窳在人，而不在法。又說：

> 有亂君，無亂國；有治人，無治法。……得其人則存，失其人則亡。法者治之端也；君子者法之原也。故有君子，則法雖省，足以徧足。無君子，則法雖具，失先後之施，不能應事之變，足以亂

矣，……故明主急得其人，而闇王急得其埶。急得其人，則身佚而
國治；功大而名美。上可以王，下可以霸。不急得其人而急得其
埶，則身勞而國亂，功廢而名辱，社稷必危。（荀子君道）

　　由此可見，荀子的政治主張，大致與孔孟相同；皆主張仁人聖賢行
仁政。蓋國家由賢者統治，國無不強；人民由能者管理，民無不善。他
不主張法治，因法只是方法或工具而已，且方法或工具之運用在人，人
若不善，法復何用？所謂「徒法不能以自行」。現代社會重在法治，所
以只從制度上求完美，不從人品上求陶冶，結果貪贓枉法，寡廉鮮恥者，
比比皆是。事實上，政事良窳，固繫於法之完備，而執法者若無良好之
品德，則法可能成為其逐鹿私慾和名位之工具。因此兩者同等重要，不
可偏廢。時人只在法上求完備，務以此束縛人之行為，恐非根本之計
也。

　　第二為尊君。尊君在建立國家權威。蓋君是國家之象徵。他說：

　　天子者，埶位至尊，無敵於天下，夫有誰與讓矣！道德純備，
　智惠甚明，南面而聽天下，生民之屬，莫不振動從服以化順之。
（荀子正論）

又說：

　　君者國之隆也，父者家之隆也。隆一而治，二而亂。（荀子致
士）

　　君之地位至高無上，始可為「管分之樞要」，始能發揮其統治功能。
蓋君之權柄極大，影響非淺也。「君者何也？曰：能羣也。能羣者何也？
曰：善生養人者也；善班治人者也；善顯設人者也；善藩飾人者也」
（荀子君道）。君既然有此功能，故荀子希望聖君在位，而聖君則須有完
善之人格，蓋君之人格表率天下也。他說：

　　君者儀也，民者景也，儀正而景正。君者槃也，民者水也，槃

圓而水圓，……君者，民之原也；原清則流清，原濁則流濁。故有

社稷者而不能愛民，不能利民，而求民之親愛已，不可得也。（荀

子君道）。

又說：

天之生民非爲君也，天之立君以爲民也。（荀子大略）

又說：

君者舟也，庶人者水也，水則載舟，水則覆舟。（荀子王制）

換言之，雖然君主地位至尊，但須以愛民、利民爲本，否則，人民

可以革命方式將其推翻。他說：

臣或弒其君，下或殺其上，粥其地，倍其節，而不死其事者，

無他故焉。人主自取之。（荀子富國）

又說：

天下歸之之謂王，天下去之之謂亡，故桀紂無天下，而湯武不

弒君。（荀子正論）

所以統治者要保全地位，獲得人民支持，必須是個無美不備的理想

聖主，和人民的忠實公僕。荀子所謂尊君，是指尊重君之神聖地位及其

角色，而非尊重某個人的權勢與聲望，此與孟子的君輕民貴觀點相同。

第三是健全政府組織與功能。荀子認爲，一國政事，千頭萬緒，欲

達到治理的目的，必須「以禮定分，以義達治，」由具備專業知識之官

吏分層負責，奉公守法，即可發揮統治的功能。他在言及政府組織時

說：

序官：宰爵，知賓客祭祀饗食犧牲之牢數。司徒，知百宗城郭

立器之數。司馬，知師旅甲兵乘白之數。脩憲命，審詩商，禁淫

聲，以時順脩，使夷俗邪音不敢亂雅，大師之事也。脩隄梁，通溝

澮，行水潦，安水藏，以時決塞，歲雖凶敗水旱，使民有所耕艾，

司空之事也。相高下，視肥墝，序五種，省農功，謹畜藏，以時順
脩，使農夫樸力而寡能，治田之事也。脩火憲，養山林藪澤草木魚
鼈百索，以時禁發，使國家足用，而財物不屈，虞師之事也。順州
里，定廛宅，養六畜，閒樹藝，勸教化，趣孝弟，以時順脩，使百
姓順命，安樂處鄉，鄉師之事也。論百工，審時事，辨功苦，尚完
利，便備用，使雕琢文彩，不敢專造於家，工師之事也。相陰陽，
占祲兆，鑽龜陳卦，主攘擇五卜，知其吉凶妖祥，傴巫跛擊之事
也。脩採清，易道路，謹盜賊，平室律，以時順脩，使賓旅安而貨
財通，治市之事也。抃急禁悍，防淫除邪，戮之以五刑，使暴悍以
變，姦邪不作，司寇之事也。本政教，正法則，兼聽而時稽之，度
其功勞，論其慶賞，以時順脩，使百吏免盡，而衆庶不偷，冢宰之
事也。論禮樂，正身行，廣教化，美風俗，兼覆而調一之，辟公之
事也。全道德，致隆高，綦文理，一天下，振毫末，使天下莫不順
比從服，天王之事也。（荀子王制）

由上所言，足見政府組織之完備。不僅地位列述分明，角色規定詳
盡，尤且能按事分工，合作無間，在君主統治之下，發揮強國富民之政
治功能。所以荀子可謂是中國思想史中第一位有「科層制度」(Bureau-
cracy) 觀念的思想家。

5.經濟主張　荀子的經濟主張，主要受當時社會環境的影響。蓋戰
國之時，政治不穩，各國攻伐，生產不足，仰不能事父母，俯不能畜妻
子，因此，荀子提出節用裕民，增加生產，暢流貨物，以為其經濟之主
要方針。他說：

　　足國之道，節用裕民，而善臧其餘。節用以禮，裕民以政。
（荀子富國）

故政治的目的在使民富足，其方法與孔、孟相同。他說：

輕田野之稅，平關市之征，省商賈之數，罕興力役，無奪農
時，如是，則國富矣。夫是之謂以政裕民。(同上)

重視農業輕視商業，是中國傳統的經濟觀念，此與整個社會文化之
發展層次有關。不過荀子比孔孟主張更進一步者，則爲貨暢其流，挹此
注彼，使全國各行各業之人，在分工的原則下，均能滿足其需要。所以
他說：

故澤人足乎木，山人足乎魚。農夫不斲削，不陶冶而足械用，
工賈不耕田而足菽粟。(荀子王制)

因此，從經濟觀點而言，增加生產，節約支出，人民便可得養而安樂。
不過荀子認爲，生產與欲望(消費)必須相互配合，始能滿足個人的生
活需要。欲望太多或過高，則有害於個人及社會的經濟生活，故須節之
以禮，適可而止。此與部分經濟學者的觀點相吻合。

6.教育主張　荀子的教育主張，係以其人性論爲基礎。換言之，教
育的目的在使人「去惡向善」，以便與他人和睦相處。因此，教育是社
會化的工具。他說：

木直中繩，輮以爲輪；其曲中規，雖有槁暴不復挺者，輮使之
然也。故木受繩則直，金就礪則利，君子博學而日參省乎己，則知
明而行無過矣。……干越夷貉之子，生而同聲，長而異俗，教使之
然也。(荀子勸學)

教育是外在的社會化工具，可使風俗習慣，各異其趣。主要因爲教
育是種改變人格的力量。換言之，習俗由教育而傳遞，人格由教育而塑
造。由此而言，荀子與孟子一樣，均重視後天環境的力量。因爲在善的
環境中，人的惡性便可變善；在惡的環境中，其惡性便順乎自然，永遠
無法改變。他說：

西方有木焉，名曰射干，莖長四寸，生於高山之上，而臨百仞

之淵，木莖非能長也，所立者然也。蓬生麻中，不扶而直。蘭槐之根是爲芷，其漸之滫，君子不近，庶人不服，其質非不美也。所漸者然也。故君子居必擇鄉，遊必就士，所以防邪僻而近中正也。（荀子勸學）

雖然教育是社會化的工具和改變人格的力量，但非一蹴可及，必須按部就班，點滴累積，始克有成，所以教育是改變人格的長程計畫。他說：

騏驥一躍，不能十步；駑馬十駕，功在不舍。鍥而舍之，朽木不折；鍥而不舍，金石可鏤。螾無爪牙之利，筋骨之強，上食埃土，下飲黃泉，用心一也。…是故無冥冥之志者，無昭昭之明；無惛惛之事者，無赫赫之功。行衢道者不至，事兩君者不容。目不能兩視而明，耳不能兩聽而聰。…故君子結於一也。（同上）

持續不斷的學習之後，尚須將學習結果，表現於行爲之上，使成爲一個完美無缺之人。他說：

不聞不若聞之，聞之不若見之，見之不若知之，知之不若行之。學至於行之而止矣。行之明也，明之爲聖人。聖人也者，本仁義，當是非，齊言行，不失毫釐。（荀子儒效）

又說：

學惡乎始？惡乎終？曰：其數則始乎誦經，終乎讀禮。其義則始乎爲士，終乎爲聖人。（荀子勸學）

總之，荀子認爲，教育的最終目標是培養完美之人格；抑惡揚善，共營社會生活之發展。

7.斥地理決定論　天人關係論是荀子駁斥迷信和人定勝天的中心觀念。蓋春秋戰國之時，老莊一派因循自然的宿命觀點頗爲風行，使人不求外在發展，只務內在調適，一切以順乎自然法則，求得生活安適爲

本。此種觀點在十八世紀歐洲亦曾風行一時，其主要立論觀點，以人是自然界的一部分，故應按自然規律而生活，任何改進或發展，均足以破壞自然法則。所以把一切社會現象或問題之解釋，悉歸之於天。荀子不服此說。他認為，天（自然）有天之法則，人有人的規律，兩者風馬牛不相及。人無須替天憂慮，天無須代人創造。人天應為自己的現象與問題負責，天應循自己的軌道而行，絕無天人感應之事。他顯然否定了地理決定論之觀念。他說：

> 天行有常，不為堯存，不為桀亡。應之以治則吉，應之以亂則凶。彊本而節用，則天不能貧。養備而動時，則天不能病。脩道而不貳，則天不能禍。故水旱不能使之飢，寒暑不能使之疾，祆怪不能使之凶。本荒而用侈，則天不能使之富。養略而動罕，則天不能使之全。倍道而妄行，則天不能使之吉。故水旱未至而飢，寒暑未薄而疾，祆怪未至而凶。受時與治世同，而殃禍與治世異，不可以怨天，其道然也。（荀子天論）

自然界的運作規律，並不依據人的品德操行而轉變。天有其身的運行法則，人類社會有其自己的組織原理，兩者無涉，不可混淆。他又說：

> 日月星辰瑞曆，是禹桀之所同也。禹以治，桀以亂，治亂非天也。（荀子天論）

又說：

> 天不為人之惡寒也輟冬，地不為人之惡遼遠也輟廣，君子不為小人之匈匈也輟行。天有常道矣，地有常數矣，君子有常體矣。君子道其常，而小人計其功。（同上）

人事現象或社會現象，不受地理環境之決定，由此足見一斑。十九世紀之地理決定論者，如讀荀子「天論篇」，或當不至所持一端焉。總之，荀子在辦天人關係上，開拓了一條嶄新大道。

8.社會問題　荀子時處戰國，其面臨的社會問題與孟子同。除了戰爭之外，貧窮問題恐亦是當時最嚴重的了。依荀子的看法，社會之所以貧窮，主要是政治不修，在上者之貪求無厭也。他說：

> 今之世而不然，厚刀布之斂以奪之財，重田野之稅以奪之食，苛關市之征以難其事。不然而已矣，有持挈伺詐，權謀傾覆，以相顛倒，以靡敝之，百姓曉然皆知其汙漫暴亂而將大危亡也。(荀子富國)

又說：

> 上好功則國貧，上好利則國貧，士大夫衆則國貧，工商衆則國貧，無制數度量則國貧。下貧則上貧，下富則上富。（同上）

貧窮與政治良窳密切關連，蓋中國自古以農立國，科技不進，生產力弱，政治稍有閃失，即可能民不聊生。加之「主闇於上，臣詐於下」，上下交攻利，人民自然就苦不堪言了。

至於其他社會問題之所由而生，主要起於邪說盛行，譁衆而取寵，對於實際社會問題均有所蔽，以致亂天下耳目，使人無所適從。換言之，使人產生迷惘 (Anomie)，對於社會的整合有腐蝕、破壞之作用，終至社會組織鬆弛，社會制度偏廢，乃至社會的全面解組。所以，荀子認為，社會問題乃由於政治機構之失調，和社會道德、價值與社會實務之間的矛盾所造成的。荀子以「迷惘」觀念說明社會問題之產生，此與現代社會學的觀點不謀而合。

9.社會控制　荀子認為人性本惡，且「生而有欲」，「欲多物寡，不足贍」，必然引起爭奪。為了避免爭奪，遂主張以禮明分，以束縛人之行為；又主張以樂制亂，防患於未然。所以，基本上，荀子認為，社會控制應從外（禮）及內（樂）兩方面進行。他在論及禮的起源時說：

> 禮起於何也？曰：人生而有欲，欲而不得，則不能無求，求而

無度量分界，則不能不爭。爭則亂，亂則窮。先王惡其亂也，故制
禮義以分之，以養人之欲，給人之求。使欲必不窮乎物，物必不屈
於欲，兩者相持而長，是禮之所起也。（荀子禮論）

人旣然生而有欲，且欲而不得不能不求，求無限制範圍，必然造成暴
亂，故須用工具加以控制。荀子認為，禮是最佳之控制工具。禮之所以
能發揮控制功能，在能定分──界定人的地位與角色，並可節制人的欲
望。換言之，以禮作為外在行為表現的規範。不過禮比單一的規範要複
雜的多（具有一套表現的實務），所以是一種制度。制度本身即有束縛
行為的功能，因之以禮來控制社會，自然有效。他說：

凡用血氣、志意、知慮，由禮則治通，不由禮則勃亂提慢；食
飲衣服，居處動靜，由禮則合節，不由禮則觸陷生疾；容貌態度，
進退趨行，由禮則雅，不由禮則夷固僻違，庸衆而野。故人無禮則
不生，事無禮則不成，國家無禮則不寧。（荀子修身）

個人之飲食、起居細節，立身處世大道，均為禮所涵蓋，且由禮之
指引而表現，所以說「禮者，人道之極也。」（荀子禮論）

禮雖為行為準則，但若違禮則將如何？荀子認為，要靠法術保護。
所謂「禮者，法之大分、類之綱紀也」（荀子勸學）。因此，法術是維護
禮的必要工具。尤其在維持社會或國家秩序上為然。荀子說：

古之人為之不然，以人之情為欲多而不欲寡，故賞以富厚，而
罰以殺損也」。（荀子正論）

對於安分守己，奉公守法之人不罰而賞；對於作姦犯科，為非作歹
之人量度而懲。所以說：「勉之以慶賞，懲之以刑罰，安職則畜，不安職
則棄」（荀子王制）。所謂「慶賞」，即正制裁 (Positive Sanction)；
而「刑罰」，即負制裁 (Negative Sanction)。唯有制裁分明，始能維
護社會秩序和國家安全。他又說：

賞行罰威，則賢者可得而進也，不肖者可得而退也。若是，則萬物得宜，事變得應，上得天時，下得地利，中得人和，則財貨渾渾如泉源，汸汸如河海，暴暴如丘山，不時焚燒，無所藏之，夫天下何患乎不足也!（荀子富國）

為了齊一人之行為，使人得以守禮守紀，運用刑罰是必要的。但刑罰不可濫用，因此刑罰之應用只限於「暴悍者」，而且量刑以適當為宜。他說:

賞不欲僭，刑不欲濫。賞僭則利及小人；刑濫則害及君子。若不幸而過，寧僭勿濫；與其害善，不若利淫。（荀子致士）

前已言之，荀子的社會控制觀，係建立在人性惡的基本論點上。因為人性惡，必須以禮、樂、義、法制等矯正化導而使之歸於善。所以自社會學之觀點而言，荀子所言之法，相當於「強制控制」(Coercive Control)，卽以法律力量使人守分。另一方面，所謂之禮則相當於「誘導控制」(Persuasive Control)，卽透過社會化之機構，使人遵守社會價值，也就是規範內化。因為「禮之用除定分以節人之欲外，又為文以飾人之情」[19]，所以說:「禮者，斷長續短，損有餘益不足，達愛敬之文，而滋成行義之美也。」（荀子禮論）由此而言，這又屬於心理上之內在控制了。

此外，樂亦有控制作用。荀子認為，樂出於人之天性，為人所不可免。他說:

夫樂者，樂也，人情之所必不可免也，故人不能無樂，樂則必發於聲音，形於動靜……，故人不能不樂，樂則不能無形，形而不為道，則不能無亂；先王惡其亂也，故制雅頌之聲以道之，使其聲足以樂而不流，使其文足以辨而不諰，使其曲直繁省廉肉節奏，足

---

[19] 馮友蘭著「中國哲學史」，頁368。

以感動人之善心，使夫邪汙之氣無由得接焉。(荀子樂論)

樂來自天性，發自內心，對人的影響自然從根本上發生作用，所以「樂之入人也，深；其化人也，速」(同上)。換言之，樂對人之行為影響是基本的，對於人的控制自然也最有效，他說：

故樂在宗廟之中，君臣上下同聽之，則莫不敬和，閨門之內，父子兄弟同聽之，則莫不和親。鄉里族長之中，長少同聽之，則莫不和順。故樂者，審一以定和者也，比物以飾節者也，合奏以成文者也。足以率一道，足以治萬變。(荀子樂論)

音樂的社會功能，於此足見一斑。不特此也，音樂還可「以善民心」。因為「其感人深」，「其移風易俗易」，且能使「民和睦」。故對於社會秩序的維持，功效自是昭著。荀子說：

夫民有好惡之情，而無喜怒之應，則亂。先王惡其亂也，故修其行，正其樂，而天下順焉。(荀子樂論)

「天下順焉」，即社會有了秩序。何以如此？乃音樂感化人心，使人了解是非善惡，不為物欲所蔽然。荀子又說：

故樂行而志清，禮修而行成。耳目聰明，血氣和平，移風易俗，天下皆寧，美善相樂，故曰樂者樂也。……故樂者，治人之盛也。……樂合同，禮別異，禮樂之統，管乎人心矣。(荀子樂論)

音樂既從心理上改變人的行為，所以「樂中平，則民和而不流，樂肅莊，則民齊而不亂」(同上)。其於社會控制之功能，就不言可喻了。

10.理想社會　荀子的理想社會觀，與孟子者相似，均強調上有聖王，賢相輔弼；下有百工，按「分」行事，各享其權利，各盡其義務。他說：

故仁人在上，則農以力盡田，賈以察盡財，百工以巧盡械器，士大夫以上至於公侯，莫不以仁厚知能盡官職，夫是之謂至平。

（荀子榮辱）

「至平」的境界，就是荀子的理想社會。在此一社會中，分工合作，各盡所能，各取所值，儼然一幅和平安定之景象。

此外，荀子對於社會福利亦甚重視。王制篇說：「安職則畜，不安職則棄。五疾，上收養之，材而事之，官施而衣食之，兼覆無遺。…是王者之政也。」其中所謂「五疾，上收養之」，卽含有醫療服務，殘障福利，全民保險之義。他又說：

故厚德音以先之，明禮義以道之，致忠信以愛之，賞賢使能以次之，爵服賞慶以申重之，時其事，輕其位，以調齊之；潢然兼覆之，養長如保赤子。生民則致寬，使民則綦理。辨政令制度，所以接天下之人百姓，有非理者如豪末，則雖孤獨鰥寡，必不加焉，是故百姓貴之如帝，親之如父母，爲之出死斷亡而不愉者，無他故焉，道德誠明，利澤誠厚也。（荀子王霸）

在此社會裏，政治清明，敎育普及，經濟富裕，正是所謂「選賢良，舉篤敬，與孝弟，收孤寡，補貧窮」（荀子王制）之理想境界。

總之，荀子的思想涉獵廣泛，且較諸孔孟，更加邏輯化、系統化、科學化。例如在政治方面，其所言之治國之道，遠較孔孟詳盡；在社會制度——禮——方面，較孔孟尤其周詳。此外，他的科學精神，否定了地理決定論，批判了相術，認爲凡事求諸己，不信無稽之談，荒誕之論。且其論證周延、理明詞約，頗具發人深省、振瞶啓聾之功效。

在人性論上，他雖針對孟子性善之說，提出性惡之論，但與孟子一樣，未把人性作澈底剖析，致使「善惡」未明，兩人之人性觀，均不若告子之正確。（見孟子告子）

然而他認爲，透過社會化過程可使人變善，這與部分社會學家及心理學家的看法又有相同之處。此外，荀子提倡禮治，定名分，因之亦重

法術，此與中國數千年來，以儒家之名，行法家之實，不無關係。

四、儒家社會思想總評

儒家社會思想既是對人類社會生活的一種詮釋，自有其優點，亦有其缺失。就其優點而言，約有以下數端：

1.注重人的社會研究　在儒家思想中所謂之人，並非一個單純的生物個體，而是一個包含各種社會關係的社會人。雖然孟子言人盡善，荀子言人皆惡，但從其對人性之發展與後果看來，兩人皆欲以社會化的力量發揮人性之本質，惟兩人強調的層面不同而已。所以，孟子的觀點類似米德 (George Mead)，而荀子的看法好像弗洛依德 (Sigmund Freud)。前者強調人類的內在發展，後者重視社會的外在壓力。無論如何，他們認為，人可以透過社會化的過程而改變。而社會化又是灌輸社會價值的過程，如此，人類社會的理想境界最後是可以達到的。

2.注重社會秩序之維繫　儒家思想是一有中庸趨向的思想，其中絕無偏激之論，規避之說，消極之調，灰色之詞。儒家重視社會秩序之維持，故反對一切破壞社會關係的勢力，但非因此而苟且偷安，庇護暴政。他們提出仁義禮智之基本人性，強調正名，重視音樂，尤其對於統治者的限制所在多有。他們也重視社會差異 (Social Differences)，強調職位與角色的對稱與互補，權利義務的劃分與捆注，凡此在在說明社會的分工而治，冀望秩序的全面維護。

在以往，有些人強調儒家思想過於保守，不知進取，是統治階層的說客。事實上，儒家所重視的職位與角色之表現，和權利與義務的劃分，無論何人或何階級，均應遵行。倘個人不能成功而有效地扮演社會角色，順從社會規範，則社會便應予更替或再社會化。孟子所謂:「吾聞弒一夫紂，未聞弒其君」，此說明了紂未能善盡或違背君（地位）的

行為（角色）。故紂不算是統治者，而是一介獨夫而已，應可弒之。

3.注重社會體系之結構 從個體觀點而言，儒家對於社會中每一個職位都有明確的角色界定。這些角色與其他職位或地位上的角色，相互補充，彼此挹注，由個人到大社會，均無例外。所以，儒家所謂之社會體系，是由規範、角色、地位、職位、團體、組織、社區、社會，逐級擴大，相互配合，彼此接合而形成的。數千年來，中國社會堅實不移，縱使政治騷亂，導致不安，但社會組織的基本過程，卻從未改變。所以，由此而言，儒家之社會體系結構觀點，與現代社會學之看法，不謀而合，此何以沙羅金 (P. A. Sorokin) 稱儒家思想是唯社會學派了。

當然，儒家的社會觀，亦非盡善盡美，其弱點仍然不少，顯著者有以下數端：

1.主觀性高 儒家對於束縛人類行為之規範，制訂極為嚴格，並視之為天之經，地之義，非如此不足以滿足社會生活。就規範的功能而言，誠無所厚非，但就規範的內容而言，則就有商榷餘地了。近人批評儒家思想者，多係對此而言。

儒家思想之主觀性高，與其「絕對論」之主張有關。他們肯定人類的最高境界是「大同」，而要達到這種境界，就須按照他們規劃出來的過程去進行。因為他們所肯定的修齊治平之道，是「道貫古今」的天經地義，捨此無他。這種高度的自我肯定，從相對論的觀點而言，自是難以自圓其說，況且某些規範之不合乎社會生活需要，就難免不留人話柄了。

2.重視理想(或目的)、不重視變遷 雖然孟子把中國社會變遷的歷程曾作簡單闡述，唯到了儒術獨尊之後，天下之道，便定於一。孟子說：「當堯之時，天下猶未平，洪水橫流，氾濫於天下；草木暢茂，禽獸繁殖，五穀不登，禽獸偪人……堯獨憂之，舉舜而敷治焉。舜使益掌

火，益烈山澤而焚之，禽獸逃匿。禹疏九河……而注諸海……然後中國可得而食也。……后稷教民稼穡，樹藝五穀。五穀熟而民人育，人之有道也。飽食煖衣，逸居而無教，則近於禽獸，聖人憂之，使契爲司徒，教以人倫：父子有親，君臣有義，夫婦有別，長幼有序，朋友有信」（孟子滕文公）。可是到了天下「悅周公仲尼之道」，理想境界爲之建立，變遷思想少受重視。蓋凡不合周公孔子之道的思想，均是異端邪說，旁門左道。尤自漢武帝納董仲舒之議，罷除百家，獨崇儒術之後，中國思想幾成一統。所以，中國社會思想自漢至清末沒有突破的發展，其原因殆出乎此。

　　3.陳義過高　儒家社會思想是由道德層面出發，陳義較高，且過抽象，對一般人而言，了解頗爲不易。所以，雖然儒家所涉及者多係社會關係之處理與安排，但是實行起來，洵非易事。而且涉獵廣泛，掌握不易。司馬遷說：「儒者博而寡要，勞而少功，是以其事難盡從。」（史記太史公自序論六家要旨）正是此意。尤自朱程之後，夫子之道高不可攀，對於人類社會行爲之解釋，跡近於虛玄之境，常人安得而知，焉得而行？

　　不過，我們所應注意的是，中國二千餘年來旣受儒家思想之影響，且以其思想型態建立起人格、文化與社會體系，則未來中國社會思想之了解與批判，應以體系探究方式而爲之，否則無論了解與批判，難免掛一漏萬，支離破碎。結果提出之解釋與改革，常有拼湊之感，以致造成制度上的失調。近半個多世紀以來的中國社會問題，與此不能脫離干係。所以，本節除說明儒家社會思想之外，尙祈今後批評儒學者，要能以體系探究法（Systematic Approach）爲之；零碎的、片斷的，乃至斷章取義，對於儒家學說之了解與發揚，均無益處，而對於中國社會思想之發揚，自更有害而無益了。

第三節　道家的社會思想

戰國之世，社會紛亂。封建制度式微，造成政治多變；井田制度破壞，造成經濟萎縮。國不能安，民不能生。因此，許多有識之士，紛紛提出救世之道，所謂百家爭鳴，百花齊放，蔚爲中國思想史上之黃金時期。在此時期，以儒、道、墨、法四家之聲勢最爲浩大，均可謂之顯學。其中儒、墨兩家採入世主張，思以得君行道，撥亂反正；法家提倡崇法務實，富國強兵。唯道家主張自反內省、不與人爭；期從內心之修持，擯棄名利權之爭奪，俾以人人由衷滿足，事事盡其在我，則社會必無衝突焉。

可是道家思想自漢之後，並未獲得適當之位，受到應得的重視。實則，道家所主張者，世界他國之思想家，亦有雷同之處。如十八世紀歐洲之部分思想家，卽與道家多有相同之處。道家思想之所以可貴，乃在其從另一個角度探討社會生活，我們必不可謂其消極而不求進取，亦不可謂其荒誕而不可行。中國每經戰亂之後，民生凋敝，人心思安，是道家政治主張最爲實用之時期。或謂，近代中日之戰以後，國貧民乏，中共乘機坐大，而政府征勦無效，終至棄走一隅，偏安海外者，與其在大戰之後未重道家之「無爲而治」，不無關係。事實上，一種思想或一種主張，不可能放諸四海而皆準，亦不可能衡之古今而不變。大凡某種主張，可行於某一社會中之某種情況，換言之，換一種情況，此主張可能就無法實行了。準此，一國之主義只能作爲其國家發展之導向力量，或一國立國之精神目標，不可無理堅持，誤國誤民，禍延子孫。因此，我們如果以社會情況之變幻不一，起伏不定來看道家思想之應用，道家自有其可取之一面。

一、老子的社會思想

(一)**略傳** 史記老子韓非列傳云:

> 老子者，楚苦縣厲鄉曲仁里人也，姓李氏，名耳，字聃，周守
> 藏室之史也。……孔子適周，將問禮於老子。……老子脩道德，其
> 學以自隱無名爲務，居周久之，見周之衰，迺遂去。……或曰儋
> （周太史儋）卽老子，或曰非也，世莫知其然否。老子，隱君子也。

因此，老子究竟爲何人？司馬遷亦難肯定。近人認爲，老子之說有
三：一認爲老子卽與孔子同時或稍早之老聃；一認爲老子卽戰國初期之
太史儋；一認爲老子卽戰國之末的李耳❷。由此可知，老子究竟何人，
實難定奪。不過，根據老子「道德經」一書，大致可以肯定者，卽其中
論說恐非出於一人手筆。可能是老聃（傳說中人物）有此思想，太史儋
承之，李耳集其大成，並爲道學之首領云。但因「文獻不足徵」，我們
只能姑且言之罷了。

(二)**社會思想**

1.社會起源與演變 老子認爲，宇宙及其中各種現象之產生與發
展，皆有一定的程序或過程；先有形成或發生的力量，而後形成宇宙及
其中的各種現象。其過程是漸進的、次第的，最後天下萬物於焉形成。
而人類社會亦卽在此過程中蛻變、演化。他說:

> 有物混成，先天地生。寂兮寥兮，獨立不改，周行而不殆，可
> 以爲天下母。吾不知其名，強字之曰「道」，強爲之名曰「大」。……
> 人法地，地法天，天法道，道法自然。（老子二十五章）

由此可知，「道」是形成宇宙及萬物的力量，這種力量可能是科學家所謂
之微子、質子、原子等等一類「物」之原素及其自身之動能，未有宇宙

之前卽已存在。它是宇宙之本源，亦卽萬物之由來，人類社會係宇宙的一部分，故亦由「道」而產生。道產生宇宙之後，宇宙開始演化，因為「道」無所不在，同時由於它的存在，萬物便成就了自己的形狀。他說：

> 大道氾兮，其可左右。萬物恃之以生而不辭，功成而不有。衣養萬物而不為主。(老子三十四章)

宇宙萬物皆靠「道」而生、而長，但物之生長各有法則，「道」本身卻不加干預或控制。「道」生萬物，是逐次的、是演化的，他所謂「道生一，一生二，二生三，三生萬物」(老子四十二章)，卽演化而生之明證，也可看出「道」亦在演化。「道」的演化出於自然，所謂「道法自然」，自然是一種不變的法則，「道」循着「不得不然」的途徑造就萬物。而人類社會亦卽在此自然過程中漸次形成，漸次演化。

因為社會既由「道」而形成，社會本身的運作應與「自然」相同，所謂「無為無不為，無事無不事」，所以社會調適的方式就在於此。近世西方主張「放任政策」(Laissez-Faire Policy) 的「自利」(Self-Interest) 論者，卽含有道家之觀念。

此外，由「道」而形成宇宙萬物，自然否定了神的存在。這與西方基督教中的「創世紀」，迥然有別，所以老子是位無神論者。

2.社會退化論　老子所指之社會退化，係對社會生活奢靡，基本需要不能滿足，以及社會秩序之崩潰而言。究其原因，乃在人對於文明之創造及發展，與人類「生」的本質或社會存在的意義，背道而馳。換言之，文明是社會退化之原因，蓋其對於社會及個人本身之生活有害無益，倍生禍亂。他說：

> 五色令人目盲；五音令人耳聾；五味令人口爽；馳騁畋獵，令人心發狂；難得之貨，令人行妨。是以「聖人」為腹不為目，故去

彼取此。（老子十二章）

老子認爲五色、五音、五味，以及盡情奔放等文明，都有其反功能，而稀少之社會價值，尤其是人類越規之主因，墮落的根本。第十四世紀阿拉伯思想家卡爾頓 (Ibn Khaldūn, 1332-1406) 亦有類似主張。所以老子主張均應拋棄。他又說：

> 大道廢，有仁義；智慧出，有大僞；六親不和，有孝慈；國家
> 昏亂，有忠臣。（老子十八章）

又說：

> 絕聖棄智，民利百倍；絕仁棄義，民復孝慈；絕巧棄利，盜賊
> 無有。……見素抱樸，少私寡欲。（老子十九章）

老子認爲，文明之創造，實乃人捨大「道」而不由，所以才有仁義、智慧、孝慈、忠臣等「文明觀念」出現。有了這些觀念，社會便永無寧日。因爲聖、智、仁、義、巧等成了社會價值，人爲爭奪此等價值，社會自然無太平可言。故老子主張拋棄社會價值，使人不爭，然後過着簡單樸素之自然生活。按老子之意，人類只要生存，不要生活。蓋豐厚過多，並無益處，所謂「羅綺千箱，不過一暖；食前方丈，不過一飽；」剩餘者不僅對個人無益，於社會亦有害。

　　3.政治主張　老子的政治主張，基本上與其哲學觀念密切有關。但老子並不主張放棄政治制度。換言之，他依然贊成國家政府的存在，只是主張一切放任、無爲而治罷了，這與莊子的無政府主義，迥然不同。老子說：

> 不尙賢，使民不爭；不貴難得之貨，使民不爲盜；不見可欲，
> 使民心不亂。是以聖人之治，虛其心，實其腹，弱其志，強其骨。
> 常使民無知無欲，使夫智者不敢爲也。爲「無爲」，則無不治。（老
> 子三章）

由上可知，　統治者應摒除社會價值──賢，　難得之貨，　並不准創造發明；使人無欲，則一切可治。換言之，順乎自然狀態之生活，即最理想之生活，而任何創造發明，非但不能增進人民的福祉，而且能製造種種社會問題。所以他說：

> 民之饑，　以其上食稅之多，　是以饑。民之難治，　以其上之有為，是以難治。民之輕死，以其上求生之厚，是以輕死。夫唯無以生為者，是賢於貴生。（老子七十五章）

又說：

> ……天下多忌諱而民彌貧；民多利器，國家滋昏；人多伎巧，奇物滋起；法令滋彰，盜賊多有。故聖人云：「我無為，而民自化；我好靜，而民自正；我無事，而民自富；我無欲，而民自樸。」（老子五十七章）

理想之政治，即統治者順乎自然的無為政策，不創造、不發明、亦不干預。　這種一切純任自然，　不干涉的政治理想，　最適於戰亂後的心理狀態，　所以中國歷代開國之初，無為而治、休養生息的黃老之術，最為人民稱道，其原因殆出乎此。

　　4.理想社會　老子的理想社會，是一種小規模的鄉村社區。面積小、人民少；樂天知命，不求發展的孤立社會。他說：

> 小國寡民，使有什伯之器而不用；使民重死而不遠徙。雖有舟輿，無所乘之；雖有甲兵，無所陳之。使民復結繩而用之。
>
> 甘其食，美其服，安其居，樂其俗。鄰國相望，雞犬之聲相聞，民至老死，不相往來。（老子八十章）

老子的理想社會，可謂其出世思想的目標。在戰亂頻仍之戰國，此種思想不足為奇。而時至今日，科技昌明，物質進步，可是緊張、競爭、挫折、痛苦，在在使人仰慕田園生活之無憂無慮。六十年代之末與七十年

代之初的美國嬉皮 (Hippie)， 就是反文明的行動者，雖然他們沒有成功，但卻說明了老子的理想社會，卽使在現代社會，仍有部分人視爲生活之圭臬，心嚮往之。

老子思想是老學的代表，雖然在時代的意義上，無法爲人接受，但他能針對由時代而產生的問題，作求諸內的「消極」調適，和求諸外的社會改革，其意義非比尋常，足可發人深省。

二、莊子的社會思想

(一)略傳　史記老子韓非列傳云：

> 莊子者，蒙人也，名周。周嘗爲蒙漆園吏，與梁惠王、齊宣王同時。其學無所不窺，然其要本歸於老子之言。故其著書十餘萬言，大抵率寓言也。……善善屬書離辭，指事類情，用剽剝儒墨，雖當世宿學不能自解免也。其言洸洋自恣以適己，故自王公大夫不能器之。楚威王聞莊周賢，使使厚幣迎之，許以爲相。莊周笑謂楚使者曰：「……我寧游戲汙瀆之中自快，無爲有國者所羈，終身不仕，以快吾志焉」。

莊子約生於西元前三六九年，卒於西元前二八六年。他是沒落的知識分子，推崇老子之說,對於現實充滿消極與悲觀論調。著重內在修持，反對積極用世，所以才「終身不仕」。莊子的思想俱見「莊子」一書。漢書藝文志著錄莊子五十二篇。現存莊子三十三篇，是一部以莊周思想爲中心，而經後人編撰補充的先秦道學集成。其中部分出於莊子本人手筆，部分出於後人補述，惟其細目已不易斷定矣。

(二)社會思想

(1) 社會起源與變遷　在這方面的觀點，莊子與老子相同。均認爲「道」是生成萬物的力量或總原理，因此「道無所不在」。「道」的作

用是自然的，有其自生、自長和自滅的一定過程。無「道」，萬物便無由而生。莊子大宗師說：

> 夫道，有情有信，無爲無形；可傳而不可受，可得而不可見；自本自根，未有天地，自古以固存；神鬼神帝，生天生地；在太極之先而不爲高，在六極之下而不爲深，先天地生而不爲久，長於上古而不爲老。

「道」是物或現象產生的原理。而人類社會是由有秩序的人類行爲組織而成，其間之組織（卽社會組織），亦有其結合的道理存在。故所謂道，固然形成人與物，也形成社會。社會學的目的在探究社會「道」的存在，換言之，社會「應該」如何結合之「理」。所以照莊子的觀點看，人類社會的起源有其一定的「理想狀態」或目標。它是一種自然的狀態，人爲的創意或刻畫徒然破壞了「道」的本意。由此可見，莊子的社會起源觀是一種「自然觀」，換言之，社會是自然而然的一種結果，本身含有結構與功能的必然性。

社會雖然由「道」而產生，但並非一成不變。齊物論說：

> 一受其成形，不化以待盡。與物相刃相靡，其行進如馳，而莫之能止，不亦悲乎！

「不化以待盡」，卽在說明無論是人、物，或社會現象，均需不斷的變遷，以調適客觀之環境，不可坐以待斃，等待消滅。故變之現象無時無地不在進行之中。換言之，變亦有道。秋水篇云：

> 道无終始，物有死生，不恃其成；一虛一盈，不位乎其形。年不可舉，時不可止；消息盈虛，終則有始。是所以語大義之方，論萬物之理也。物之生也，若驟若馳，无動而不變，无時而不移。

所謂「消息盈虛，終則有始」，是指循環變遷。所以在寓言篇中也說：

> 萬物皆神也，以不同形相禪，始卒若環，莫得其倫，是謂天

均，天均者天倪也。

人類社會是「物」，則社會變遷，自是「始卒若環」，此種循環變遷論點，在社會變遷理論中已佔一席之地。至於見地如何，端在其解釋之觀點了。

(2) 社會退化觀　莊子認爲，社會生活之進退，與文明的創造與發展有關，此與老子的觀點相同。他們都認爲，文明愈進步，社會愈退化。尤其是莊子，他把社會變遷視爲一社會退化的過程。「繕性篇」說：

古之人，在混芒之中，與一世而得澹漠焉。當是時也，陰陽和靜，鬼神不擾，四時得節，萬物不傷，羣生不夭，人雖有知，无所用之，此之謂至一。當是時也，莫之爲而常自然。

逮德下衰，及燧人伏羲始爲天下，是故順而不一。德又下衰，及神農黃帝始爲天下，是故安而不順。德又下衰，及唐虞始爲天下，與治化之流，澆淳散朴，離道以善，險德以行，然後去性而從於心，心與心識知，而不足以定天下，然後附之以文，益之以博。文滅質，博溺心，然後民始惑亂，无以反其性情而復其初。

社會變遷既是一種退化過程，然則退化的原因安在？莊子認爲，是由所謂之聖人創造各種束縛人類行爲之文明（或文化，文化的基本要素是規範，故有束縛作用）造成的。胠篋篇謂：

聖人不死，大盜不止。……故絕聖棄知，大盜乃止；擿玉毀珠，小盜不起；焚符破璽，而民朴鄙；掊斗折衡，而民不爭；殫殘天下之聖法，而民始可與論議。擢亂六律，鑠絕竽瑟，塞師曠之耳，而天下始人含其聰矣；滅文章，散五采，膠離朱之目，而天下始人含其明矣；毀絕鈎繩而棄規矩，攦工倕之指，而天下始人含其巧矣。削曾史之行，鉗楊墨之口，攘棄仁義，而天下之德始玄同。彼人含其明，則天下不鑠矣；人含其含聰，則天下不累矣；人含其

知，則天下不惑矣；人含其德，則天下不僻矣。

依照莊子的看法，文明能引發墮落，尤以物質文明為甚。蓋文明創造之後，能為人或社會帶來便利或益處，於是變成社會價值。而此價值遂成為人人意欲奪取之目標，因此非但人的「本性」「本情」不復重現，同時也為社會帶來騷亂，人民帶來痛苦。反之，沒有文明，沒有價值，自然不會引起爭奪與衝突。因此，拋棄文明是社會安定的當務之急。

十八世紀法國的盧梭 (Jean Jacques Rousseau, 1712-1778)，亦視社會演化為一退化過程，其要義與莊子同。惟到了「社會契約論」出版之後，盧梭思想又稍變更。然因提倡契約說，未為近代社會學者所接受。但盧梭與莊子對人類社會演化具有相同之觀點，可謂「人同此心，心同此理」了。

(3) 政治主張——放任主義　由前述莊子對於社會起源與變遷的看法，不難了解其政治主張的基本觀念。莊子認為，萬物皆由「道」而成，而「道」法自然，所以一切現象循乎自然，便可形成良好之秩序。因此，他主張天下不須治，國家無須管。因為人人有順從「道」之本性，天下就不治而治了。他雖認為君臣可存，但基本上他是位無政府主義者。在宥篇中說：

> 聞在宥天下，不聞治天下也。在之也者，恐天下之淫其性也；宥之也者，恐天下之遷其德也。天下不淫其性，不遷其德，有治天下者哉！

雖然莊子高估了人人皆能順其性，守其德的天性，但其基本觀念隱含人人平等、人人自由的理想。應帝王篇有云：「汝遊心於淡，合氣於漠，順物自然而無容私焉，而天下治矣。」又說：「天下均治之為願，而何計以有虞氏為。」（天地篇）既然人人思以安定的社會生活，主政者只須「無為」，即可「有為」。所謂「古之畜天下者，无欲而天下足，无為

而萬物化，淵靜而百姓定。」（同上）

　　莊子的基本觀念，在於「事物」之自然「道理」或「原則」之上，社會無須以文明控制，而應以自然法則或「道」去控制，萬物萬事便在道的自然功能下，達成和諧一致的秩序。反之，人爲之干預，破壞了「道」所發生的力量，所以無論人類如何調適，均不能求得合理的、舒暢的社會生活；更不能達到天下均等的境界。因此政治上的作爲，就是不爲，不爲卽順乎人之性、人之情，社會焉得不治？

　　(4) 理想社會——至德之世　莊子的理想社會，是至德社會。在此種社會中，萬物渾然一體，彼此合作，相互尊重，以人之性、之情的流露相互動。沒有文明的約束，沒有欲望的追求，知足常樂，安於現況。所以馬蹄篇云：

　　　　夫至德之世，同與禽獸居，族與萬物並，惡乎知君子小人哉!

　　同乎无知，其德不離；同乎无欲，是謂素樸；素樸而民性得矣。

天地篇也說：

　　　　至德之世，不尚賢，不使能；上如標枝，民如野鹿，端正而不知以爲義，相愛而不知以爲仁，實而不知以爲忠，當而不知以爲信，蠢動而相使，不以爲賜。是故行而無迹，事而無傳。

　　在至德社會，民順乎自然而生，不藉文明而存，只求心理安謐，不尚物質享受。胠篋篇上說：

　　　　子獨不知至德之世乎？……當是時也，民結繩而用之，甘其食，美其服，樂其俗，安其居，鄰國相望，鷄狗之音相聞，民至老死而不相往來。若此之時，則至治已。

　　所以莊子的理想社會，是一個小國寡民，安貧樂道，不求物質享受，只求精神滿足的「超人」境界。在此種境界中，「民愚而朴，少私而寡欲；知作而不知藏，與而不求其報；不知義之所適，不知禮之所

將；猖狂妄行，乃蹈乎大方；其生可樂，其死可葬」（山木篇）。它是一種無知、愚昧，又無文明的共產主義世界。

三、道家思想總評

道家思想，雖然不如儒家實際、入世，但其提倡順乎自然之性，求得內在解脫之超現世哲學，在某社會的某一時期，確實有其特殊功能，因之亦有其存在價值。中國歷代每於休養生息之時，在政治上多行道家主張，以無爲而治，讓人民有喘息的機會。漢初之黃老之術，卽是典型例子。但是，從社會學的觀點而言，道家思想只是對社會環境的一種消極調適反應而已。它指出了社會上的各種問題，但所提出的解決方法，卻有些空中樓閣、不務實際。所以其哲學的意義遠大於社會學的意義。然其於人類文明之貢獻[21]，仍有不可忽視之處。茲就其思想之優點與缺點，擇其要者臚述如下：

第一，道家思想之最大特徵，在追求精神或心理滿足，反對物質上的不斷發展。雖然此種觀點有些偏激，但無可否認的，物質文明愈發展，精神方面就愈墮落，社會問題也就愈叢出不窮。鄔格明（William F. Ogburn）在論物質文化與非物質文化的變遷對於社會問題的影響時[22]，曾有詳盡闡述。尤其在現代的社會中，人人只務名利權之追求，人的尊嚴與價值幾乎喪失殆盡；人欲橫流，物質至上，此時憶起道家思想，不啻大旱之望雲霓，心嚮往之，至少可以緩和社會壓力、價值衝突，以及心理不安所帶來的痛苦。

第二，道家思想對於人類文明持有懷疑和批評態度，梁啓超對此曾

---

[21] 道家「反文明」的思想，就是文明發展的一種表現。如無文明，道家又焉能有此種「思想」？

[22] William F. Ogburn, *Social Change with Respect to Culture and Original Nature*, Rev. ed. (N.Y.: Viking, 1950)

有說明❷。他認爲，道家將人類文明的缺失，毫無保留地予以揭穿，使人得有反省的機會，以另謀「文明」之發展。蓋文明一旦創立，易滋生流弊，尤其能變成擁護強者利益的工具。道家說出文明的眞相，實有振聾發瞶之功能。

然而，道家學說之缺乏，亦復不少。其犖犖大者如下：

第一，道家以類比方式，把人與自然萬物相比擬。他們認爲，人是自然界的一部分，自應受自然秩序的控制，因此，人的作爲，如文明的創作，祇有破壞自然法則，危及人類生活，於人類本身毫無益處；返樸歸眞，非但可以少私寡欲，無有痛苦，尤能使人過着幸福生活。此種觀點，顯然否定了自然界的差等。人與其他動物或植物畢竟不同，除了荀子所謂「人有辨」之外，人具有追求「眞、善、美」的先天能力。雖然追求到的，不一定是眞、善、美，但存有追求的生物能力(智能)與野心（心理能力）。其他動物則否，牛馬自生至今，自身未變，仍是牛馬之原狀。非牛馬不欲變，乃因其無變之先天條件或能力也。人既然有比其他動物高出一籌的天賦能力，如果棄而不用，豈非不合「道」歟？再則，道家以「自縮」、「退萎」、「悲觀」、「消極」處世，是否眞是「道」的本意，亦待商榷。韓愈在「原道」一文中對於道家的批評，可謂一針見血。

第二，道家對於文化和文明的起源與發展，未有清楚的認識。何謂文化？解釋不一，但基本上，係指一個社會團體中，由一代傳至另一代的理想、價值、信仰、知識，以及風俗之體系。由此而言，文化對於個人必定有其正功能，所以個人才肯接受而傳遞。換言之，文化對於個人有利益可言，如果沒有實質的利益，則此種文化很難長期存在。明乎此，則要人放棄一切，回歸自然，過着原始生活，恐怕鮮有可能。蓋文化本身是演化的，一旦產生，便不斷發展，不斷變遷，雖然其結果並不能

❷　見梁啓超著「先秦政治思想史」。

咸盡人意，但是要人在旦夕之間擺脫文化，除非地球全部滅絕，重新演化，否則，不可能放棄便利的方式，而與禽獸爲伍。

第三，道家嚴厲批評文化或文明，乃因文化或文明有束縛人類行爲的弊端。換言之，道家主張拋棄社會組織，追求絕對自由。此種觀念，法儒盧梭亦曾有之。可是，社會組織對人的行爲誠予束縛，但亦賦予自由。我們按照文化所規定的規範去行爲，固然無所選擇，彷彿變成文化的傀儡，不能爲所欲爲，但同樣也給予個人種種自由，使人不必每見一人，卽思想如何與之互動；每見一物，卽思想如何加以利用。如此「每事問」，人又如何能節省大量時間從事其他方面的發展與改進呢？若否，則個人必被每一個人，每一個物，每一種事所約束，又怎能說澈底獲得自由？因此，道家認爲，拋棄文化或社會組織卽可獲得解脫，可能弄巧成拙，適得其反。

第四，道家主張回歸自然之後，人人少私寡欲，過着共產主義的生活。其實這只是種「脫世」的理想而已。首先，我們必須承認人有個別的差異。因爲人在生理（智慧、健壯等等）上及心理上（攻擊性與退縮性）的差異，不可能使人在社會上建立起平等一致的行爲模式。在道家的思想中，把人看得太簡單、太單純，認爲只要回到自然狀態，人的（及社會的）一切問題，卽可解決。可是，人的問題顯然沒有那麼容易處理，社會問題更沒有那麼易於解決。道家的思想，祇不過是逃避挫折，個人修持的一種崇高哲學，而在社會生活之實際改進上，恐怕曲高和寡，得不到人的普遍反響。

第四節 墨家的社會思想

墨家的社會思想，是戰國後期中國思想上的主流之一，與儒學並稱，

均爲「顯學」。漢以後，儒學獨霸，墨學式微，所以司馬遷未爲墨子立傳，使墨子於此後二千餘年間，備受冷落。到了近代，研究墨學的人漸多，新義迭出，見解不凡，其主要原因有二：「第一是墨經，包涵著許多關係科學上的問題，如數學、光學、力學、天文學等。……清末海禁大開，外來的科學，多與墨經相合，於是引起不少前輩學者的注意，……其次是墨家的論理學……它在那個時代，就懂得如何立辭，如何歸類，如何推理，這些艱深奧博的理論，亦甚能吸引許多學人」[24]。墨學之受到重視，殆出乎此。實則，墨子一書中所含思想，尚不止於此，其社會政治思想可能是其「思想」的主要動機與內涵。蓋墨子中之思想，皆與其社會背景有關。它的觀點，雖然不一定得到他人的支持或贊同，但其另創思想途徑，卻爲學者所肯定，尤其是其入世的思想觀，帶有濃厚的功利主義彩色，與道家自不可同日而語。

墨家思想，俱見墨子一書，此書係墨子的弟子根據墨子講學內容筆記編纂而成。惟其中經及經說諸篇，係戰國後期作品，此以其著作體裁可以肯定[25]。本節以墨家思想爲主，故不分前後，均以墨子及弟子思想爲討論重點。

一、墨子略傳

史記云：「蓋墨翟，宋之大夫，善守禦，爲節用。或曰並孔子時；或曰在其後」（孟子荀卿列傳）。因爲司馬遷對墨翟的生平僅寥寥數語，且語焉不詳，所以後人欲瞭解墨子者，多須從其他典籍中求之。雖然說者依然紛紜，但其生平大致尚可肯定。

墨子大約生於西元前四七九年，卒於西元前三八一年[26]。魯國人，

---

[24] 李漁叔註「墨子今註今譯」，頁1，臺灣商務印書館，六十八年三版。
[25] 馮友蘭著「中國哲學史」，頁111。
[26] 錢穆著「墨子年表」。

爲墨家的創始人。目覩社會混亂，政治動盪，遂思以拯救之道，所以曾游說齊、魯、楚各國，惟未見用，退而講學。他曾率子弟助宋拒楚，儼然爲一個有組織的學術團體，對於當時社會影響甚大。

墨子和初期墨家的學說，主要代表春秋之末，戰國之初下層階級者的意見與覺悟。蓋封建社會衰退後，政治流弊叢生，諸侯分裂，強權紛起，小國朝不保夕。同時社會風氣丕變，墨子目睹社會的種種現象，認爲不從根本改革，無以拯民於水火，因之提出各種主張，這些主張多帶革命意味，在社會動盪不安之際，自然容易得到人民的重視。此外，墨子出身平民階級，深知民間疾苦，故提倡節儉不費，吃苦耐勞，後人對其思想有批評，而其人格則無不佩服，卽源於此。

二、社會思想

墨子的社會思想，見「墨子」一書。漢書藝文志著錄墨子七十一篇，現存墨子僅五十三篇，其中十八篇佚亡。墨子一書包括不同時代，不同作者的意見。它是一部墨學思想叢書或彙編，其中有些內容大同小異，卽可看出其非出於一人或一時之手筆。

1.社會國家的起源　　在墨子的思想中，社會國家不分，所以社會起源，亦包括國家起源。他認爲，在原始時代，社會尚未出現之前，天下一片混亂。因爲每個人對於每件事都有不同的看法或意見，彼此爭論，難趨一致，致使秩序大亂。後來選賢舉能，出來維持秩序，共同建立社會。此種觀念類似西方的社會契約說 (Social Contract Theory)。墨子說：

> 古者民始生，未有刑政之時，蓋其語，人異義。是以一人則一義，二人則二義，十人則十義。其人玆衆，其所謂義者亦玆衆，是以人是其義，以非人之義，故交相非也。是以內者父子兄弟作怨惡，

離散不能相和會，天下之百姓，皆以水火毒藥相虧害，至有餘力，不能以相勞。腐朽餘財，不以相分，隱匿良道，不以相教，天下之亂，若禽獸然。（墨子尚同上）

社會國家由紛亂而產生，此與霍布斯、盧梭的意見相似，論點亦大致相同。霍、盧兩氏認為，在未有社會之前，是一種人人恣意自由的野蠻狀態。而墨子所謂之一人一義，十人十義，即是無社會組織前的混亂狀態。在此種狀態下，因無既定規範可循，致使「天下之亂，若禽獸然」。後人類發現，長此以往，對己無利，對人有害，乃選賢者執政，掌管社會事務。此一過程，似「社會契約」說。總之，社會國家的起源，乃人類需要使然。「夫明乎天下之所以亂者，生於無政長。是故選天下之賢可者，立為天子」（墨子尚同上）；「立以為天子，使從事乎一同天下之義」（墨子尚同中）。所謂「明」乎天下之亂者，為人民明；「選」天下之賢者，為人民選，「立為天子，使從事乎一同天下之義」者，自然亦為人民。於此墨子之社會國家起源過程，含有濃厚之社會契約觀，就極顯然了。至於引發此一過程之動機，殆為社會生活之需要。換言之，如無社會國家存在，秩序便無法維持，故社會國家之功能是在維持社會秩序和為眾人謀福利。這與「天生蒸民，有物有則」（詩經）之神權論及「國之本在家」（大學）之團體組織論，迥然不同。

2.社會組織　墨子的社會組織觀，是由上而下逐級擴大而成的一種社會結構，類似金字塔型。前已言之，墨子認為，天下之亂在無政長，廣義言之，即無社會組織。反之，有了社會組織，社會秩序即可得而維持。所以，在墨子的社會組織觀念中，最高者為具備人格之天，依次是天子、三公（即太師、太傅、太保，輔佐天子），諸侯國君、鄉長、里長、百姓（墨子尚同上）。茲表列如下：

墨子的此種社會組織觀，主要由兩個基本概念維繫之。一為「尚同」；

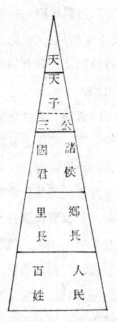

一爲「貴義」。所謂「尙同」，卽「上同」，下層遵從上層的意見，期以在上者的意見爲意見，以建立一致的或統一的社會規範。所以全國百姓隨天子行，而天子隨天行。天子必須是仁人，唯有如此，才能替天行道，導民於正途，而民才能上同於天❷❼。因爲「天之行廣而無私，其施厚而不德，其明久而不衰，故聖王法之，旣以天爲法，動作有爲，必度於天，天之所欲則爲之，天所不欲則止。」（墨子法儀）

　　由此可知，墨子的「尙同」概念，含有賢人政治在內，如在上者不賢，則使「上同」，必導民於水火之中。因此，「尙賢」隨著產生。蓋唯有尙賢，才能選出有智慧之賢良人材，社會才能有好人領導，也才能由好人創造出好的制度或行爲規範，作爲人民的行爲準繩。

　　其次是「貴義」，自天子以至百姓，皆以義爲行爲準則。按墨子之意，義來自天。從社會學的觀點而言，義是社會的總角色 (Role)，是

❷❼　李紹崑著「墨子研究」，商務印書館，民國六十年。

社會中每一個人所應遵守的行爲規範——不因地位而有差異。例如墨子
說:「順天意者,兼相愛,交相利」(天志上)。「兼相愛,交相利」是所
有社會之人所應遵循的行爲準則。只有如此,社會之人才能結合在一起,
人類才有生存和發展的可能。

　　由上可知,「尚同」與「貴義」是社會組織的基礎。在此基礎之上,
天子治理天下,諸侯管理其國,鄉里之長統治其鄉里之地,由上而下,
逐級擴大。頗像一種嚴密的科層制度。

　　3.社會階級與流動　墨子依照其社會國家起源的觀點,把社會分成
嚴格的階級。其階級劃分,係以賢與愚爲標準,與職業或地位之貴賤無
關,而且流動性大,不受世襲之約束。他說:

　　　　故古者聖王之爲政,列德而尚賢,雖在農與工肆之人,有能則
　　舉之,高予之爵,重予之祿,任之以事,斷予之令,曰:「爵位不
　　高,則民弗敬,蓄祿不厚,則民不信,政令不斷,則民不畏」。舉
　　三者授之賢者,非爲賢賜也,欲其事之成。故當是時,以德就列,
　　以勞殿賞,量功而分祿,故官無常貴,而民無終賤,有能則舉之,
　　無能則下之,舉公義,辟私怨,此若言之謂也。(墨子尚賢上)

由此觀之,階級之高低以「賢」、以「德」以及「有能」爲標準。凡地位
高者,其名、利、權亦相對提高,此種地位一致(Status Consistency)
的觀念,與現代社會學所言者,殊無二致。

　　墨子之社會階級觀,尚有另一特質,即階級並非固定不變。換言
之,一個人在社會中的地位,係以其賢、德、能去贏取,此所謂贏得的
地位 (Achieved Status)。規定的地位 (Ascribed Status) 既不可
取,故社會流動 (Social Mobility) 頻繁,尤其是向上流動 (Upward
Mobility) 不受限制,此亦充分說明了:墨子的理想社會是一種開放的
社會 (Open Society)。

4.政治主張　　周朝自行封建制度之後，政治權力盡操之於貴族之手。及至周末，百病叢生，尤其獨裁濫權，任用私黨，一時政治敗壞。一般人民，雖賢德有能，亦無參政機會，所以墨子慨乎言之說:

> 今王公大人，其所富，其所貴，皆王公大人骨肉之親，無故富貴，面目美好者也，今王公大人骨肉之親，無故富貴，面目美好者，焉故必知哉? 若不知使治其國家，則其國家之亂，可得而知也。（墨子尚賢下）

治理國家需要智慧與能力，「王公大人骨肉之親，無故富貴，面目美好者。此非可學能者也」（同上）。所以，只憑承襲地位或裙帶關係而取得政權，政治焉能不敗壞? 墨子認為，此種特權，不僅是政治腐敗之原因，更顯示出社會本身之不平等。因此主張「尚賢」政治。他說:

> 是故國有賢良之士衆，則國家之治厚，賢良之士寡，則國家之治薄，故大人之務，將在於衆賢而已。（墨子尚賢上）

墨子的「尚賢」之治，與儒家之「德治」相同，要在發掘賢能之士出而執政，使國家富強，人民安樂。如何使賢能之士取得政權? 一曰進賢;一曰使能。墨子尚賢中說:

> 故古者聖王，甚尊尚賢而任使能，不黨父兄，不偏富貴，不嬖顏色。賢者舉而上之，富而貴之，以為官長; 不肖者抑而廢之，貧而賤之，以為徒役。是以民皆勸其賞，畏其罰，相率而為賢者。以賢者衆，而不肖者寡，此謂進賢。

從墨子的整體思想看來，主要在把尚賢視為一種社會價值（此與老子的觀念適得其反），使賢者得賞，不賢者得罰。整個社會之人，皆以賢為最高價值，趨之求之，唯恐不及，則何不賢之有? 墨子說:

> 譬若欲衆其國之善射御之士者，必將富之貴之，敬之譽之，然后國之善射御之士，將可得而衆也。況又有賢良之士，厚乎德行，

辯乎言談，博乎道術者乎！此固國家之珍、而社稷之佐也，亦必且富之貴之，敬之譽之，然后國之良士，亦將可得而衆也。

是故古者聖王之爲政也言曰：「不義不富， 不義不貴， 不義不親，不義不近」。（墨子尚賢上）

社會價值以名、利、權爲指標，而賢者可以富之、貴之、敬之、譽之，集名利權於一身，人自然「見賢思齊」， 而政治由賢者執掌， 自然會政治修明。因此， 標示社會價值，以使人之行爲有所追求，是謂一種正的制裁(Positive Sanction)。反之，對於不賢或不義之人，則「不富」、「不貴」、「不親」、「不近」，換言之，使不賢或不義之人，得不到社會價值。墨子甚至更積極的指出： 「凡我國之忠信之士， 我將賞貴之，不忠信之志，我將罪賤之」（墨子尚賢下），此可謂一種負的制裁 (Negative Sanction)。 總之，墨子以社會的最高價值鼓勵賢者執政，又以忠信作爲從政者之衡量標的，因此，其思想一方面有哲學上之功利觀，另一面有社會學上之交換 (Exchange) 論。

至於「使能」，即所謂「量材而用」。他說：

然後聖人聽其（賢者）言，迹其行，察其所能而愼予官，此謂事能。故可使治國者， 使治者； 可使長官者， 使長官； 可使治邑者，使治邑。 凡所使治國家、官府、邑里、 此皆國之賢者也。（墨子尚賢中）

此種「人盡其才」的作法，正是現代科層制度的特徵，其能發揮行政效果，提高行政效率，無容置疑。

5.經濟主張　墨子的經濟主張，一言以蔽之，「節用」而已。其與現代經濟學中以大量消費刺激大量生產，迥然不同； 而與儒家之節用，亦有別。儒家的節用以德與禮爲基礎，而墨子則以 「用」（或實效）爲指標。所以墨子批評儒家「浪費」。

墨子的經濟主張，主要針對當時的社會背景而發。蓋墨子之世，奢侈浪費，生活超過所需。尤其王公大人之荒淫成風，造成嚴重的社會問題。因此，他提出節用、節葬、非樂、禁蓄私等消極主張。另外尚指出經濟發展的積極方法：節用、節葬與非樂。

前已言之，墨子所以提倡節用，乃因王公大人爲維護自尊，挖空心思，浪費公帑，造成社會經濟之混亂，導致貧富差異之懸殊。所以墨子認爲浪費是國之大患，他說：

> 國有七患……先盡民力無用之功，賞賜無能之人，民力盡於無用，財寶虛於待客，三患也。（墨子七患）

又說：

> 故曰以其極賞，以賜無功；虛其府庫，以備車馬衣裘奇怪；苦其役徒，以治宮室觀樂；死又厚爲棺槨，多爲衣裘；生時治臺榭，死又脩墳墓，故民苦於外，府庫單於內，上不厭其樂，下不堪其苦。（同上）

可知奢侈浪費，是經濟困阨、民生凋敝之主因。墨子主張節省用度，減少開支，其對象雖針對王公大人而言；而其後果卻對整個社會有利。另外與節用有關者，卽喪葬之舖張。墨子言道：

> 此存乎王公大人有喪者，曰棺槨必重，葬埋必厚，衣衾必多，文繡必繁，丘壠必巨。存乎匹夫賤人死者，殆竭家室……曰天子殺殉，衆者數百，寡者數十；將軍大夫殺殉，衆者數十，寡者數人。

（墨子節葬下）

厚葬不僅浪費物質與金錢，而且殘無人道；以有價之物與有血之人殉葬，其不合經濟原則，至爲顯見。總之，墨子的節葬主張，是其節用政策的一環，也是其反浪費，重實用主張的延伸。墨子「節約」的經濟主張，從其「非樂論上」，亦可見其端倪。蓋墨子認爲，音樂之無益社會，並

非起於音樂之本身，實乃因爲音樂之消耗過大，致其「不中聖王之事」。他說：

> 今王公大人，雖無造爲樂器，以爲事乎國家，非直掊潦水，折壤坦而爲之也。將必厚措斂乎萬民，以爲大鍾鳴鳳琴瑟竽笙之聲。
>
> （墨子非樂上）

可見墨子之所以非樂，顯然是從現實之功利而言。換言之，在墨子看來，凡使「饑者不得食，寒者不得衣，勞者不得息」，皆非「仁之事者」。而樂器之製造，浪費公帑不貲，致無餘財從事建設。此外，音樂可以斲喪人的意志，使之頹廢不振，了無「生機」。「今惟毋在乎王公大人說樂而聽之，卽必不能蚤朝晏退，聽獄治政，是故國家亂而社稷危矣」。（墨子非樂上）

總之，在墨子的思想中，凡是不能給予人民物質利益者，均無用處。所謂「必務求興天下之利，除天下之害，將以爲法乎天下、利人乎，卽爲；不利人乎，卽止。」（墨子非樂上）這種唯物觀的經濟觀念，與當時社會文化發展程度有關，也是墨子對於當時社會背景之一種反應。

6.社會控制　墨子的社會控制觀，主要建立在「兼愛」與「明鬼神」的功能上。因此，社會之欲控制，必須從「兼愛」、「明鬼神」兩方面著手。

(1) 兼愛　墨子認爲，社會秩序之所以混亂，皆起於人與人之間的「不相愛」。所以兼愛是撥亂反正、正本清源之根本大計。他說：

> 聖人以治天下爲事者也，不可不察亂之所自起，當察亂何自起？起不相愛。臣子之不孝君父，所謂亂也。子自愛，不愛父，故虧父而自利；弟自愛，不愛兄，故虧兄而自利；臣自愛，不愛君，故虧君而自利，此所謂亂也。（墨子兼愛上）

社會秩序之亂，起於不相愛，而不相愛起於人類的自私自利；大至於國

家攻伐，小至於盜竊狙獗，莫不如此。如果兼相愛，則人已無彼此；人不害己，己亦不害人。所以他說：

> 若使天下兼相愛，愛人若愛其身，猶有不孝者乎？視父兄與君若其身，惡施不孝，猶有不慈者乎？視弟子與臣若其身，惡施不慈，故不孝不慈亡有，猶有盜賊乎？故視人之室若其室，誰竊？視人身若其身，誰賊？……視人家若其家，誰亂？視人國若其國，誰攻？……故天下兼相愛則治，交相惡則亂。（同上）

然則如何兼相愛，交相利呢？墨子說：

> 視人之國，若視其國；視人之家，若視其家；視人之身，若視其身。是故諸侯相愛，則不野戰；家主相愛，則不相篡；人與人相愛，則不相賊；君臣相愛，則惠忠；父子相愛，則孝慈；兄弟相愛，則和調；天下之人皆相愛，強不執弱，眾不劫寡，富不侮貧，貴不敖賤，詐不欺愚，凡天下禍篡怨恨，可使毋起者，以相愛生也，是以仁者譽之。（墨子兼愛中）

墨子以「兼相愛」來調適社會關係，此與耶穌的思想完全相同。因為「兼相愛」之後，社會秩序可得而維繫，而人類亦可「交相利」。墨子的此種主張，雖然難以實現，但仍不失為根本之圖。

　　(2) 明鬼神　墨子信天，信鬼神。就天或鬼神本身而言，屬於宗教或迷信範疇。但就信天或鬼神之功能而言，卻有助於社會秩序之維繫。墨子所謂之天，顯係主宰之天。祂與人類常相左右，故時時監視人的行動。人知天在我身邊，便不敢作姦犯科。墨子天志上說：

> 「焉而晏日焉而得罪，將惡避逃之？曰無所避逃之」。夫天不可為林谷幽門無人，明必見之。

人生存於自然空間之中，故對人而言，天無所不在。人之作為與天意不合，則必「使不得終其壽，不歿其世」（同上）。當人明白天有監聽之作

用，則自會循規蹈矩，不敢違逆。

另一方面，鬼神亦有社會控制之作用。墨子認爲，天下之亂，原因固不一而足，而不信鬼神之能賞賢罰暴，亦其一也。墨子說：

> 民之爲淫暴寇亂盜賊，以兵刃毒藥水火，退無罪人乎道路率徑。奪人車馬衣裘以自利者並作，由此始，是以天下亂，此其故何以然也？則皆以疑惑鬼神之有與無之別，不明乎鬼神之能賞賢而罰暴也。今若使天下之人，偕若信鬼神之能賞賢而罰暴也，則乎天下豈亂哉？（墨子明鬼下）

墨子認爲，鬼神能賞賢而罰暴，人如知此，則不敢爲暴。同時，鬼神無所不在，又可監視人的行爲，使其不能不愼。墨子說：

> 雖有深谿博林，幽澗毋人之所，施行不可以不董，見有鬼神視之。（同上）

鬼神與天一樣，無所不在；與天一樣，有賞賢罰暴之功能，換言之，卽有社會控制之作用。所以墨子所謂之明鬼神，主要從鬼神之功能——社會控制——上著眼。他並未以鬼神爲標的而建立一種宗教信仰，因此，其思想之有豐富的功利觀念，又得一證明耳。

7.反戰思想　戰爭是最嚴重、最劇烈、最殘酷，和最痛苦之社會衝突。自古以來，不知多少聖賢之士欲消彌戰爭而不得；不知多少英雄豪傑發跡於戰爭而不辭；不知多少生命塗炭，財產損失於戰爭而無奈。因此，戰爭已變成一種制度，周行不殆，循環不已。墨子鑑於戰爭之爲害，故強烈的反對戰爭。他認爲，戰爭一旦發生，則必使生產停頓，百姓有凍餓之苦；政治停頓，諸事不能推動；人員損失，財富消耗，國家不勝負荷。他說：

> 若使中興師，君子庶人也，必且數千，徒倍十萬，然後足以師而動矣；久者數歲，速者數月。是上不暇聽治，士不暇治官府，農

夫不暇稼穡，婦人不暇紡績織紝，則是國家失卒，而百姓易務也。
然而又與其車馬之罷弊也。幔幕帷蓋，三軍之用，甲兵之備，五分
而得其一，則猶爲序疏矣。然而又與其散亡道路，道路遼遠，糧食
不繼傺，食飲之時，廁役於此饑寒凍餒疾病，而轉死溝壑中者，不
可勝計也。此其爲不利於人也，天下之害厚矣。（墨子非攻下）

另一方面，墨子認爲，戰爭之弊在其得不償失，最後所得者，不過是
「勝之名」，並無利之實。「非攻中」有云：

國家發政，奪民之用，廢民之利，若此甚衆，然而何爲爲之？
曰：我貪伐勝之名，及得之利，故爲之。子墨子言曰：「計其所自
勝，無所可用也；計其所得，反不如所喪者之多」。今攻三里之城，
七里之郭，……殺人多必數於萬，寡必數於千，然後三里之城，七
里之郭，且可得也。……今盡王民之死，嚴下上之患，以爭虛城…
…非國之務者也。

因此，「戰爭上不利於天，中不利於鬼，下不利於人」（墨子兼愛下），故
墨子提出反對戰爭之計畫。他的計畫與時下之和平示威者不同，與消極
逃避者也不同。他的具體辦法是：

若今有能以義名立於天下，以德求諸侯者，天下之服，可立而
待也。夫天下處攻伐久矣……今若有能信效先利天下諸侯者，大國
之不義也，則同憂之；大國之攻小國也，則同救之；小國城郭之不
全也，必使修之；布粟之絕則委之，幣帛不足則共之。以此効大
國，則小國之君說，人勞我逸，則我甲兵強。寬以惠，緩易急，民
必移。易攻伐以治我國，攻必倍。量我師舉之費，以爭諸侯之斃，
則必可得而序利焉。督以正，義其名，必務寬吾衆，信吾師，以此
授諸侯之師，則天下無敵矣，其爲天下不可勝數也。（墨子非攻下）

綜括墨子之意，止戰的方法不外乎三：一是各國應以義、以德爲號召，

以使人信服，以免於征伐。二是各國之間相互援助，彼此聯合，以對抗侵略。三是以戰止戰，卽以強大之武力作爲維護和平之後盾，使侵略者不敢輕擧妄動。

墨子爲實踐其止戰之道，曾帶領衆弟子止楚攻宋；止魯攻鄭。其以義爲號召，以武力爲後盾，使侵略者不得不有所警惕。否則，其非攻思想如康德 (Immual Kant, 1724-1804) 的「永久和平論」一樣之不和平；如聯合國之空頭和平論一樣之不務實際，則欲天下之永久太平，無異緣木求魚，鮮有可能。

8.理想社會　墨子的理想是以夏之社會爲鵠的。墨經中引用禹、湯、文武等聖王賢君之政治措施處殊夥。其中尤多讚美禹之治國精神及其統御之道。墨子認爲，周之典章制度，不足爲訓，蓋「……其禮煩擾而不悅，原葬靡財而貧民，久服傷生而害事，故背周道而用夏政」(*淮南子要略訓*)。因此，他的理想社會是賢者在位，推行仁政；統一思想觀念，人人相愛，利益均霑；沒有戰爭，節約用度，敬鬼敬神，是一個「樸素無華」之社會。墨經中之尚賢、尚同、兼愛、非攻、節用、節葬、非樂、非命、明鬼諸篇所紋述者，卽其理想社會之境界。

三、墨子社會思想評述

墨子之社會思想對於當時影響甚大，其時與孔子學說並稱。行至戰國，又與楊朱並稱。孟子說：「楊朱墨翟之言盈天下，天下之言，不歸楊，則歸墨」(*孟子滕文公下*)，可見墨子學說影響之大。墨子卒後，其弟子各分派別，故「有相里氏之墨，有相夫氏之墨，有鄧陵氏之墨」(*韓非子顯學*)。行至戰國之末，各派始漸式微。其學說有優點，亦有缺點。就其優點而言如下：

第一，墨子主張兼愛，雖然不易實現，但以此作爲社會發展的目標，

可以啟發人類的同情心與認同感，有利於社會關係之調適，和社會問題的解決。如果賦予一種宗教的理念與實務，則其與耶穌之博愛觀念，應無不同之處。

第二，提倡非攻，反對戰爭。墨子認為，戰爭是人類一切問題的來源。戰爭可使生產停頓，人命耗盡，無暇建設，政治蕩然。時至今日，戰爭之為害，日甚一日，然仍找不出適當對策予以消彌。雖然墨子提出之辦法不一定可行，但仍不失為消滅戰爭的一種方式。

第三，墨子主張刻苦耐勞，力行實踐，以具體之行動代替空洞之理論。此在社會思想方面，可謂行動學派，所以改革社會之成效，殊為顯著。

第四，強調功利主義，以便引發個人的行為動機，有利於目標之達成。墨子的思想，基本上是建立在功利主義的觀念上。換言之，墨子任何一種主張的背後，都有某種利益為背景。即是「兼相愛」，接著即是「交相利」。從現代社會學的觀點而言，其思想含有濃厚之交換意味。也就是說，人類行為之表現，都有其一定所要獲得的標的物。此種觀點雖仍有可議之處，但對某些行為而言，誠屬如此。惟墨子並未如現代社會學者侯曼斯（George Homans）、步勞（Peter Blau）及愛默遜（Richard M. Emerson）一般，強調行為之意識目的而已。

當然，墨子的思想亦有其缺點，其犖犖大者如下：

第一，墨子主張「尚同」，使整個社會意志為之統一。從某方面而言，雖然可以避免因意見分歧而造成衝突，但實際上並無可能實現。換言之，因為人在生物上、心理上，和社會上的個別差異，欲使整個社會之人皆有相同之思想與觀念，絕非易事。即令實現，則必定造成獨裁專制之政治體制，與人類社會發展之趨勢，恐有抵觸。

第二，墨子反對音樂，以音樂能斲喪人的意志，不是人類生活中的

必要成分。事實上，墨子並沒有把音樂的功能與反功能，乃至潛功能加以分別與分析，他只見音樂之弊，未見音樂之利，故不能以此否定音樂的價值。

第三，墨子相信鬼神，雖然他以鬼神作爲社會控制之工具，而且也有些效果（西方人對基督教之虔誠信仰，可以減少違規，增加社會控制的力量），但是過分相信鬼神之存在，則能導致迷信**盛行**，進而影響社會文化之發展。

總之，墨子的人格偉大，應無置疑；但其學說卻有可議之處，亦無異議。荀子說：

> 不知壹天下建國家之權稱，上功用，大儉約，而優差等，曾不足容辨異，縣君臣，然而其持之有故，其言之成理，足以欺惑愚衆，是墨翟宋鈃也。（荀子非十二子）

又說：「墨子蔽於用而不知文」（荀子解蔽）。皆在批評墨子的功利主義，認爲只求「用」而不求「知」，則精緻文化（文），便不能發展。事實上，荀子的觀念，尚含有有閒階級對於文明發展之貢獻在內。換言之，如果人類只求「用」，則社會上便無從事精緻文化創造之有閒階級，無有閒階級，則人類文化或文明❷便不能發展。

莊子對於墨子也有批評，他說：

> 其生也勤，其死也薄，其道大觳；使人憂，使人悲，其行難爲也，恐其不可以爲聖人之道，反天下之心，天下不堪。墨子雖獨能任，奈天下何！離於天下，其去王也遠矣。（莊子天下）

莊子顯然是從心理方面批評墨子，他認爲墨子學說有違人之常情，好高鶩遠，不切實際，故難實現。所以「墨翟、禽滑釐之意則是，其行則非也」（同上）。莊子這些話不僅用於批評墨子，鏗鏘有力，恰中要害，卽

❷ 文明係指高層次之文化而言。

使用以批評馬克思之共產主義，亦復切中要害，恰如其分。

第五節　法家的社會思想

　　春秋戰國時代，是中國歷史上的一大變局。蓋周朝賴以維繫政權之封建制度，已經式微，終至崩潰。新的政治制度漸次而生，由於諸侯交兵，征伐不已，貴族政治破壞無遺，平民獲得解放，於是君主對於人民可以直接控制，加強管理；結果造成君主之獨裁與專制。為了控制和管理，舊有之人治和禮治，已無濟於事，所以新的社會控制工具——法，便應運而生。許多思想家鑑於時代變遷之需要，紛紛提出法為「治國之道」的主張。此等主張因其思想趨向相似，及至漢朝，則總歸之為法家。所謂「法家嚴而少恩，然其正君臣上下之分，不可改矣。……法家不別親疏，不殊貴賤，壹斷於法」（史記太史公自敍）。所以法家之基本論點在以法治國，以法管理與控制。

一、管仲的社會思想

　　（一）略傳　管仲名夷吾，別號仲，為齊國名相。約生於西元前六百餘年。本姓姬，係周之貴族，封於管國，後管被滅，先祖遷於齊。至管仲一代，家道中落，窮困潦倒，惟不荒於學；與鮑叔牙及召忽善。及至齊襄公被害，管仲輔公子糾，鮑叔牙輔公子小白，互奪政權。後公子糾失敗，公子小白即位，即齊桓公。桓公納鮑叔牙之薦，任管仲為相。管仲倡「尊王攘夷」，襄助桓公「霸諸侯，一匡天下」；成就霸業，維護周朝敗落之後的社會秩序，保存固有之中華文物，始免於夷狄侵凌。所以孔子讚美管仲時說：「微管仲，吾其披髮左衽矣。」（論語憲問）

　　管仲的思想，俱見「管子」一書，但管子八十六篇，並非管仲一人

所撰，而且各篇時代亦有差距。 現存管子七十六篇（十篇亡）， 可說是秦漢以前法家思想之彙編。惟其中內容雜蕪，亦非單純之法家思想。如「弟子職」篇，係儒家的著作；「四時」、「幼官」、「輕重己」等篇是陰陽家的著作；「兵法」篇是兵家的著作；而「心術上、下」及「白心」、「內業」等四篇，又有老子思想的傾向㊴。但無論如何，管子一書言法之傾向，則至顯見。

(二)社會思想

1. 社會國家的起源　管子並未將社會與國家加以區分，所以其所謂之國家起源，亦卽社會之起源。管子君臣下有言曰：

> 古者未有君臣上下之別，未有夫婦妃匹之合，獸處羣居，以力
> 相征。於是智者詐愚，彊者凌弱。老幼孤獨，不得其所。故智者假
> 衆力以禁強虐，而暴人止。爲民興利除害，正民之德，而民師之。
> 是故道術德行，出於賢人，其從義理，兆形於民心，則民反道矣。
> 名物處違是非之分，則賞罰行矣。上下設；民生體而國都立矣。是
> 故國之所以爲國者，民體以爲國；君之所以爲君者，賞罰以爲君。

由此可見，在未有社會制度（政治制度、婚姻制度）之前的社會，完全是一種野蠻狀態。人各以其智慧、體力求生存。此與西哲霍布斯、盧梭所言之原始社會狀態相同。但是到了賢人出現之後，「禁強虐」，並「爲民興利除害」，才建立了各種社會制度，以束縛人的行爲。尤其是建立政治制度之後，社會有了控制工具(賞罰)，秩序才得以維持，人類始得以發展，此說與墨子之觀點相同。總之，按管子之意，社會與國家是由野蠻進入文明，逐次演化的。此種既無「神授」，也無「民約」意味的社會國家起源說，完全建立在「強權」或「勢力」之上。這也是法家以權

㊴　馬岡著「中國思想史資料導引」，頁39-40，牧童出版社，臺北市，民國六十六年。

力統治國家的理論基礎。

2. 政治主張　管子一書所揭櫫之政治主張，主要與當時的時代背景密切有關。蓋周室衰微，國家分裂，君權不出京畿；地位脆弱，鮮有諸侯對之尊敬。因此，管仲提出了「尊君」與「順民」兩種政治主張。此外，管仲以「尊王攘夷」，來爭取霸權。所以建立君主的尊嚴，恢復其地位，以勢力作為其統御天下之基礎。事實上，此亦法家的共同主張。

Ⅰ、尊君　所謂尊君，其社會學之含義，是在建立權威（Authority），以便統治、管理、或監督。管仲主張，君主地位至高無上，無以類比，如此始能建立獨立之大權。反之，有了大權亦可加強地位的鞏固。所謂「君尊則國安……君卑則國危，故安國在乎尊君」（管子重令），要在建立尊君的信念，君主便有無上之權威，有了權威，然後才能「行令」。所謂：

　　主者，人之所仰而生也。（管子形勢解）；

　　一國之存亡在其主，天下得失，道一人出。（管子重令）；

　　君之在國都也，若心之在身也。（管子君臣下）；

　　心之在體，君之位也。（管子心術上）；

　　夫生法者，君也。（管子任法）。

凡此均在說明君主之重要及其功能，同時。尚以類比法強調君主地位的重要性。這些觀念與現代社會學中所言之權力（Power）、權威，及層系（Hierarchy），頗多相同之處。

Ⅱ、順民　前言之尊君，往往造成君主之獨裁與專制，是所謂「一夫」政治。因此，管仲認為，尊君固然可以加強統治者的地位與權威，但君須順從民之意，頒行措施；按民反應，推行政事。因此，人民乃國之根本，唯有用民、御民、制民、國家才能富強。但要達到此一目

的，則須順民。管子參患篇云：

> 得衆而不得其心，則與獨行者同實。

牧民篇也說：

> 政之所興，在順民心；政之所廢，在逆民心。民惡憂勞，我佚
> 樂之；民惡貧賤，我富貴之；民惡危墜，我存安之；民惡滅絕，我
> 生育之。……故知予之爲取者，政之寶也。

管子主張順民，卽政治須符合人民需要之意。蓋人民的基本需要獲得滿
足，方可爲君所用，國家亦可由之而富強。因此，就是而言，其與儒家
之仁政主張，並無二致。

3. 社會控制　法家思想重法務實，其主要目的在建立並維持社
會秩序。故法就成了社會控制的工具。法家所重視者卽控制工具之制定
與執行。

管子言法，包括一切道德及政治規範。廣義言之，係指自然界一切
現象的必然關係。所謂「法者，天下之程式也，萬事之儀表也」。但就
法之控制功用而言，法可分爲三：一爲立法，二爲法之控制功能，三爲
控制之執行。就立法而言，管子認爲起於君。管子任法篇說：

> 有生法，有守法，有法於法。夫生法者，君也；守法者，臣
> 也；法於法者，民也。

立法雖起於君，但不可任意爲之，立法必須符合自然之理，（管子
七法）。因此，立法時要符合以下幾個條件：一是法要劃一。蓋法不一
致，民無所適從，由是而違法，卽失去控制之意義與目的。所以「法不
一，則有國者不祥」（管子任法）。二是順人之情，不可悖違人的天性，
強人所難。所謂「不求不可得者，不彊民以其所惡也，不處不可久者，
不偸取一世也；不行不可復者，不欺其民也」（管子牧民）。三顧及人
民守法之能力，故法須平易近人，才易於實行。所謂「上苛則下不聽，

下不聽而彊以刑罰，則爲人上者衆謀矣，爲人上而衆謀之，雖欲毋危，不可得也」（管子任法）。四要持之以恒，有常不變，不可朝令夕改。所謂「禮義已行，又止之；度量已制，又遷之；刑法已錯，又移之。如是，則慶賞雖重，民不勸也；殺戮雖繁，民不畏也。故曰：上無固植，下有疑心；國無常經，民力必竭，數也。」（管子任法）所以，要人民對法建立信心，必不可朝三暮四，否則民無所措手足，其過不在民，而在君。

立法由君，是要君以法治天下。所謂「聖君任法而不任智」（管子任法）。統治者只須依賴法度規範，就可「身佚而天下治。」「夫法者，上之所以一民使下也」（管子任法）。法也可以「興功懼暴也」（管子七臣七主）。法之能有社會控制功能，至爲顯見矣。

雖然管子以法作爲治國之規範，並以之作爲一切政治制度之總稱，但因國家與社會不分，故法卽是社會之最高規範，其施行之範疇與效力，並不限於國家之政治現象，可用於一切社會事務之上，亦可作爲全面之社會控制工具。

法之控制方式有二：一爲賞，一爲罰。前者爲正控制，後者爲負控制。卽前者以獎賞激勵個人遵守規範（法）；後者以制裁嚇阻個人違法行爲（罰），所謂「非斧鉞毋以威衆，非祿賞毋以勸民」（管子重令），正是此意。但是無論是賞或罰，均須公平不阿，大公無私。所謂「愛人不私賞也，惡人不私罰也。……愛人而私賞之，惡人而私罰之，倍大臣，離左右」（管子任法）。如此，法之功能自更可發揮了。

法之功能雖在控制，但法之執行，卻有要件。蓋「徒有良法不足以善行」。所以，法之能發揮其功能，須有先決條件，此等條件卽經臣、經俗、經產。管子重令篇云：

　　　何謂朝之經臣？察身能而受官，不誣於上，謹於法令以治，不

阿黨，竭能盡力，而不尚得，犯難離患，而不辭死。受祿不過其功，服位不侈其能。不以毋實虛受者，朝之經臣也。何謂國之經俗？所好惡，不違於上；所貴賤，不逆於令。毋上拂之事，毋下比之說，毋侈泰之養，毋踰等之服，謹於鄉里之行，而不逆於本朝之事者，國之經俗也。何謂民之經產？畜長樹藝，務時殖穀，力農墾草，禁止末事者，民之經產也。

換言之，法之能有效執行，須有良好之風俗爲之引導，有賢能之大臣爲之推動，更須有富足之經濟基礎加強人民之順從意願。所謂「倉廩實，則知禮節；衣食足，則知榮辱」（管子牧民）。蓋生存與生活不受威脅，才能言「禮義廉恥」，否則，生存或生活尚成問題，再言守法、守紀、守分，自然就多餘了。

4. 社會組織　管子中之社會組織觀，可從三個層次分析。

第一爲人際層次，卽以人之社會地位、職位及角色說明人之互動關係。管子五輔篇有云：

上下有義，貴賤有分，長幼有等，貧富有度，凡此八者，禮之經也。……是故聖王飭此八禮，以導其民，八者各得其義，則爲人君者，中正而無私；爲人臣者，忠信而不黨；爲人父者，慈惠以教；爲人子者，孝悌以肅；爲人兄者，寬裕以誨；爲人弟者，比順以敬；爲人夫者，敦懞以固；爲人妻者勸勉以貞。

其中君臣、父子、兄弟、夫妻之地位與角色釐定，已昭然若揭矣。其彼此關係或互動，便建立在中正與忠信，慈惠與孝悌，寬裕與比順，敦懞與貞節等互補的角色關係上。此與孔孟的社會組織觀相同。所以管子在社會組織方面之理想，在「必使（民）反乎安其位，樂其羣，務其職，榮其名，而後止矣。」（管子法禁）

第二從階級層次而言，管仲將分之爲四：士、農、工、商，且階級

之間互不流動，不相來往，代代世襲。俾使子女自幼耳濡目染父母之職業與職位，以便順利達成其階級任務。管子云：

> 士農工商四民者，國之石民也，不可使雜處，雜處則其言咙，其事亂。是故聖王之處士必於閒燕；處農必就田壄，處工必就官府，處商必就市井。（管子小匡）

使四階級，各專其業，各司其職，代代世襲，故似一種喀斯特社會。

除此之外，管仲尚以軍政與社會組織相配合，所謂「作內政而寓軍令焉」，務期全國皆兵，以求國家之富強，社會之安定。管仲說：

> ……是故卒伍政定於里，軍旅政定於郊，內教既成，令不得遷徙。故卒伍之人，人與人相保，家與家相愛。少相居，長相游，祭祀相福，死喪相恤，禍福相憂，居處相樂，行作相和，哭泣相哀。是故夜戰其聲相聞，足以無亂，晝戰其目相見，足以相識，驩欣足以相死。是故以守則固，以戰則勝。（管子小匡）

可見管仲以職業分階級後，再於其中作軍事編制，俾使人民平時和樂相處，戰爭彼此支援，以期達成勝利之目的。

第三爲社區及社會層次。管仲把整個社會分都市與鄉村兩大社區。兩者之組織亦稍有差異。但其目的則一，均以「定民之居，成民之事，以爲民紀」（同上）爲務。管仲認爲，都市社區的結構，應「制五家爲軌，軌有長；十軌爲里，里有司；四里爲連，連有長；十連爲鄉，鄉有良人，三鄉一帥」（同上）。而鄉村社區之結構則「制五家爲軌，軌有長；六軌爲邑，邑有司；十邑爲率，率有長；十率爲鄉，鄉有良人；三鄉爲屬，屬有帥。」（同上）

從以上之社會組織觀之，管仲的大社會結構，殊為嚴密。再配合其軍事編制，階級劃分，以及互動規範等，則其能富國強兵，一匡天下，誠無足為奇了。

5. 社會調查 社會調查是蒐集社會資料的方法，其目的在了解某種現象或解決某種問題。所以社會調查是了解現象及問題，並謀求對策之有效工具。管子論社會問題之解決，卽以調查法為蒐集資料之工具。管子問篇云：

> 凡立朝廷，問有本紀。……問死事之孤，其未有田宅者有乎，……問獨夫寡婦孤寡疾病者幾何人也；問國之棄人何族之子弟也；問鄉之良家其所牧養者幾何人矣；問邑之貧人債而食者幾何家；問理園圃而食者幾何家；問鄉之貧人何族之別也；問宗子之收昆弟者以貧從昆弟者幾何家；……子弟以孝聞於鄉里者幾何人；餘子父母存不養而出離者幾何人；士之有田而不使者幾何人；吏惡何事。士之有田而不耕者幾何人； 身何事 。……鄉子弟力田為人牽者幾何人。國子弟之無上事，衣食不節，牽子弟不田弋獵者幾何人。男女不整齊，亂鄉子弟者有乎，問人之貸粟米，有別券者幾何家；問國之伏利其可應人之急者幾何所也。人之所害於鄉里者何物也；問士之有田宅身在陳列者幾何人；餘子之勝甲兵有行伍者幾何人；問男女有巧使能利備用者幾何人；處女操工事者幾何人；冗國所開口而食者幾何人；問一民有幾年之食也；問兵車之計幾何乘也。……處士修行、足以教人，可使帥眾莅百姓者幾何人；士之急難可使者幾何人；工之巧，出足以利軍伍，處可以修城郭補守備者幾何人…。

所謂「問」者，卽社會調查也，而所問之廣、之細，其項目比美於全國之人口普查。事實上，欲治國家，或平天下(社會)，國家社會之結構與資源，不可不知也；知其現況，方可據以制定計畫，淬厲奮發，努力以

赴，則國家之富強，社會之安定，始有可能。所以如今各國，多定時舉辦人口及資源普查，其目的端在於此。

6. 社會福利　前已言之，「管子」一書，思想雜陳，各家紛然有致。而其社會政策，則以孔孟之人道主義爲基礎。管子入國篇云：

入國四旬五行九惠之敎，一曰老老；二曰慈幼；三曰恤孤；四曰養疾；五曰合獨；六曰問疾；七曰通窮；八曰振困；九曰接絕。

上述九惠之敎，即現今之九種社會福利措施，包括老人福利，公共救助，兒童福利，醫療服務，失業救濟，婚姻與家庭服務等等。其包含之廣，網羅之衆，即以當前先進國家之社會安全制度而言，亦不過如此❸。兹就其內容述之如下：

（一）老老（老人福利）　「凡國都皆有掌老，年七十已上，一子無征；三月有饋肉。八十已上，二子無征，月有饋肉。九十已上，盡家無征，日有酒肉。死，上共棺槨，勸子弟精膳食，問所欲，求所嗜。」（同上）

（二）慈幼（兒童福利）　「凡國都皆有掌幼，士民有子。子有幼弱不勝養爲累者，有三幼者無婦征；四幼者盡家無征；五幼又予之葆。受二人之食，能事而後止。」（同上）

（三）恤孤（撫恤政策）　「凡國都皆有掌孤。士人死，子孤幼，無父母所養，不能自生者，屬之其鄉黨知識故人。養一孤者，一子無征；養二孤者，二子無征；養三孤者，盡家無征。掌孤數行問之，必知其食飲飢寒身之膞胝而哀憐之。」（同上）

（四）養疾（殘障福利）　「凡國都皆有掌養疾。聾盲、喑啞、跛躄、偏枯、握遞、不耐自生者，上收而養之疾，官而衣食之，殊身而後

---

❸　詳見白秀雄著「美國社會福利發展之研究」，中國學術獎助委員會，民國五十九年臺北市。

止。」（同上）

（五）**合獨**（姻婚政策）　「凡國都皆有掌媒，丈夫無妻曰鰥，婦人無夫曰寡，取鰥寡而和之，予田宅而家室之，三年然後事之。」（同上）

（六）**問疾**（醫療服務）　「凡國都皆有掌病。士人有病者，掌病以上令問之。九十以上，日一問；八十以上，二日一問；七十以上，三日一問；衆庶五日一問。疾甚者以告，上身問之。掌病行於國中，以問病爲事。」（同上）

（七）**通窮**（貧窮扶助）　「凡國都皆有通窮。若有窮夫婦無居處，窮賓客絕糧食，居其鄉黨，以聞者有賞，不以聞者有罰。」（同上）

（八）**振困**（公共救助）　「歲凶庸人訾厲，多死喪，施刑罰，赦罪，散倉粟以食之。」（同上）

（九）**接絕**（逝後祭祠）　「士民死上事，死戰事，使其知識，故人受資於上而祠之。」（同上）

從以上管子之福利實務觀之，其雖未如當今福利國家之完備，但其主要項目，均已齊全。其執行雖然缺乏科層化，但執行責任之歸屬，均有劃分。且其目的與今日福利國家者同。撫今追昔，怎不令人感佩管子思想之周全。

7. 理想社會　在理想社會方面，其境界類似現代之國家社會主義 (State Socialism)。申言之，他以國家的合法權力爲基礎，推動有計劃之社會政策。所以在政治上，倡導「尊君」，以鞏固權力中心，俾領導社會改革。但是，一切改革，均須以「順民」爲目標。也就是以符合人民需要爲要務。在符合人民需要下之施政，須以法令爲後盾，俾便控制社會秩序，進行合理改革。所以崇法務實，是其社會設計之主要原則。

在經濟方面，主張以養民爲主。蓋「國多財，則遠者來；地辟舉，

則民留處。倉廩實，則知禮節；衣食足，則知榮辱。」（管子牧民）。質言之，如人生存與生活受威脅或不滿足，則鮮能顧及禮義廉恥。所以管子重視福利措施，以助人不時之需，解人不時之困。他的理想社會境界，類似柏拉圖的「共和國」。他設計出兼顧民生之各項措施，輔以強大的力量予以實施。

(三)管子社會思想評述

管子之社會思想，主要以法家為趨向，而立於儒、道兩家之間。其基本觀念，以富國強兵為主，而富強之道，則以經濟之滿足，秩序之維持，組織之嚴密等為要務。故其整個社會思想建立在此一基礎之上。但其方法揉合人治與法治之長，而不執一端，重視物質而不忽略精神；強調法律而不摒除人道；兼容並蓄，功效顯著。所以孔子讚之曰：「桓公九合諸侯，不以兵車；管仲之力也。如其仁！　如其仁！」（論語憲問）又說：「管仲相桓公，霸諸侯，一匡天下，民到于今受其賜。微管仲，吾其被髮左衽矣！」（同上）

然其思想仍有可資商榷之處：第一，管子強調尊君重法，則易形成獨裁與專制。尤其「夫生法者，君也。」則君最易藉法謀利。換言之，為人君者為維持其合法權力 (Legitimate Power) ──權威，往往自持立法之便，而圖謀一己之利。結果法雖立而有偏，制雖設而不公。

第二，管子強調法治，隱含人性惡之意向。此與荀子思想一致。所以法家思想應以荀子始。至於管子持此學說，其不正確，勿待贅言。

第三，管子將社會分成四種階級，類似喀斯特 (Caste) 制。顯然缺乏社會流動之觀念，其囿於法治獨裁之功能，至為顯見。

當然管仲之社會思想亦有其優點，如對國家起源的看法，科層制度之建立，法律對於維護社會秩序之功能，社會福利政策之制定與執行，社會問題之發現與解決等，皆有獨特之處。尤其揉合儒、道兩家思想於

法治之中，打破成見，解除自限，誠非其他思想家所能望其項背。

總之，管仲之社會思想，可謂是特殊社會情境下之產物。其強調社會秩序之維繫，正是目前社會思想界所迷惘者。尤自近代以還，人道、民主、自由充斥濫用，愈所謂「文明」之國，愈明顯；愈所謂「人道」社會，愈混亂。展望未來，迫於形勢而不以法治維繫社會秩序者，鮮矣哉!

二、商鞅的社會思想

(一)略傳　史記商君列傳云:「商君者，衛之諸庶孼公子也。名鞅，姓公孫氏，其祖本姬姓也。」約生於西元前三九〇年至前三三八年。鞅出身貴族，後見重於秦孝公，任相國，以嚴刑峻法見著於世。其目的在於強國，一統天下。所以，商鞅敢突破傳統束縛，「以聖人苟可以彊國，不法其故，苟可以利民，不循其禮」爲變法依據。卒使秦國富強，奠定吞併六國，統一天下的基礎。

商鞅因有功於秦，孝公「封之於、商十五邑，號爲商君。」終因相秦十年，得罪宗室貴戚，招致怨尤。及至秦孝公卒，「公子虔之徒告商君欲反，發吏捕商君。」雖曾亡命至魏，又因欺魏公子卬而敗魏軍而遭拒絕。遂復入秦，發邑兵攻鄭，惟以秦軍攻商，被擒於鄭之黽池，殺之，並滅商君家。

司馬遷說:「商君，其天資刻薄人也。」(史記商君列傳)以樹敵太多，車裂以殉，良有以也。但於商鞅貢獻，不置一詞，未免有損良史。

商鞅思想，俱見「商君書」。該書係商鞅死後，後人對其日常言行之記載，損益附會之處，或全屬捏造者，恐不可免。漢書藝文志著錄:「商君書二十九篇。」現存二十四篇 (第十六及第二十一兩篇亡)。

(二)社會思想

1. 社會起源與變遷　商鞅認為，人類產生之後，沒有制度，無有規範，社會一片混亂。人相率自私自利，彼此爭鬪。俟聖人出現，劃定土地、財物，以及男女分界。後又視需要而制定法律，并設官分職，各有所司；又為統一管理乃設國君。一切體制皆因需要而設立，並視社會情況變遷而因應之。他說：

> 天地設而民生之。當此之時也，民知其母而不知其父，其道親親而愛私。親親則別，愛私則險。民眾而以別險為務，則民亂。當此時也，民務勝而力征。務勝則爭，力征則訟。訟而無正，則莫得其性也。故賢者立中正，設無私，而民說仁。當此時也，親親廢，上賢立矣。凡仁者以愛為務，而賢者以相出為道。民眾而無制，久而相出為道，則有亂，故聖人承之，作為土地、財貨、男女之分。分定而無制，不可，故立禁。禁立而莫之司，不可，故立官。官設而莫之一，不可，故立君。既立君，則上賢廢而貴貴立矣。然則上世親親而愛私；中世上賢而說仁；下世貴貴而尊官……世事變而行道異也。（商君書開塞）

由親親、上賢而貴貴之階段，卽社會演化的過程。也是社會制度起源與發展的歷程。蓋在「上世親親」時代，民只知其母而不知其父，社會互動以家庭為限，故只知「愛私」，不擴及他人。及至「中世尚賢」時期，家庭增加，毗鄰而居，形成社區，互動範圍擴大，「愛私」必然傷及他人，危害社區生活，乃有賢人設定正義觀念（說仁），以為束縛自我和限制行為之準則。到了「下世貴貴」時代，人口激增，互動頻繁，關係複雜，原有之抽象或非正式準則，不足控制人之行為，乃需要制定適宜法律，限制人之行為，並滿足社會及個人之需要，所以才設官分職，各有所司，故國家因之而成立。他又說：

> 古者未有君臣上下之時，民亂而不治。是以聖人列貴賤，制爵

> 位，立名號，以別君臣上下之義。地廣民衆萬物多，故分五官而守
> 之。民衆而姦邪生，故立法制爲度量以禁之。（商君書君臣）

由上可知，商鞅認爲社會之產生乃一自然過程，係因應實際需要而發展。
換言之，從社會之產生到制度之出現，均係因應人類生活實際需要的一
種反應。故社會的發展視當時情況而定，非以理想之追求爲務。商鞅對
於社會起源與發展之此種觀點，大致言之，應無置疑，蓋其與當前人類
學之觀點多相符合焉。

　　2. 制度變遷　自商鞅的觀點而言，社會既然係一自然過程，則
社會制度──一般爲政治制度、經濟制度、家庭制度、敎育制度、宗敎
制度，以及法律制度──自以因應實際需要而制定、而發展。任何制
度，如其不能滿足人之需要，或不能達成遠大目標者，則應即改變，而
不論其傳統功能爲何，或其制定目的如何。換言之，制度是相對的，而
非絕對的。他說：

> 聖人不法古，不脩今。法古則後於時，脩今則塞於勢。周不法
> 商，夏不法虞，三代異勢而皆可以王。故興王有道，而持之異理。
> （商君書開塞）

又說：

> 法者所以愛民也，禮者所以便事也。是以聖人苟可以強國，不
> 法其故，苟可以利民，不循其禮。……三代不同禮而王，五霸不同
> 法而霸。故知者作法而愚者制焉；賢者更禮而不肖者拘焉。拘禮之
> 人，不足與言事，制法之人，不足與論變。（商君書更法）

　　由此可知，商鞅思想中含有相對之觀念。事實上，社會制度雖有其
穩定性，但非一成不變，當新的制度成分──地位、規範、角色出現時，
制度可以瞬息萬變❸。造成制度變遷的原因不一，商鞅以滿足更大需要

---

❸　Jonathan H. Turner, *Patterns of Social Organization: A Survey of Social Institutions* (N. Y.: McGraw-Hill, 1972), p. 9.

——富國強兵，一統天下——爲主要動力，此與社會制度起源與發展之本質頗多雷同。

3. 政治主張　商鞅以法治國，故其政治主張，悉以法爲依歸。易言之，政治應以法爲中心。因此，其有關之政治制度與措施，皆以法之執行爲要務。不過商鞅所謂「法」，并非指狹義的法律而言，實則含有制度之義，也含有科層結構之義。換言之，法係指一切行爲與制度之準則。因此，他的政治主張，約言之有二：

第一，樹立權威。權威是合法之權力，亦係職位權力。蓋其行之有據，效果必佳。商鞅說：

> 國之所以治者三：一曰法，二曰信，三曰權。……權者君之所獨制也。……權制斷於君則威。……惟明主愛權重信。（商君書修權）

權威是推行政事之基礎，上至於君，下至於臣，惟樹立權威，方可布達政令。但權威之建立，須以信、法爲根據。換言之，如君臣官吏不信，則不足博取人民忠心；不法，則無以規範人民行爲。所謂「民信其賞則事功成，信其刑則姦無端……故上多惠言而不克其賞，則下不用；數加嚴令而不致其刑，則民傲死。」（同上）可見信實何其重要；商鞅之所以立木取信，殆出乎此。（見史記商君列傳）

其次爲守法，守法不限於臣，不限於民，所謂「法者君臣之所共操也。」（同上）而不枉法——不失疏遠、不違親近——乃樹立權威之另一基本要件。蓋不枉法，「臣不蔽主，而下不欺上。」因爲「任法去私」，國家方可富強，人民方可安樂。

第二，確立君臣關係。君臣關係之確立，當爲君臣行爲守制之第一步。換言之，治者上下之間應有明確之角色劃分。商鞅說：

> 古者未有君臣上下之時，民亂而不治，是以聖人列貴賤，制爵

位，立名號，以別君臣上下之義。（商君書君臣）

可見君臣上下之角色關係，係應實際需要而明定劃分者。他認為，君主對於臣下須依法行賞罰，依功給報酬。所謂「緣法而治，按功而賞。」人之所以不畏戰死，無非求爵祿而已，而且「其爵足榮也，祿足食也。」（同上）萬不可公私不分，賞罰不明，造成「釋法而以知，背公而以譽」的情況。只要按法行事，使有「言不中法者，不聽也；行不中法者，不高也；事不中法者，不為也」（同上）之決心，則臣君關係自然如魚得水，交融一體。

所以商鞅的政治主張，是基於法治之獨裁體制，而輔以君臣互信之科層基礎。商鞅變法——改變社會制度，其主要目的在國家富強，「為求人民趨赴新法，實行重刑，為免君主專制自恣，主張一切絕對去私任法。君主雖得獨制法權，也須在法令之中，運用其權威，使民信其法令。這便是商鞅的法治主義。」[32]

總之，商鞅的政治主張，係其變法目的之一環。換言之，變法即為一種新的政治主張。不過，因為法偏重控制，詳情於以下討論之。

4. 社會組織　商鞅以前及其當時之社會，均係封建之宗法組織社會。此種社會之基礎，建立在宗族、家族、及家庭之上，其運作以本身之利益為前提。商鞅認為，欲富國強兵，一統天下，則必須將此種中體層 (Meso Level) 社會組織，提升至國家或總體層次 (Macro Level)。所以在社會組織上，首先須打破傳統之家族制，實行小家庭制，以利政府之直接控制。所謂「民有二男以上不分異者，倍其賦。」（史記商君列傳）就是要限制大家庭，推行小家庭之變法律條。商鞅以重稅方式推行小家庭，並以此為社會國家之基礎。如前所述，小家庭制有利

---

[32]　陳啓天著「商鞅評傳」，頁 42，臺灣商務印書館，民國六十九年臺五版。

於國家之直接統治。換言之，在國家與家庭之間，沒有居間團體或組織之存在，可以減少國家行施權力的阻礙。

其次，令人民五家爲保，十保爲連。一家有罪，相互糾舉。所謂「令民爲什伍，而相收司連坐。」（史記商君列傳）所以在家庭之上爲保，保之上則爲連。此種家、保、連之組織系統，一方面便於控制，另一方面，可以彼此監視，使全國或整個社會形成一個完整之體系；牽一髮而動全身，俾社會之每一部分均可發揮功能。然亦正因如此，商鞅逃至關下，竟無人留宿，遂去之魏。才喟然而歎說：「嗟乎，爲法之敝一至此哉！」（同上）

總之，商鞅之社會組織觀，係以家、保、連爲單位，以法貫穿其間，形成一個完整之社會實體，俾發揮動態之整體功能，達到治理國家，維繫社會之目的。

最後，商鞅把全國人口悉納入戶籍之中，以便加強保、連之編制。他說：

> 四境之內，丈夫女子，皆有名於上。生者著，死者削。（商君書境內）

又說：

> 舉民衆口數，生者著，死者削。（商君書去強）

一國人口納入統計，知其性別、年齡之數，則無論徵兵或收稅皆有憑據。所以商鞅變法之後，秦因之富強，卒定統一六國之根基。此與其嚴密之社會組織，不無關係。其觀念與作風頗似斯賓塞（Herbert Spencer, 1820-1903）的「軍事社會。」[33]

5. 重農之經濟制度　中國自古以農立國，實則受自然環境、傳

---

[33] 其特質詳見 Lewis A. Coser, *Masters of Sociological Thought* (N. Y.: Harcourt Brace Jovanavich, 1977), p. 95.

統思想、以及科技之影響，不得不如此耳。蓋農業是人生存之基礎，西方亦有重農主張。❸商鞅重視農業，實因農業乃經濟力量之源，富國強兵之本，捨此無他。商鞅講求的是農業制度，亦卽如何透過生產過程，增加農業產品，以使人口扶養力增加。商鞅的農業經濟政策有以下幾個重點：

第一，改革田制　商鞅廢除井田，開阡陌，改賦制，是中國經濟的一大改革❺。因為井田制度附麗於封建制度之上，故封建制度改革，則井田制度必難以自存。所以到了商鞅廢井田之後，「任民所耕，不計多少，而隨其所占之田以制賦。」（馬端臨文獻通考）按陳啓天先生之意，商鞅廢井田有二項轉變：❻

（1）取消井田制度，便不復行封建制度，如此可以加強君權之統治，並將土地所有權分散於庶民。

（2）封建時期農民只是貴族的助耕奴隸，生產力不高，俟土地轉移私有之後，農民可享有自己的經濟效益，乃願盡力耕作，故生產力大增，相對的，政府賦稅大增，有助於強國一統之大業。

所以廢井田，按所占耕地取賦，是促進生產力提高的最佳之方式。此外，連帶的可以剝奪貴族之權力，使中央集權益易進行，可謂一石二鳥之策。

第二，重農之方法　商鞅之所以重視農業，實乃看重農業之經濟價值與效益，有助於強兵富國。所謂「國好生粟於境內，則金粟兩生，倉府兩實，國強。……按兵而農則粟爵，粟任則國富。兵起而勝敵，按兵而國富者，王。」（商君書去彊）所以他從政治與經濟兩方面，加強農業

---

❸　龍冠海、張承漢著「社會思想史」，頁 241，三民書局，民國六十八年。
❺　陳啓天，頁 72。
❻　同上，頁 78。

之保護。

就政治而言，其主要措施如下。❸❼

（1）政事卽辦，使官無餘暇病農。

（2）不以外交權勢授官，免使民貴學賤農。

（3）各縣禁止聲色，以壹民意。

（4）廢止逆旅，使姦民無所寄食。

（5）重刑連坐，使褊急、狠剛、怠惰、巧諛、惡心之人不生。

（6）禁民擅徙，使農民壹意爲農。

（7）家有餘夫，均須役於官，不得游手好閒。

（8）達官文人不得居游各縣，以免搖惑民心，棄農務他。

（9）統一吏治，使姦吏不得更制敗農。

（10）不許爲罪人請食於官，使害農姦民無所依仗。

（11）軍市不許游女流氓寄寓，使農民不淫。

（12）按法徵民送糧，不得舞弊，致農荒業。

上述十二項辦法，皆係從政治上入手。而在經濟方面，亦有八項措施，保護農業。❸❽

（1）按收穫量定賦稅。

（2）按每家之游惰坐食而不務農口數而重稅之。

（3）政府平糴平糶調節民食。

（4）統制山澤，使民非農不得食。

（5）酒肉重稅，以防奢侈。

（6）加重商稅，保護農業。

（7）商家須按口充役，以苦商。

---

❸❼　同上，參見頁 68-69。特將原文簡化，以省篇幅。

❸❽　同上，頁 70。

（8）禁僱人代興土木或代耕。

前已指出，商鞅之重農業，蓋農業乃人類生存之基本條件，所以以農業為基礎的經濟制度便建立起來了。而經濟制度之建立與運作，又可影響政治、家庭、敎育、宗敎、以及法律制度的建立與運作❸。故商鞅的政經政策合一，以及與其他社會制度密切配合，自然不足爲奇了。

6. 社會控制　商鞅之社會控制觀，係根據其對人性之體察而來。他認爲，人有自私自利，好逸惡勞，辟淫游惰之傾向。所謂「羞辱勞苦者，民之所惡也，顯榮佚樂者，民之所務也。」（商君書算地）　如果順人之情，則必從其所欲，無所不爲，此固不利於國家統一大業之進行，尤可使社會陷溺，而入無秩序之狀態。所以他雖強調法治乃富國強民之手段，實亦社會控制之最佳利器。商鞅之社會觀，以法治爲主，換言之，以釐定角色標準，作爲舉國上下行爲的準則。所以廣義言之，商鞅之社會控制觀，可從角色關係之界定與執行上開始；而狹義言之，則以法控制社會秩序爲鵠的。

衆所周知，商鞅以法治國，同樣以法控制社會秩序。他認爲，法是控制社會的唯一工具。天下之所以亂，或社會之所以無秩序，乃因尚賢任人，以道德爲整治天下之準則。商鞅反對以德去感化人，以情去束縛人。因爲人之思想與行爲，絕非行之以德，動之以情所能改變，尤其一般人民，不以法便無由使之順服，不以刑便不能使之守紀。所以他說：

> 凡世莫不以其所以亂者治，故小治而小亂，大治而大亂。人主莫能世治其民，世無不亂之國。奚謂以其所以亂者治？夫舉賢能，世之所以治也；而治之所以亂，世之所謂賢者，言正也；所以爲善正者，黨也。聽其言也，則以爲能；問其黨以爲然。故貴之不待其有功；誅之不待其有罪也，此其勢正使汙吏有資，而成其姦險。小

---

❸ Turner, Chap 1.

人有資， 而施其巧詐……故有名主忠臣， 產於今世， 而散領其國
者，不可以須臾忘於法。（商君書慎法）

由此可見，商鞅不贊成賢人之治，蓋所謂賢者，未必賢。所以他認爲，
法是唯一能夠控制人類行爲的工具。他又說：

臣聞古之明君，錯法而民無邪。舉事而材自練；賞行而兵彊。
此三者，治之本也。夫錯法而民無邪者， 法明而民利之也。（商君
書錯法）

以法控制社會，必須有使法發揮效果的力量。若否， 則「徒法無以
自行」， 自然就不能發揮社會控制的功能了。 商鞅使人守法之力量爲賞
與罰，卽正制裁與負制裁。他說：

人主之所以禁使者，賞罰也。賞隨功；罰隨罪。故論功察罪，
不可不審也。（商君書禁使）

「賞隨功，罰隨罪，」是一種平等的原則。蓋有功則賞，有罪則罰，不
論其爲皇子皇孫，大官貴人；亦不論其爲販夫走卒，市井小民，悉以功
罪定其賞罰。因此，他提出「壹刑」的觀念。他說：

所謂壹刑者，刑無等級，自卿相將軍以至大夫庶人，有不從王
令，犯國禁，亂上制者，罪死不赦。有功於前，有敗於後，不爲損
刑。有善於前，有過於後，不爲虧法。（商君書賞刑）

商鞅之所以「壹刑」──刑罰無階級與貴賤之分，主要打破傳統「禮不
下庶人，刑不上大夫」（禮記曲禮）的觀念。蓋「刑不上大夫」，則大夫
可以有恃無恐，爲所欲爲，而又免於刑責。如此欲大夫守法而不越規者，
殊少可能。 所以商鞅變法之後一年， 秦太子犯法，「衞鞅曰：『法之不
行，自上犯之。』將法太子，太子嗣君也不可施行， 刑其師傅公子虔，
黥其師公孫賈。明日，秦人皆趨令。」（史記商君列傳）可見商鞅執法，
大公無私，一律平等。所以「秦人皆趨令。」

商鞅之重視刑罰，乃見重刑罰在維持社會秩序上之功能。他說：

> 重刑連其罪，則民不敢試。民不敢試，故無刑也。夫先王之禁
> 刺殺，斷人之足，黥人之面，非求傷民也，以禁姦止過也。故禁姦
> 止過，莫若重刑，刑重而必得，則民不敢試，故國無刑民。國無刑
> 民，故曰：「明刑不戮。」（商君書賞刑）

由上可見，商鞅之所以重刑，乃在「以刑止刑」。換言之，重刑有嚇阻
作用；因民懼於刑，故不敢放蕩邪僻，只圖私慾之滿足，罔顧國家社會
秩序之存在也。商鞅又說：

> ……故以刑治則民威，民威則無姦，無姦則民安其所樂。以義
> 教則民縱，民縱則亂，亂則民傷其所惡。……故王者刑用於將過，
> 則大邪不生；賞施於告姦，則細過不失。治民能使大邪不生，細過
> 不失，則國治。國治必彊。一國行之，境內獨治，二國行之，兵則
> 少寢。天下行之，至悳復立，此吾以殺刑之反於悳，而義合於暴
> 也。（商君書開塞）

在商鞅看來，人天生有違規 (Deviance) 之傾向，如果縱人之欲，順
人之情，則必出於亂，「亂則民傷其所惡」，社會秩序便無法維持，終必
人人自危。所以「勝法之務，莫急於去姦，去姦之本，莫深於嚴刑。故
王者以賞禁，以刑勸；求過不求善，藉刑以去刑。」（同上）

在商鞅的社會控制思想中，刑罰固然重要，但他也輔之以賞與教。
蓋後兩者可以補刑之不足，或使人守法於未然。他說：

> 聖人之為國也，壹刑、壹賞、壹教。壹賞則兵無敵，壹刑則令
> 行，壹教則下聽上。夫明賞不費，明刑不戮，明教不變。而民知於
> 民務，國無異俗。明賞之猶至於無賞也，明刑之猶至於無刑也，明
> 教之猶至於無教也。（商君書賞刑）

可見賞與教可謂正制裁，而刑乃負制裁，其目的均在期望人無越規，秩

序井然，則強國富民，一統天下大業固指日可成，而樂也融融之社會生活，亦可實現。

　　7.軍國主義　商鞅所處之時代，乃列國競爭，崇尙武力的時代。因此，國家之生存，繫於其武力的強弱，故商鞅的軍國主義思想，應是時代的要求。而尙武思想是確立軍國主義的基礎。

　　商鞅的尙武思想，起於其對國家生存的認識。他認爲，國家生存之道，在於耕與戰。耕指經濟而言，是國家建設之財力來源。戰指發展而言，是國家生存的基本條件。蓋國有財源尙不足以言其生存，惟國家不斷發展，不斷擴充，不斷爭戰，生存方可確保。換言之，商鞅重視國家的團體動學 (Group Dynamics)。當國家不斷發展之際，不僅國家生存無虞，而國家之結構亦才能生氣勃勃，發揮功能。商鞅敎戰之法有三：(1)「富貴之門，必出於兵。」（商君書賞刑）係以政治方法鼓勵尙武；(2)「民聞戰而相賀也，起居飲食所歌謠者，戰也。」（同上）係以社會方法實施尙武敎育；(3)「父遺其子，兄遺其弟，妻遺其夫，皆曰：『不得，無返。』」（商君書畫策）係以基本關係激勵奮戰意志。⑩

　　商鞅既以武力爲立國要素，故爲鼓動民戰，乃主張「壹賞」。所謂「壹賞」，他說：

　　　　所謂壹賞者，利祿官爵搏出於兵，無有異施也。夫固知愚、貴賤、勇怯、賢不肖，皆盡其胸臆之知，竭其股肱之力，出死而爲上用也；天下豪傑賢良，從之如流水，是故兵無敵而令行於天下。（商君書賞刑）

由此可知，受賞與否，悉以戰功爲據，所謂「有軍功者，各以率受上爵。」（史記商君列傳）換言之，個人之名利權，以軍功之多寡而定。其目的在鼓勵兵士勇敢善戰，勝利建功也。

---

　　⑩　陳啓天，頁 49-50。

此外，商鞅改變社會組織，以重稅方式限制大家庭，增加小家庭，以養成個人之自發性、獨立性，俾便於尚武精神之建立，更可直接加以控制。

其次，實行戶籍法，所謂「四境之內，丈夫女子，皆有名於上，生者著，死者削。」（商君書境內）所謂「有名於上」，即現行之戶籍制度。蓋了解人口動態，有助國力之增強，並可防止家庭爲私作姦也。

復次，實行連坐法，「令民爲什伍，而相收司連坐。不告姦者，腰斬；告姦者，爲斬敵首同賞。匿姦者與降敵同罰。」（史記商君列傳）。韓非也說：「公孫鞅之治秦也，設告相坐而責其實，連什伍而同其罪，賞厚而信，刑重而必。」（韓非子定法）此外，在軍事上，亦有「其戰也，五人來簿爲伍，一人羽而到其四人，能人得一首則復」。（商君書境內）此均係連坐之措施也。

(三)商鞅社會思想評價　商鞅是中國古代之大政治家，主張嚴刑峻法，富國強兵。其社會思想雖顯「刻薄」，但其時代意義與價值，則頗有可取之處。其思想優弱互見，兹舉其大者如下：

第一，優點：

(1) 樹立權威，集權中央，使社會組織之效果更易發揮。

(2) 建立科層制度，使社會及國家之行政效率更易提高。

(3) 以正負雙重控制方式，激勵人民遵行社會規範，對維護社會秩序，極有功效。

(4) 重視國家動態，對於國家的生存與擴充，頗有助益。

(5) 爲獨裁專制型之軍事社會，提供成敗之試驗機會。

第二，弱點：

(1) 商鞅過分重視法治，而法的來源卻又不以民意爲基礎，因此，全然爲一種專制獨裁之體制。在此種體制之下，個人悉依規定之角色行

事，自我不能發展，而文化發展亦必受限制。

　　(2) 因其崇尚武力，鼓勵人民以奮戰爲獲取名利權之手段，故難啓廸人民的心智。其愚民政策不過在控制人民爲國效力而已，個人尊嚴與權利，**實**則蕩然無存矣。

　　(3) 過分重視刑罰，摒除道德之制裁力量，有失偏頗。

　　(4) 其理想之社會爲軍事型社會。在此種社會中，一切以軍事第一，故在經濟、教育、宗敎、家庭等等方面之發展，必受限制。換言之，社會之均衡發展不易，則社會之穩定性亦必不易長期維繫。

　　雖然商鞅以法界定人之社會角色，故個人自由殊少，甚至跡近於無。但他所重視者是強兵富國和社會秩序之維持。自來論者，多以商鞅「天資刻薄人也，跡其欲干孝公以帝王術，挾持浮說，非其質矣。……卒受惡名於秦，有以也夫！」（史記商君列傳）從中國儒家思想而言，商鞅刻薄寡恩，卒見棄於民。可是從社會思想史而言，商鞅之貢獻，遠在義大利之馬基維里 (Niccolo Machiavelli, 1469-1527) 之上。商君書二十四篇把形成社會、建立國家的制度，刻劃盡致。其中含有豐富之社會學觀念。吾人讀罷全書，仔細思考，則商鞅之社會意像，立即可現。雖然商鞅強調法治與中國其他思想派別格格不入，可是商鞅之思想，絕不是虛幻不實、冥頑不靈的烏托邦 (Utopia)。他係依據人類心理的墮落面、恐懼面、被動面、乃至虛無面，而提出其矯治的、相反的社會觀念；其思想之偉大處，即在於此。誠然，在商鞅思想中，個人自由減少或無自由，但正因無自由，才能獲得眞自由。這是人類社會組織存在的代價，也是一種必要罪惡。今日吾人評商鞅社會思想，其貢獻在社會秩序之維持。人，無論從那方面而言，其爲求生存所表現的利己行爲，乃至爲求發達所表現的損人行爲，只憑感化、德治，絕對不起作用。儒家爲行其學說，託辭於先王之理想社會；其描寫之幾個聖人和禮記中之

大同境界，只不過是個幻想而已。商鞅鑑於現實社會生活之需要，毅然以法治理國，以律束縛社會。雖然亦失之偏，但他卻從「偏」處著手，使世人了解「偏」處之功能。試問在社會思想史上，有幾人能與之相埒？

古希臘的先哲們，如柏拉圖 (Plato, 大約 427-347B.C.) 與亞里斯多德(Aristotle, 384-322 B.C.)，皆以爲民主自由之後，必有混亂出現。所以他們認爲，社會變遷是循環的❹。雖然近代行民主之國，以法治爲尚，可是顯然地，法治並沒有使現代社會井然有序。相反的，在民主、自由、及人權的口號下，使作姦犯科，爲非作歹者有了憑藉。尤其近三十年來，由於科技之進步，交通之發達，社會與社會間，或國家與國家間之接觸與交往，頻繁不已，形同近鄰。因此，相互支援，互通聲息，社會中之爲名利權驅使者，羣起而爭，爭有不遂，訴諸武力，訴武不遂，乞求聲討；而環顧社會中之違規行爲，更有雨後春筍之勢。誠然還未如某些美國社會學者所謂之嚴重程度，可是鯨吞蠶食，社會危殆，爲期不遠矣。只是社會龐大，一人或少數人受害，未必能引起他人重視，或以事不干己，漠然視之。反之，爲非作歹之一方，由於法輕不足嚇阻；而法重則又危及人權，爲人詬病❹，以致政府在維持秩序上，投鼠忌器，不敢大刀闊斧，有所作爲。如此，社會秩序日益危殆，社會生活日受威脅，而其起死回生之道，則除「壹刑」，恐無他法。因此，商鞅

❹ 龍冠海、張承漢著「社會思想史」，頁 65-67；及頁 79-80，三民書局，臺北市，民國六十八年。

❹ 近代有些所謂學者，頭腦不清，標新立異，專以能替人脫罪爲能事。此種人之可惡，比歹徒尤有過之。其心態不正，無庸贅述。此種人不是受害者，倘其妻女被人姦殺，而又須納稅養活歹徒，未知此是其所謂之人權否？湯恩比 (A. J. Toynbee)、史懷哲 (Albert Schweitzer)、倪布兒 (Reinhold Niebuhr) 等，對現代人之追求名、利、權而導致人心敗壞，社會削弱，有其獨到之批評。(見 Robert Nisbet, *The Social Philosophers*, N. Y. : T. Y. Crowell Co., 1973, pp. 189-190.)

之嚴刑峻法思想，在維持社會秩序上，不僅必備，而且必要。展望未來社會發展之趨勢，如欲控制社會者，舍商鞅其誰哉?

三、韓非的社會思想

(一)略傳　史記云:「韓非者，韓之諸公子也。喜刑名法術之學，而其歸本於黃老」(老子韓非列傳)。韓非約生於西元前二八〇年，卒於西元前二三三年。非原爲荀子的學生，惟推崇法家治國之說。因見韓國衰弱，不能振作，乃主張變法，用才重刑，批評時政。韓國不能用，秦始皇遂引入秦，但因說存韓之利，故亦未見用於秦。後因李斯、姚賈陷害，卒於獄中。

韓非的著作流傳於世者爲「韓非子」一書。漢書藝文志著錄韓非子五十五篇，均已流傳至今。「韓非子」一書大都出於韓非本人手筆，其中也有僞造❸，如「初見秦」。

韓非爲戰國末期的一位傑出思想家。一方面綜合先前法家的觀點;另一方面，以荀子和道家之某些論點，建立起自己的思想體系。一般言之，他是極端的「功用(利)」主義者，故主張變法圖強，著重刑罰❹。雖然他的思想未如商鞅一般見諸實行，但對後世影響之大，當爲法家之首。

韓非時處戰國之末，封建制度瓦解，中央集權大行，天下統一已見端倪。其中以法家思想之見行於秦，效果最巨。所以韓非思想，應是集法家之大成，爲一統天下奠定了理論基礎。

(二)社會思想　韓非的社會思想，主要是應當時社會要求的一種反應。其思想基礎，一方面來自儒家，另一方面，則又摻入老子哲學，復

---

❸　胡適在「中國古代哲學史」(頁81，商務印書館，六十七年九版。)中云: 韓非子一書，僅有一二分可靠，與一般說法不同，本書採衆說。

❹　同上，頁81。

又以法家爲歸宿。 故其社會思想， 可說是融合當時主要思想的一種應用。其要者，約有以下數端。

1.人性論 韓非的人性觀，師承荀子，以人性惡爲基礎，而其社會思想，卽在此一基礎上發展出來的。他說：

> 今有不才之子，父母怒之弗爲改，鄉人譙之弗爲動，師長教之弗爲變。夫以父母之愛，鄉人之行，師長之智，三美加焉而終不動其脛毛，不改；州部之吏操官兵，推公法，而求索姦人，然後恐懼，變其節，易其行矣。故父母之愛不足以教子，必待州部之嚴刑者，民固驕於愛，聽於威矣。」（韓非子五蠹）

韓非之人性惡觀，與其師荀子尚有一層不同。荀子以人性雖惡，但教化可使之導入正途。換言之，人性雖有惡之本質，而社會化可以改變此種惡根，灌輸以仁義禮智，則人之心智與行爲，仍可有善之表現。反觀韓非則否。他認爲，人先天之品性或「人格」絕無改變之可能，所以教化只是徒費時日，於個人及社會均無助益。只有繩之以法，動之以刑，社會秩序才能維持。

他所謂人性惡，見之於人類自私自利之行爲表現。換言之，人之行爲動機與表現，均以自利爲出發點。如果沒有所「得」，人不願有所「失」，這與現代社會學理論中之「交換論」有異曲同工之處。他所謂人類行爲以自私自利爲動機，可見於人類日常行爲的表現上，他說：

> 且父母之於子也，產男則相賀，產女則殺之。此俱出父母之懷袵，然男子受賀，女子殺之者，慮其後便，計之長利也。故父母之於子也，猶用計算之心以相待也， 而況無父子之澤乎？（韓非子六反）

父母子女之間原屬親情，有著血肉相連之關係。爲父母者，慮其日後之利益，乃不得不殺女賀男；人之以利行，可謂顯而易見矣。他又說：

夫妻者非有骨肉之恩也，愛則親，不愛則疏。……丈夫年五十而好色未解也；婦人年三十而美色衰矣，以衰美之婦人，事好色之丈夫，則身死（應爲疑字）見疏賤，而子疑不爲後，此后妃夫人之所以冀其君之死者也。惟母爲后而子爲主，則令無不行，禁無不止，男女之樂不減於先君，而擅萬乘不疑，此鴆毒扼昧之所以用也。（韓非子備內）

夫妻關係是最基本之關係，妻爲己利，則希望夫死，其利欲薰心可謂極矣。他又說：

醫善吮人之傷，含人之血，非骨肉之親也，利所加也。故輿人成輿，則欲人之富貴；匠人成棺，則欲人之夭死也。非輿人仁而匠人賊也；人不貴則輿不售；人不死則棺不買，情非憎人也，利在人之死也。故后妃夫人太子之黨成，而欲君之死也，君不死則勢不重，情非憎君也，利在君之死也。（同上）

由此可見，在人類關係中，從最親密（父母子女、夫妻）至最疏遠（陌生人間之賣買），皆以利爲出發點。換言之，個人之利害超越基本關係（Primary Relation）；亦卽人類關係均建立在工具關係（Instrumental Relationship）之上。

總之，「利之所在，民歸之，名之所彰，士死之。」（韓非子外儲說左上）；「好利惡害，夫人之所有也。……喜利畏罪，人莫不然」。（韓非子難二）。可見自私自利是人類行爲之動機和目的。爲了達到自利之目的，可以罔顧一切，漠視一切。

但人性雖惡，且爲私爭利，可是，基本上卻恐懼懲罰和制裁。所以韓非之法治（以法作爲維持社會秩序之工具）思想，卽建立在此一基礎上。他說：

聖人之治民，度於本，不從其欲，期於利民而已。故治民者，

> 刑勝，治之首也；賞繁，亂之本也。夫民之性，喜其亂，而不親法，
> 故明主之治國也，明賞則民勸功，嚴刑則民親法。（韓非子心度）

因為韓非認定人有恐懼懲罰之天性，故主張嚴刑，使人親法，使人恐懼。他說：

> 人有禍則心畏恐，心畏恐則行端直，行端直則思慮熟，思慮熟
> 則得事理。行端直則無禍害，無禍害則盡天年。（韓非子解老）

其整個社會思想均由此出發，所以其思想之「刻薄」，就顯而易見了。但在另一方面，人性中之自利行為，是由環境所引發的。他說：

> 古者丈夫不耕，草木之實足食也；婦人不織，禽獸之皮足衣也。
> 不事力而養足，人民少而財有餘，故民不爭。是以厚賞不行，重罰
> 不用，而民自治。今人有五子不為多，子又有五子，大父未死而有
> 二十五孫，是以人民眾而貨財寡，事力勞而供養薄，故民爭，雖倍
> 賞累罰而不免於亂。（韓非子五蠹）

換言之，人有自利之心理趨向，而環境則是引發此種趨向之導線。在諸種環境的因素中，經濟因素是首要者。蓋經濟是人民生存之必要條件也。所以由此而言，人類自利性（行為動機）之表現，尚受其他因素（如人口）之影響。這與當代社會學對人類行為之解釋觀點，頗多相同之處。❹

　2.社會文化變遷　韓非所謂之社會變遷，包括文化變遷在內。他認為，人類社會恆處於變動不居之過程中，此種過程可分為三個階段，每一個階段皆有其實質上之差異。換言之，每一個階段皆有其自己之目標，各種社會文化為因應每階段目標之達成，故亦隨社會變遷而變遷。他說：

---

❹　現代的社會學家咸同意，人之行為受文化、人格、互動、情境等四個因素之影響。此四因素中任何一個改變，行為隨之改變。其公式是：行為＝f（文化、人格、互動、情境）。其中 f（function）即函數。詳見張承漢譯「社會體系」，第43頁，黎明文化事業公司出版，臺北市，民國七十一年十一月。

上古之世，人民少而禽獸衆，人民不勝禽獸蟲蛇。有聖人作，構木爲巢以避羣害，而民悅之，使王天下，號之曰有巢氏。民食果蓏蚌蛤，腥臊惡臭而傷害腹胃，民多疾病，有聖人作，鑽燧取火以化腥臊，而民說之，使王天下，號之曰燧人氏。中古之世，天下大水，而鯀禹決瀆。近古之世，桀紂暴亂，而湯武征伐。今有構木鑽燧於夏后氏之世者，必爲鯀禹笑矣；有決瀆於殷周之世者，必爲湯武笑矣。然則今有美堯、舜、湯、武、禹之道於當今之世者，必爲新聖笑矣。是以聖人不期修古，不法常行，論世之事，因爲之備。

（韓非子五蠹）

由上見之，韓非的社會文化變遷論，至少有三個要點。第一、社會文化過程含有進步觀念，且分階段逐步漸進，每一階段自成一個發展體系。第二、每一個階段之社會文化體系及社會制度，均係因應當時發展程度而建立。換言之，各階段之發展是相對的，而非絕對的。所以，社會文化的改革或創新，係在相對之基礎上，配合社會環境之需要而形成的。所謂「世異則事異，事異則備變」。（同上）即此意。第三、社會文化變遷是種必然現象，並非任何力量可以遏止。因此，一切制度皆須因應不斷變遷之環境而變更。所謂「聖人不期循古，不法常可，論世之事，因爲之備。」（同上）此種觀念與現代體系理論中之變遷觀念——以社會體系之變遷乃順應環境而謀生存之一種手段，可謂雷同❹。

3.方法論　韓非子一書所表現的思想，係以實用之功利主義爲手段。例如他說：

故明主用其（謂天下之衆人）力，不聽其言；賞其功，必禁無用；故民盡死力以從其上。夫耕之用力也勞，而民爲之者，曰可得以富也。戰之爲事也危，而民爲之，曰可得以貴也。今修文學，習

---

❹ 同上；見404頁。

言談，則無耕之勞而有富之實，無戰之危而有貴之尊，則人孰不爲
也！是以百人事智而一人用力，事智者衆則法敗，用力者寡則國貧，
此世之所以亂也。（同上）

韓非強調實用觀念，所以對於社會現象之解釋，均根據其個人體察和經
驗而來。其說明雖不能無所偏頗，但其立論卻均有證據可循，此與其所
依持之研究方法不無關係。他說：

無參驗而必之者，愚也；弗能必而據之者，誣也。（韓非子顯
學）

沒有證實，不能定論；不能定論，則不能以之作爲根據，這就是實證方
法，也是科學方法。凡事必以經驗爲根據，所以韓非思想中的「科學性」
比其他思想家爲高。他在論及治國時主張，愚昧的學說和矛盾的爭論——
無證驗事實爲根據的立論，絕不可行。他說：

自愚誣之學、雜反之辭爭，而人主俱聽之，故海內之士言無定
術，行無常議。夫冰炭不同器而久，寒暑不兼時而至，雜反之學不
兩立而治。今兼聽雜學，繆行同異之辭，安得無亂乎！聽行如此，
其治於人，又必然矣。（同上）

韓非對於世之顯學——儒墨之批評，卽基於儒墨之學缺乏事實根據。其
方法論雖尚嫌粗淺，但科學精神與態度確已具備。

4.政治主張　韓非思想，基本上是應當時社會背景的一種反應，所
以也是一種富國強兵、一統天下的主張。換言之，韓非整個之思想體系
均與社會政治事務有關。因此，他的政治主張自有其與人不同之處。一
般言之，可分爲以下四點。

(1)樹立權威　傳統所謂法家，有商鞅重「法」，申不害重「術」，
愼到重「勢」之說。而韓非綜合三者，集其大成。其中以建立統治者之
權威最是首要。因爲權威建立，法卽可定、可行。所謂「生法者君也」

（管子任法），倘君之權威不立，則不能立法；法不能立，則不能收民，如此，社會秩序自然也就不能維繫了。同時，權威不立，「術」難進行。所以，權威是行術立法之根本與由來。

韓非所謂之「勢力」，卽權威之意。一般人釋韓非論勢，喻之爲權力。實則權力與權威不同，所謂權威者，卽合法權力 (Legitimate Power) 或謂職位權力 (Positional Power) ❹。換言之，凡爲團體成員承認其具有合法權力者謂之。君之權威來自守法，亦卽來自其對君主職位角色的尊重與扮演。韓非在論法時指出：「賞罰隨是非，死生隨法度。」「故明主使其羣臣，不遊意於法之外，不爲惠於法之內，動無非法」。（韓非子有度）卽指此而言。君旣須守法，則由君主職位（非指某個人）發生之權力，自應至高無上。因此君之權力必須有合法之基礎方可施行。他說：

夫有材而無勢，雖賢不能制不肖。故立尺材於高山之上，下臨千仞之谿，材非長也，位高也。桀爲天子，能制天下，非賢也，勢重也。堯爲匹夫，不能正三家，非不肖也。位偪也。（韓非子功名）

所以「不肖而能，服於賢者，則權重位尊也」（韓非子難勢）。而權威之建立在發揮禁暴、絕姦、便治、行法之功能。他說：「夫嚴家無悍虜，而慈母有敗子，吾以此知威勢之可以禁暴，而德厚之不足以止亂也。」（韓非顯學）又說：善持勢者，早絕姦之萌。」（韓非子外儲說右上）又說：「夫勢者，便治而利亂者也。」（韓非子難勢）又說：「勢足以行法。」（韓非子八經）實則權勢不僅可以發揮上述四項功能，而且是統治之根本。所謂「勢者，勝衆之資也……勢行敎嚴，逆而不違。」（同上）卽此之意。

---

❹　Kingsley Davis, *Human Society* (N. Y.: The Macmillan Co., 1948), p. 95.

因為韓非重視權威，故佔有至高職位的人主，應擁有無上的權威，獨一無二之權力，如此才能統御。他說：

> 一棲兩雄，其鬥嘖嘖。……一家二貴，事乃無功；夫妻持政，子無適從。（韓非子揚權）

這與其師荀子所謂：「君者國之隆也，父者家之隆也。隆一而治，二而亂，」（荀子致士）意義相同。

總之，在韓非的思想中，君主的權威是絕對的、不可分割的。

(2)君臣關係　在韓非的思想中，君臣關係是一種正式關係 (Formal Relation)。所謂「君臣非有骨肉之親」（韓非子姦劫弒臣），「君臣之際，或父子之親」（韓非子難一），「臣主之間非兄弟之親也。」（韓非子難四） 其主要觀念在把君臣之關係形式化、次級化，俾便循法行事。否則基本關係 (Primary Relation) 一旦存在，則執法時難免無有心理顧忌，自然不能達到統治之目的了。

韓非所謂之君臣關係，建立在「術」上。「術」是駕御羣臣之技巧，因為韓非主張君臣關係是正式關係或次級關係(Secondary Relation)，所以君臣之間要「保持距離，以策安全。」他說：

> 愛臣太親，必危其身。人臣太貴，必易主位。……臣聞千乘之君無備，必有百乘之臣在其側，以徙其民而傾其國。萬乘之君無備，必有千乘之家在其側，以徙其威而傾其國。是以姦臣蓄息，主道衰亡；是故諸侯之博大，天子之害也。（韓非子愛臣）

又說：

> 有國之君，不大其都，有道之君，不貴其家，有道之君，不貴其臣。貴之富之，備將代之。（韓非子揚權）

因為君臣關係基本上基於利害，故君主求利而用臣，臣以求利而尊君，所謂上下交相利。他說：

君臣異心，君以計畜臣，臣以計事君。君臣之交，計也。害身而利國，臣弗爲也；害國而利臣，君不行也。臣之情，害身無利；君之情，害國無親。君臣也者，以計合者也。（韓非子飾邪）

又說：

人主樂乎使人心公盡力，而苦乎以私奪威；人臣安乎以能受職，而苦乎以一負二。故明主除人臣之所苦，而立人主之所樂。（韓非子用人）

由此可見，君臣之間絕無仁義誠信可言，只有爲追求自身利益而作之防患努力。此何以君須對臣處處提防，而臣須對君時時小心。

爲君者，必先假定羣臣之行爲動機皆在圖謀私利，奪取政權，故不可「太親」，也不可使之「太貴」，更不可「信人」。所謂「人主之患，在於信人，信人則制於人。」（韓非子備內）否則金蟬脫殼，取而代之，後悔就莫及了。「夫所謂明君者，能畜其臣者也，所謂賢臣者，能明法辟，治官職，以戴其君者也。」（韓非子忠孝）。所以君能駕御羣臣，是爲明君；臣能依法行事，是爲忠臣。臣事其君，依法而行，無須感恩。所謂「一以罪受誅，人不怨上……以功受賞，君不德臣。」（韓非子外儲說左下）換言之，爲人臣之受賞，乃其功績之報酬，理該如此，並非君的恩惠也。

因爲君臣立場不同，利害有別，而人的行爲動機是名與利，所以君臣之間永遠受交換關係所支配。換言之，君以利與名交換臣的奉公執法，反之臣以執法交換君所賜予的名與利。除此以外，別無其他。

(3)君民關係　韓非認爲，君民之關係雖然建立在法上，實則是爲了愛民。換言之，以法與刑控制社會，使之成爲人民生活之最佳環境，卽所謂愛民也。韓非之基本觀念，是爲大多數人民的利益而設法與刑，雖然法與刑苛薄寡恩，而少人情，但卻能維護大多數人的利益，所以法

與刑乃統治之必要工具。他說：

> 「凡治天下，必因人情，人情者有好惡，故賞罰可用，則禁令可立，而治道具矣」。(韓非子八經)

他又說：

> 聖人之治民，度於本，不從其欲，期於利民而已。故其與之刑，非所以惡民，愛之本也。刑勝而民靜，賞繁而姦生。故治民者，刑勝，治之首也。賞繁，亂之本也。夫民之性，喜其亂而不親其法，故明主之治國也，明賞則民勸功，嚴刑則民親法。勸功則公事不犯，親法則姦無所萌。故治民者，禁姦於未萌。(韓非子心度)

所以，韓非是從人性面說明君民關係的法刑基礎。蓋君之治國，旨在維持社會秩序，爲人民建立良好之生活環境。所謂「國治則民安，事亂則邦危」(韓非子制分)。人民只須服從君之立法，而君只須監督臣之執法即可。君之統治，既不是恩惠，也不是上天賦予之特權，只是一種社會需要。而君民關係，即是因應此種需要而建立起來的。所以，從社會學的觀點而言，韓非在此方面之思想，依然是建立在「交換」關係之上。

(4)科層制度　在韓非的政治主張中，科層結構是發揮效率和提高效果的工具。他的科層主張，主要有二：一爲職權分工；一爲科層管理。

1.職權分工　在分工方面，韓非主要強調職權結構的劃分。其中以君臣權責之劃分爲要務。他認爲，君臣職責之不同，乃自然法則之合理表現。他說：

> 天有大命，人有大命。……權不欲見，素無爲也。事在四方，要在中央。聖人執要，四方來效，虛而待之，彼自以之。四海既藏，道陰見陽；左右既立，開門而當。勿變勿易，與二俱行，行之不已，是謂履理也。夫物者有所宜，材者有所施，各處其宜，故上

下無爲。使鷄司夜，令狸執鼠，皆用其能，上乃無事。上有所長，
事乃不方；矜而好能，下之所欺；辯惠好生，下因其材。上下易
用，國故不治。（韓非子揚權）

君主把工作分散於四方大臣辦理，而決策之權依然操之在我，要在
羣臣效命不已。換言之，君主不必每事問；事由臣爲，君只須接受其政
績，判斷其意見。此種分工安排，旣合於自然法則，又節省君主之精力
與時間，是統治之最佳方式。他說：

爲人臣者陳而言，君以其言授之事。專以其事責其功，功當其
事，事當其言，則賞；功不當其事，事不當其言，則罰。（韓非子
二柄）

又說：

術者因能而授官，循名而責實，操殺生之柄，課羣臣之能者也。
（韓非子定法）

由此可見，科層層系之間的權責劃分，不過言與事而已。但其功能至爲
顯見。所以權責分工是科層結構的第一步。

　　2.科層管理　　在管理方面，韓非主張以刑德二柄爲之。蓋刑與德
可以控制大臣或屬下之行爲。他說：

明主之所導制其臣者，二柄而已矣。二柄者，刑德也。何謂刑
德？曰：殺戮之謂刑，慶賞之謂德。爲人臣者，畏誅罰而利慶賞，
故人主自用其刑德，則羣臣畏其威而歸其利矣。（韓非子二柄）

由此可見，科層制度中之管理或規則，不過刑德而已。刑是負制裁，德
是正制裁，唯二者並用，組織控制才能有效。此外，在科層制度中，管
理或控制者，尙須善用其權力，方能發揮效果。他喩之說：

夫虎之所以能服狗者，爪牙也。而使狗用之，則虎反服於狗矣。
（同上）

可見科層管理本身在依據個人所佔之職位權力——權威，監督組織規範之執行。換言之，韓非思想中的科層控制，不過是權威之運用而已。

然而，刑德僅屬消極作爲；其積極者，在能使百官之人格與其職位相互配合，以免發生角色不當，所以任官須以才能或人格相符者爲要件。他說：

> 夫物者有所宜，材者有所施，各處其宜。故上下無爲，使雞司夜，令狸執鼠，皆用其能，上乃無事，上有所長，事乃不方。（韓非子揚權）

一旦找到適當人選，卽予以與人格相配之地位。所謂「賢材者處厚祿，任大官；功大者有尊爵，受重賞。」（韓非子八姦）由此可見，適材適用，賦予適宜報酬，可以減少科層結構中之管理或控制規則。

5.經濟主張　韓非之經濟主張，基本上是以人性中之自利自私爲出發點。所謂「民之政計皆就安利，如辟危窮。」（韓非子五蠹）人旣以利益爲行爲動機，則經濟發展卽應沿此方向前進，一切皆以實用或功利爲要務。換言之，以其能發揮利益者——無論其爲國家或個人——爲追求之主要目標。因此，其經濟主張，一般可分爲以下數點。

第一、職業分工，各專其事。蓋各專其事，可以提高工作效率，反之則否。他說：

> 丈夫盡於耕農，婦人力於織紝，則入多。（韓非子難二）

又說：

> 工人數變業則失其功，作者數搖徙則亡其功。一人之作，日亡半日，十日則亡五人之功矣。萬人之作，日亡半日，十日則亡五萬人之功矣。然則數變業者，其人彌衆，其虧彌大矣。……故以理觀之，事大衆而數搖之，則少成功；藏大器而數徙之，則多敗傷。（韓非子解老）

只要人民安其居，樂其業，不變動，就可提高工作效率，就可增強工作效果。因爲利之所在，人必趨之。所謂「夫耕之用力也勞，而民爲之者，曰可得以富也。」（韓非子五蠹）

第二、重視農業。在古代經濟不發達之時，重視農業是致富之唯一之道。韓非自亦不例外，他說：

能越（趨）力於地者富。（韓非子心度）

又說：

富國以農，距敵恃卒。（韓非子五蠹）

又說：

禁游宦之民，而顯耕戰之士。（韓非子和氏）

又說：

倉廩之所以實者，耕農之本務也。（韓非子詭使）

農業旣是生存之本，也是致富之道，所以發展農業應是富國強兵之唯一途徑。近代西洋社會思想家哈靈頓 (James Harrington, 1611-1677) 之重視土地與農業，其與韓非觀點可謂同出一轍。

第三、抑制工商業。韓非之所以抑制工商業，主要亦從功利出發。卽工商業對於國家人民之「大利」有害。換言之，不能直接從事生產故也。他說：

夫明主治國之政，使其商工游食之民少，而名卑以寡，趣本務而趨末作。今世近習之請行，則官爵可買，官爵可買，則商工不卑也矣。姦財貨買得用於市，則商人不少矣，聚歛倍農，而致尊過耕戰之士，則耿介之士寡而高價之民多矣。……其商工之民，修治苦窳之器，聚弗靡之財，蓄積待時，而侔農夫之利。（韓非子五蠹）

可見商工謀財容易，一旦有了財富，則可能以其財富買官覓爵，致使直接生產或保國衞民之士寡，因而影響農業發展和農民之利益。因此，他

把工商發展喻之爲五蠹之一；不除之，則國家便不能富強，人民亦不能康樂。而其去除之道，則在重稅。換言之，加重商工業者之稅計，以使貧富得以平均。他說：

> 故明主之治國也，適其時事，以致財物，論其賦稅，以均貧富。（韓非子六反）

又說：

> 悉租稅，專民力，所以備難充倉府也。（韓非子詭使）

課以重稅，不僅可以制抑工商業之發展，更可平均財富（事實上，是一種均窮思想）。總之，工（技巧）商（奸詐）之民不直接參預生產，而又可憑其技巧奸詐而博取厚利，進而買官覓爵，造成社會之不平等。厥時人在重利之引誘下必當棄農從商，則國家生存之根本必然動搖，又有何能力自強圖存？

韓非雖然反對工商業之過分發展，但他並不否認工商業之功能。換言之，從社會分工之觀點而論，有其存在之必要與價值。所謂「利商市關梁之行，能以所有致所無，客商歸之，外貨留之。」（韓非子難二）又所謂：「舟車機械之利，用力少，致功大。」（同上）都說明了工商業在社會中有存在之必要和功能。有人認爲，韓非一方面主張抑制工商業，另一方面，又重視工商業之功能，似乎矛盾。事實上，從事務之向度（Dimension）而論，抑制工業之發展與肯定其功能之存在，兩者並不相同，故兩者並不矛盾。當然，因爲「韓非子」一書並非出於一人手筆。其中思想不一之處，容或不可避免，但若說是韓非本人思想矛盾，則尚無資料可以佐證。

6.社會控制　韓非思想之重點在政治，而政治之方法在控制。故社會控制是其思想之重心，亦卽法家思想的主要趨向。

韓非之社會控制觀，可分爲兩部分：一爲重法；一爲重刑。兩者相

關，但不相同。所謂法者，卽社會學家所謂之規範（Norm）；所謂刑者，卽制裁，尤其指負制裁而言。故法是行為規範，而刑則是維護規範的工具。兩者相輔相成，缺一不可。

　　基本言之，韓非之所以言法講刑，實則是其人性觀的反應。因為人性中追求自私自利之傾向，時時顯現，故唯有法與刑方能約束人的自私行為，亦方能維繫社會秩序。講仁說義對少數人有影響；對一般人而言，仁義不足發揮感化功效。因此，統治者應順應人之特性，制定規範，從重量刑，以便於社會秩序之維護。

　　韓非雖然以法為控制社會之工具，但對於法並無明確之界定。「韓非子」一書言法之處雖多，仍以法之功能為主。他說：

　　　　法者編著之圖籍，設之於官府，而布之於百姓者也。……故法莫如顯……是以明主言法，則境內卑賤，莫不聞知也。（韓非子難三）

又說：

　　　　法者，憲令著於官府，刑罰必於民心。賞存乎愼法，而罰加乎姦令者也。（韓非子定法）

　　這些都在說明法之制定或來源，並非法之內容。韓非之所以強調法在社會控制上之重要性，主要是法有控制之功能。既然並非人皆可為善，則法的控制功能，就至為明顯了。他說：

　　　　夫聖人之治國，不恃人之為吾善也，而用其不得為非也。恃人之為吾善也，境內不什數。用人不得為非，一國可使齊。為治者用眾而舍寡，故不務德而務法。（韓非子顯學）

　　這可說是其重法之哲學基礎。法不過是束縛人之工具而已，如不違法，則此工具可置之不用，甚之視若無睹。所以法只為「不守法」之人而設的；對守法者而言，法的存在與否，並不重要。而對為非作歹者而

言，法之存在與多寡，以及其嚴重程度，就有極大之關係了。

前已言之，法卽規範，規範是角色行爲的要素，所以守法卽行爲表現有度而不侵，行爲有度而不侵，則國無姦吏，亦無姦民，社會秩序自然得以維持了。所以人民必須「親法」，官吏不可「售（害）法」，君主則須「明法」。因爲法是唯一的行爲標準。他說：

> 國無常強，無常弱。奉法者強則國強；奉法者弱則國弱。……故明主使其羣臣，不遊意於法之外，不爲惠於法之內。動無非法，法所以凌過遊外，私也。……故繩直而枉木斲；準夷而高科削；權衡縣而重益輕；斗石設而多益少。故以法治國，舉措而已矣。（韓非子有度）

然而法之制定與執行必須固定，不可「朝令夕改」，使人無所適從；但也不可一成不變，與社會變遷相脫節。他說：

> 治大國而數變法，則民苦之。是以有道之君，貴虛靜而重變法。（韓非子解老）

又說：

> 治民無常，唯法爲治。法與時轉，則治；治與世宜，則有功。……時移而治，不易者亂。……故聖人之治民治。法與時移，而禁與能變。（韓非子心度）

可見韓非所謂之法，乃是與社會變遷相配合之行爲規範。蓋法不與時移，便不能發揮控制功能。這種通權達變，將社會變遷考慮在內的思想，此在中國思想史上並不多見。

法雖然因時因地而制宜，但法之執行必須公正、公開、公平。他說：

> 夫搖鏡則不得爲明，搖衡則不得爲正，法之謂也。故先王以道爲常，以法爲本。（韓非子飾邪）

這卽是說，　規範之執行，　不能無常，　不能有偏，　如此始能建立法的權威，而人亦有所適從。

韓非以人性惡而立法禁，要在使人的行為合於規範，使社會秩序得以維繫，但是徒有法仍不能發揮功能。因為法在人之遵守，如不奉法，法亦枉然。因此為了使人奉法，則須伴之以刑。故刑是行法之方法或手段。所謂刑者，卽制裁。制裁有正負兩種，韓非所謂之刑，係指負制裁而言；因為唯有重刑，人民才能奉法。他說：

> 學者之言，　皆曰輕刑，　此亂亡之術也。　凡賞罰之必者，　勸禁也。賞厚則所欲之得也疾；罰重則所惡之禁也急。夫欲利者必惡害，害者利之反也，反於所欲，焉得無惡。欲治者必惡亂，亂者治之反也。是故欲治甚者，其賞必厚矣。其惡亂甚者，其罰必重矣。（韓非子六反）

賞為正制裁，罰為負制裁。罰可止亂，賞可奉法，所以有社會控制之效果。他又說：

> 且夫重刑者，非為罪人也。……刑盜，非治所刑也，治所刑也者。……故重一姦之罪而止境內之邪，此所以為治也。……欲治者奚疑於重刑？若夫厚賞者，非獨賞功也，又勸一國，受賞者甘利，未賞者慕業，是報一人之功而勸境內之眾也。欲治者何疑於厚賞？今不知治者，皆曰重刑傷民，輕刑可以止姦，何必於重哉？此不察於治者也。（同上）

正負制裁之功能，由此足見一斑矣。

7. 理想社會　韓非之理想社會是政治安定，秩序井然，經濟富裕，福利周詳之理想境界。他說：

> 正明法，　陳嚴刑，　將以救羣生之亂，　去天下之禍，　使強不陵弱，眾不暴寡，耆老得遂，幼孤得長，邊境不侵，君臣相親，父子

相保，而無死亡係虜之患。（韓非子姦劫弒臣）

這是生存環境之條件，但尚需生存之方法；而「入多」是生活方法之手段，他說：

> 入多者穰也，雖倍入將奈何？舉事愼陰陽之和，種樹節四時之適，無早晚之失，寒溫之災，則入多不以小功妨大務，不以私欲害人事。丈夫盡於耕農，婦人力於織紝，則入多務於畜養之理，察於土地之宜。六畜遂，五穀殖，則入多。明於權計，審於地形，舟車機械之利，用力少，致功大，則入多。利商市關梁之行，能以所有致所無，客商歸之，外貨留之；儉於用財，節於衣食，宮室機械，周於資用，不事玩好，則入多。（韓非子難二）

故各盡所能，努力生產，創造發明，節省用度；則人人得享安定之生活。無戰亂之侵擾，無生命之威脅，人人相親，彼此和樂，乃人類生活之理想境地也。

（三）韓非社會思想評述　「韓非子」一書中之思想，不僅集法家思想之大成，亦是中國古代所含社會思想最豐富的著作。一般言之，韓非思想近於科學，雖然他以不完整之人性論為基礎，但在邏輯推論上，似無疑義。至於其社會思想，優劣互見，茲分述如下。

1.優點：韓非之思想，是以社會事實為根據，並依照人性之表現而發展出來的。所以其思想之科學性極高。雖然他以不完整之人性論為基礎，但其由社會本身蒐集事實而發展出來之社會理論，遠較其他思想家具體而有依據。例如，他說：「聖人之所以為治道者三：一曰利，二曰威，三曰名。」（韓非子詭使）名、利、權（廣義言之，威是權的作用，故可代表權）三者是社會的最高價值，此社會學者所肯定者。尤其是其科學方法（參驗）更為其立論有所憑藉。

此外，韓非思想重實用，不尚空談，事事以社會事實之觀察為對

象: 處處以事實間的關係爲重心，這種實用而又不離主題的思想，在中國古代實屬少見。他的立論旣多以事實爲憑據，所以其目的與其他社會思想家一樣，均在透過社會化的力量，把文化的價值傳授或灌輸給個人。他強調法與刑之社會控制，卽基於此; 而重視術之運用，亦基於此。所以他與十五世紀義大利思想家馬基維里 (Niccolo Machiavelli) 的思想頗爲類似。

復次，韓非旣強調法與刑在社會生活上之重要性，所以其思想之重心均由此而引伸。雖然批評法家思想者多在這方面着手，但是無人否認，法與刑是維持社會秩序及社會生活的最佳工具。在人類社會中，由於人格之差異，欲以仁義禮智去感化人，敎化人，事實上效果不大。而以法與刑去嚇阻與懲處，其效果卻至顯見。人類社會中有「祇能做，不能說」的一面，換言之，每個社會均靠法與刑維繫之，但卻不願把法與刑當作至高價值; 每個人都在追求名利權，但卻不願公然聲明三者之重要。因爲這些行爲與最高之抽象價值——道德——相牴觸。而道德是一種動聽而高尙的名詞，雖不能達成，而心卻嚮往之。就是這種「言行不一」和「口是心非」的思想與行動，使社會產生了價值混淆。所以韓非在「顯學」及「八說」兩篇所言之現象，不過在確定是非的價值觀念而已。價值觀念確定，則以法與刑維護之，使社會朝向「一致」(Consistency)。因此，韓非在法與刑方面的思想，至少毫無掩飾的道出了其重要與功能，並以此作手段而規範社會生活。雖然不免有所偏，但總比「千呼萬喚始出來，猶抱琵琶半掩面」的假道學思想要落實得多。況且社會變遷不已，欲以一種思想律之於社會，或欲社會之各種複雜現象以一種思想說明之，恐有顧此失彼之感。所以客觀而論，韓非思想至少對社會中之某些現象之解釋與應用有其價值。吾人切無以法家思想「嚴而少恩」，否定其價值。熟知「寬而多恩」不可能符合一切社會生活或現

象也。

2.缺點: 韓非思想, 乃至一切法家思想, 其優點, 亦其缺點。前已言之, 社會現象, 犬齒交錯, 千變萬化, 社會本身因爲現象繁雜、問題糾纏, 往往需要不同之辦法方可解決; 又因爲社會變遷不已, 故需要有配合變遷之思想。換言之, 欲使一種思想放諸四海而皆準, 恐不可能。韓非思想只見法與刑之功能, 而忽視禮與教的作用, 自非持平之論。王充說: 「治國之道, 所養有二: 一曰養德, 一曰養力⋯⋯韓子之術不養德。」(論衡非韓) 正是此意。

四、法家社會思想總評

本章之始, 即已言及, 法家思想亦係因應時代需要的一種主張與觀念, 故有其優點, 亦有其缺點。茲就其犖犖大者, 臚述如下。

(一)法家思想之優點

1.有助於效率與效果之提高　效率與效果是人類追求事務發展過程中的最高理想, 亦其最大價值。尤其在現代的組織社會(Organizational Society)中, 一切事務均以效率與效果爲終極目標。法家思想主張信實, 依法行事, 故凡事務之理想狀態, 均能以最低之「成本」(效率), 達到最高之境界 (效果), 亦即以接近目標爲終極理想。 法家講求以法 (規範) 處事, 限制行爲, 換言之, 爲了達到目的, 一切行爲均須以規範爲主導, 故重視社會組織。又因以規範限制行爲, 故偏差行爲發生之可能性較少。尤其強調集權中央, 專制獨裁, 使命令施行, 政策貫徹, 少有阻碍; 質言之, 只要決策正確, 執行當無困難。這是獨裁專制之特質, 亦其優點。蘇聯自第二次世界大戰之後, 於短時間內即能完全現代化, 其原因即得力於獨裁與專制。所以法家主張崇法務實, 對於效率與效果之提高, 應無異議。

(二)重視社會秩序　法家主張用規範限制個人行為，並以公平、公正、公開之方式與態度執行規範。同時建立權威，嚴密組織，確立個人的地位與角色，務期社會成員按規定而行事，從規範而表現。又為防止違規行為之發生，復加以社會控制，其方法為刑與賞。前者為負制裁 (Negative Sanction)；後者為正制裁 (Positive Sanction)。務期人人守法，個個守分，以整體的、全面的社會控制維持社會秩序。其方法或有可議之處，但強調社會秩序之維持、且確能維持社會秩序，則為不爭之事實。一般人對法家的批評，多重其刻薄寡恩之負功能，卻疏乎其健全並維護社會秩序之正功能。又因其強調刑與賞，故法雖簡而功效奇，事雖繁而條理清，此皆法之功能也。目前世界各國無不為法律與秩序擔憂。蓋眼見法律日繁而秩序日壞；人道愈盛而人心愈乖。此何以有心之士憂心忡忡也。

(三)有助於國家富強　因為法家主張崇法務實，講求效果，其用於國家建設，則效果奇大。蓋國家之富強與統一，貴在社會秩序之建立與事權之統一，所以在建設工作之推動上，必有其效果與效率，方可有濟。事實上，在法家思想中，國家是一個大組織，以組織之價值用之於國家，國家可以富強；用之於社會，社會可以安定。

上述諸項，固為法家思想之優點，然此優點，亦其缺點。茲分析如下。

(一)抹煞個性　法家思想放眼於整個社會，強調秩序之維持與工作效率與效果之提升，故個人不受重視。換言之，在法家的社會設計中，個人的需要與滿足並不重要，重要者，在國家與社會之整體利益。因而強調嚴刑峻法。正因如此，個人的權利與自尊備受壓抑。換言之，法家思想缺乏人道觀念與精神，故整體觀之，失之偏頗。

(二)否定道德與宗教之控制力量　在法家的觀念中，法及其護法之

工具——刑與賞——是萬能的，因其基本假設是人性惡，人可以為自我利益而罔顧一切，故欲道德或宗教力量作為控制個人行為之工具，無異緣木求魚，鮮有可能，此種觀念顯然有失偏頗。蓋道德與宗教力量在透過社會化後，常能滲入人心，改變個人人格，以配合社會規範及價值之要求。王充謂「韓子養力不養德」，殆指此而言。實則人之思想觀念屬於多面，而控制之方法亦應多面，以一御全，以點統面，不可能發揮整體效果。

(三)徒法不足恃 法家強調刑與賞為社會控制之工具，其基礎係建立在人之「恐懼」心理上。可是純以恐懼作為控制之基礎，仍不足以發揮功效。蓋人格形成，係由生理、心理、文化、社會等多種因素為基礎，恐懼不過心理因素之一，徒以恐懼不足以控制人心。老子說：「民不畏死，奈何以死懼之？」(老子七十四章) 故以「恐懼」之心理為控制基礎，以法為行為標準，只有短期效果，而無長期功能。

總之，法家思想只是因應時代需要而產生之極端主張，利弊參半；且其利即其弊，弊亦其利。故從社會思想史之觀點而言，此種思想形式應屬極端類型，能濟一時之需，不能為長久之計，或以之作社會導向之工具，蓋其思想失之偏頗。從社會學之觀點而言，韓非及其他法家思想，皆欲將人類關係形式化 (Formalization)，完全不涉及情緒面，顯然於事實不相符合。人之行為是文化、人格、互動、及情境的函數。韓非只希望透過社會化將文化價值（法與刑）傳遞給個人，以期壓制人格之發展，俾符合社會的需要，顯然無此可能。蓋社會也者，不過是由社會之人的行為交織而成的現象而已。文化能影響人格，但非決定人格。反之人格亦能創造或改變文化，其間之關係❹，社會學者已經言之葉

---

❹ 張承漢譯「社會體系」，第三章，黎明文化事業公司，臺北市民國七十一年十一月。

詳，此處從略。總之，韓非社會思想之優點，卽其缺點，蓋其疏忽整體使然。

第六節　其他的社會思想——楊朱

一、略傳　楊朱是戰國衞人，字子居。約生於西元前四四〇年與三六〇年之間[49]。有關楊朱的思想，並無專書流傳，現存楊朱思想俱見於「列子」楊朱篇。另外孟子一書亦曾提及，可知確有其人。漢書藝文志著錄「列子」八篇。但因「列子」原書早已失傳，現存「列子」是魏晉時人，把秦漢時期的有關著作拼湊而成，所以可靠性甚低。至於「楊朱篇」，胡適認爲「似乎還可信，其中雖有一些不可靠的話……這一篇的大體似乎可靠。」[50]並指出三個理由支持其論點。但也有人認爲，楊朱的基本思想是「輕物重生」，並用「淮南子」氾論訓說：「全性保眞，不以物累形，楊子之所立也，而孟子非之」，來駁斥「楊朱篇」中的縱欲主義。所以說「楊朱篇」很難肯定爲先秦楊朱的思想。[51]

二、社會思想　楊朱的思想自來被視爲「爲我」或「自私」的代表。既爲我，自然就不能言其有「社會」之義，所以未有人從「社會」角度言其思想。事實上，我們細讀列子楊朱一篇，其中包含之社會思想，不亞於其哲學觀念。其要者可分爲二。

1. 論社會階層化的要素——名　在社會學中，言階層化之要素有三：曰名、利、權。三者關連，但非絕對相關。換句話說，三者可以單獨存在。無論其存在方式如何，三者均是一種至高無上的社會價值；此

---

[49] 胡適著「中國古代哲學史」，第二冊，第七篇，商務。
[50] 同上。
[51] 木鐸出版社編「中國歷代哲學文選」兩漢隋唐篇，頁 441，民國六十九年，臺北市。

何以「人生不過名、利、權而已」之由來。名利權既是社會價值，自然是人所追求的對象，因其爲人帶來實質的和抽象的利益。列子中說：

> 楊朱游於魯，舍於孟氏。孟氏問曰：「名乃苦其身，燋其心，人而已矣，奚以名爲？」曰：「以名者爲富。」
>
> 「既富矣，奚不已焉？」曰：「爲貴。」
>
> 「既貴矣，奚不已焉？」曰：「爲死。」
>
> 「既死矣，奚爲焉？」曰：「爲子孫。」
>
> 「名奚益於子孫？」曰：「乘其名者澤及宗族，利兼鄉黨：況子孫乎！」
>
> 「凡爲名者必廉，廉斯貧；爲名者必讓，讓斯賤。」曰：「管仲之相齊也，君淫亦淫，君奢亦奢，志合言從，道行國霸，死之後，管氏而已。田氏之相齊也，君盈則己降，君斂則己施，民皆歸之，因有齊國；子孫享之，至今不絕。」

這幾段話，不僅說明求名的動機，也說明了名的功能。因爲名能使人富、貴、死後榮耀、子孫享受、澤及宗族與鄉黨。所以求名，事實上，即在追求個人之利益，由此而言，又含有功利之觀念。

楊朱雖然對於社會很悲觀，對於生死也很淡然，不計「名譽先後，年命多少」，但他不否認名是社會階層化的決定因素，只是爲了不受名利之累而「全性保眞」罷了。

2.社會調適──爲我　楊朱的「爲我」觀念是楊朱思想的代表。事實上，「爲我」觀念即社會調適的一種手段，而不是純粹自私的一種表現。例如列子楊朱篇載：

> 楊朱曰：「伯成子高不以一毫利物，舍國而隱耕。大禹不以一身自利，一體偏枯，古之人損一毫利天下，不與也；悉天下奉一身，不取也。人人不損一毫，人人不利天下，天下治矣。」

自來解釋楊朱思想的人，多半未重視楊朱這段話的目的——天下治矣。換句話說，天下之欲治，則須「人人不損一毫，人人不利天下」，也就人人只須「爲我」，無須愛他——一種「反墨學說」。

「爲我」與「愛他」並不是社會追求的目的，而是人際關係的調適，乃至維持社會秩序——「天下治矣」的手段。一般人對兼愛的功能，瞭如指掌；對「爲我」的解釋常限於狹義的謬見，以爲是「自私」的表現。從社會學的觀點而言，「爲我」的目的絕不是自私，它是人際關係調適的方式。因爲每一個人在「爲我」的過程中，必將選擇其有利於自我的一切方法。換言之，凡對自我不利的作爲絕對避免。如果一個人純爲自己的利益而行動，其行動必然招致社會之反擊，此時個人便無利可圖，無益可得，自然就不爲了。在社會中，如果每個人都以最好的方法選擇他的行爲，社會自然就有秩序，自然就可得而治了。所以「人人不損一毫，人人不利天下」，就是人人以最有利的方式選擇自己的行爲，不使自我損一毫，同時也不做有利他人的表現，社會焉能沒有秩序？亞當斯密 (Adam Smith, 1723—1790) 在「原富論」一書中所謂之私利與公益調和，其論點可謂與楊朱同。

前面已經言及，楊朱有鑑社會價值——名對人行爲之影響，所以主張「從心而動，不違自然所好，當身之娛非所去也，故不爲名所勸；從性而游，不逆萬物所好，死後之名非所取也，故不爲刑所及。」這卽是拋棄社會價值，追求實在的、本質的我，並以此我（不含文化之我）與他人相處。例如楊朱篇說：

> 楊朱曰：「伯夷非亡欲，矜清之郵，以放餓死。展季非亡情，矜貞之郵，以放寡宗，清貞之誤善之若此。」

「清貞」卽當時的社會價值，伯夷、柳下惠爲達到社會的價值而抑制天性，實非「善」舉。

故楊朱的「爲我」思想，一方面在保全個人的生命，而另一方面在不作「無爲」之爭，以求得內心的平靜。楊朱說：

> 人肖天地之類，懷五常之性，有生之最靈者也。人者，爪牙不足以供守衞，肌膚不足以自捍禦，趨走不足以逃利害；無毛羽以禦寒暑，必將資物以爲養性，任智而恃力。故智之所貴，存我爲貴；力之所賤，侵物爲賤。（列子楊朱）

這一段話又充滿物競天擇，適者生存的觀念。所以爭生存是人的行爲目標。但是人在自然界爭生存並非困難，而所難者是人類建立社會以後的調適問題。如前所述，因爲人有急待追求的社會價值，所以其行爲難免不被此等價值所支配。他說：

> 生民之不得休息，爲四事故：一爲壽，二爲名，三爲位，四爲貨。有此四者，畏鬼、畏人、畏威、畏刑，此謂之遁人也。可殺可活，制命在外。不逆命，何羨壽？不矜貴，何羨名？不要勢，何羨位？不貪富，何羨貨？此之謂順民也。（同上）

這卽是說，只要放棄價值的追求，就可不受外物支配；事事由自己作主，以對自己最有利之方式與社會相調適，就不受「有名則尊榮，亡名則卑辱」的影響了。

第 三 篇
兩漢時期的社會思想

第一章　西漢的社會背景

戰國末期，秦藉行法家思想而強大，終至吞併六國，統一天下。然而始皇帝好大喜功，操之過急，以致暴虐無道，民不聊生。各地起兵反抗，天下遂又大亂。迨至秦亡，楚漢相爭，劉邦擊敗項羽，建國號漢，但其時已是民生凋敝，滿目瘡痍了。因此，漢初的當務之急，是在恢復社會秩序，故在政治上力求安定，以使民休養生息，恢復元氣；在經濟上，發展農業、抑制商業，以解決人民生存問題。❶

在政治上求安定，要在不擾民，不有所爲，「黃老之術」的無爲思想，正符合其時的需要。所以自漢高祖劉邦建國，至武帝罷黜百家，獨尊儒術，可說是漢朝休養生息的「無爲」時期，故造就了「文景之治」。但是因爲政治並無動盪，故在學術思想上，並無特殊的表現與成就。

在經濟上，由於自秦末以來的連年戰爭，民生疾苦，無以復加。尤其農地荒廢，不能耕種；糧食缺乏，民不聊生。所以在漢建國之初，其主要經濟政策是安輯流亡、減輕賦稅、獎勵繁息人口，提倡農業生產。同時爲了保護農業，故而抑制商業❷，然而，此種經濟措施，反而使商

---

❶　韓復智著「漢史論集」，第 1 至20頁，文史哲出版社，民國六十九年，臺北市。

❷　同上，頁 1。

人變本加厲，把一切商業稅收轉嫁到消費者身上，以致使農民更加貧窮，更受剝削，終於導致外有匈奴的侵擾，內有諸王的跋扈，伏下日後七國之亂的危機。❸ 七國之亂平定之後，出現了一段短暫的安定時期。及至武帝即位，因伐匈奴，屢次出兵，以致將文景以來的儲蓄很快付之一炬，並以改革幣制，實施專賣等等國營方式增加政府財富。可是一旦戰爭掀起，既有之社會基礎必然動搖，此後經昭帝、宣帝，以至王莽篡漢，其與當時的政治措施無一無關。

　　總之，自劉邦建國以至王莽篡漢，二百一十四年間的西漢階段，表現兩個特性。一在收拾戰後的殘局，力求穩定民生；一在拓疆開土，威霸天下。所以西漢時期的學術思想，與政局的發展多少有些關係。如前期的「黃老之術」，後期的「明經致用」，無一不是此一階段的時代背景所造成的。

---

❸　同上，頁2。

第二章　西漢的社會思想

　　前面已經指出，漢開國之後，由於戰爭的破壞，致使制度動搖，民生凋敝。故其當務之急，在恢復社會秩序，建立穩定的經濟體系。漢初「黃老之術」的無爲政策，卽由此而來。迨至文景之治以後，經濟繁榮，國庫漸豐，故武帝卽位時，乃思拓疆開土，樹立大漢聲威。一般言之，黃老無爲的思想可用於戰後，不能用於戰前與戰爭期間，蓋其缺乏進取性、實用性、機動性與功利性，而這些特性只有儒法兩家具備。所以武帝卽位之後，卽納董仲舒之議，罷黜百家，獨尊儒術。使儒家從壓抑的局面中復甦起來，進而奠定日後左右中國思想約二千年的基礎。

　　可是，武帝以後的儒家思想，有些已不再是純粹的孔孟遺光。換言之，其中雜揉了其他各家的思想，但其基本趨向仍屬儒家無疑。此種情況之發生，固因當時社會安定，學術較爲自由；而另一方面，實用觀念與社會現象的日趨複雜，也不是只用某派思想所能解釋及處理的。所以，漢以後之儒家思想，才發生某種程度之改變，惟其基本趨向依然如故。茲就此一時期重要之社會思想臚述如后。

第一節　陸　　賈

一、略傳　漢書云:「陸賈，楚人也。以客從高祖定天下，名有口辯，居左右，常使諸侯。」（漢書卷四十三）生卒未詳。曾使南越，越王尉佗歸順。孝惠帝時，呂太后用事，「畏大臣及有口者，賈自度不能爭之，乃病免。」後爲右丞相陳平策劃謀平呂亂，賈頗有力。孝文卽位，往使尉佗，使其稱臣，後以壽終。

初銜高祖之命，著秦所以失天下，漢所以得天下，及古成敗之國的原因，乃著十二篇奏高帝，「高帝未嘗不稱善，左右呼萬歲，稱其書曰「新語」。所以「新語」一書乃陸賈治國平天下之思想所在。該書大抵以儒家思想爲依歸，故宗孔子。其社會思想如下。

二、社會思想

1.社會文化變遷　陸賈的社會思想，基本上仍以儒家爲依歸。他在論及社會文化變遷時，其論點與孔孟思想頗多相符。他說:

> 傳曰: 天生萬物，以地養之，聖人成之。……於是先聖乃仰觀天文，俯察地理，圖畫乾坤以定人道。民始開悟。知有父子之親，君臣之義，夫婦之道，長幼之序，於是百官立，王道乃生。民人食肉飲血衣皮毛。至於神農，以爲行蟲走獸，難以養民，乃求可食之物。……教民食五穀。天下人民，野居穴處，未有宮室……於是黃帝乃伐木構材，築作宮室。上棟下宇，以避風雨。民知室居食穀而未知功力，於是后稷乃列封疆，畫畔界，以分土地之所宜。關土殖穀以用養民，種桑麻致絲枲以蔽形體。當斯之時，四瀆未通，洪水爲害，禹乃決江疏河……然後人民得去高險。……未有舟車之用，以濟深致遠，於是奚仲乃橈曲爲輪，因直爲轅。駕馬服牛，浮舟杖楫，以代人力。鑠金鏤木，分苞燒殖，以備器械，於是民知輕重。

好利惡難，避勞就逸，於是皐陶乃立獄制罪；懸賞設罰，異是非，明好惡，檢奸邪，消佚亂，民知畏法而無禮義。於是中聖乃設辟雍庠序之教，以正上下之儀，明父子之禮，君臣之義，使強不凌弱，衆不暴寡，棄貪鄙之心，與清潔之行，禮義獨行。綱紀不立，後世衰廢，於是後聖乃定五經，明六藝，承天統地，窮事（缺一字）微。原情立本以緒人倫，宗諸天地。（缺一字）脩篇章，垂諸來世，被諸鳥獸，以匡衰亂。……乃調之以管絃絲竹之音，設鐘鼓歌舞之樂，以節奢侈，正風俗，通文雅。後世淫邪，增之以鄭衛之音……。故曰聖人成之，所以能統物通變，治情性，顯仁義也。(新語道基第一)

由上觀之，陸賈之社會文化變遷論，事實上是集孔子(見易序卦傳)與孟子(見孟子滕文公)之社會文化變遷論之大成。他認為，社會文化變遷的過程是漸進的、緩慢的，由草昧入文明。蓋古代儒家咸認為，宇宙形成之後，僅提供人類生存的材料，而生存及生活之方式和方法，則是由聖人仰觀天文，俯察地理以後所發明的。而所謂之聖人，顯係指有智慧、有道德之人。由此而言，文化之創作與運用，只有少數人方可為之。泛泛大眾，只是社會文化之受惠者而已。

社會文化雖然是演化的，但其演化之原因為何？陸賈說：

故制事者因其則，服藥者因其良，書不必起於仲尼之門，藥不必出扁鵲之方，合之者善可以為法，因世而權行……事以類相從。(新語術事第二)

由此可見，社會文化之變遷，顯然是因應事實需要而產生的，也就是為順應社會需要而發展的。因此，順應社會需要而作之改革，就是社會文化變遷的主因。這與派克 (Robert Park, 1864—1944) 所謂之順應 (Accommodation) 過程多有類似之處。❹ 總之，因應社會需要，

❹　詳見 Lewis A Coser, *Masters of Sociological Thought*, N.Y.: Harcourt Brace Jovanvich, 1977, p. 359.

創立新制度; 不泥於古、不輕於今，是社會文化變遷與發展的動力，亦其原因。

2.社會組織　前已言之，陸賈的思想以孔孟爲中心，故在言及社會組織時，仍以德仁義信，作爲規範價值之基礎。他說：

> 百姓以德附，骨肉以仁親，夫婦以義合，朋友以義信，君臣以義序，百官以義承。……守國者以仁堅固，佐君者以義不傾，君以仁治，臣以義平。（同上）

由此可知，社會組織的基礎係建立在德、仁、義、信之上。換言之，社會組織中之相對關係，應有適當的行爲——角色——表現之。蓋中國古人所謂之「義」，即含有「角色適當」之義。在人際關係中，唯有適當之角色行爲，方能建立起良好之關係。無論是夫婦、朋友、君臣皆然。

此外，陸賈的社會組織觀，含有濃厚之分工及科層觀念。他說：

> 故事不生於法度，道不本於天地，可言而不可行也。可聽而不可傳也。可（缺一字）翫而不可大用也。故物之所可，非道之所宜，道之所宜，非物之所可。是以制事者不可（缺一字），設道者不可通。目以精明，耳以主聽，口以別味，鼻以聞芳，手以之持，足以之行，各受一性，不得兩兼，兼則心惑，二路者行窮。（新語懷慮第九）

上述之言，充分說明了專門化的重要性，也因之說明了分工之重要。他又說：

> 夫言道因權而立，德因勢而行，不在其位者，則無以齊其政，不操其柄者，則回也不改其樂。（新語慎微第六）

這又說明了權與位的關係，含有科層之特質。換言之，「不在其位，不謀其政」(論語)，正是陸賈位權觀念之中心。

3.社會控制　在儒家思想中，社會控制之主要方式是規範內化，所

以教化是其工具。所謂「曾閔之孝，夷齊之廉，豈畏死而爲之哉，教化之所致也。」(新語無爲第四) 可見，陸賈所謂之社會控制，端靠教化。但對於法，並未完全棄置。所謂「夫法令者所以誅惡」(同上)。對於怙惡不悛之徒，法依然有其功能。換言之，法只有消極功能，而無積極作用，因爲法「非所以勸善」，而且「天下逾亂，法逾滋，而姦逾熾。」(同上) 由此可知，陸賈以仁義內化爲控制社會之積極工具，而以刑法爲誅惡的消極手段，兩者同用，兼顧並施，則社會秩序庶幾可以維持。

4. 政治主張　如前所言，陸賈以儒家的仁義思想爲社會關係之最高指導原則，因此，其政治主張亦以仁義爲依歸。他說：

> 是以聖人居高處上，則以仁義爲巢，乘危履傾，則以賢聖爲杖，……堯以仁義爲巢，舜以禹稷契爲杖。故高而益安，動而益固……秦以刑罰爲巢，故有覆巢破卵之患，以趙高李斯爲杖，故有傾仆跌傷之禍。(新語輔政第三)

因此，行仁政是陸賈的政治理想。而仁政即所謂「無爲」，他說：「夫道莫大於無爲，行莫大於謹敬。」(新語無爲第四) 所以，統治者應以仁義爲本，無爲而行，則天下無不治。所謂「未有上仁而下殘，上義而下爭者也。」(同上) 由此可見，政事良窳「先之於身」；而統理是非，是「建國彊威」的主要原因，他說：

> 夫欲建國彊威，辟地服遠者，必得之於民。欲立功興譽，垂名流光，顯榮華者，必取之於身，故據萬乘之國，持百姓之命，苞山澤之饒，主士衆之力，而功不在於身，名不顯於世者，乃統理之非也。天地之性，萬物之類，懷道者衆歸之，恃刑者，民畏之。歸之則附其側，畏之則去其域。……是以君子之爲治也，塊然若無事，寂然若無聲，官府若無吏，亭落若無民，閭里不訟於巷，老幼不愁於庭。(新語至德第八)

總之，陸賈的政治主張，以儒家之仁義爲本，道家之垂手無爲爲方，順乎自然仁愛之理，則天下必可治也。陸賈之此種思想，顯受漢初黃老思想的影響❺，但黃老思想畢竟不合實際。所以，陸賈才以務實之儒家思想爲本，而以道法各家思想爲輔，其目的均在求社會之安和樂利也。

5. 理想社會觀　陸賈的理想社會境界，亦如孔孟荀所主張者。他說：

> （缺三字）德爲上，行以仁義爲本，故尊於位而無德者黜；富於財而無義者刑。賤而好德者尊，貧而有義者榮。（新語本行第十）

又說：

> 閭里不訟於巷，老幼不愁於庭。近者無所議，遠者無所聽。郵驛無夜行之吏，鄉閭無夜名之征。犬不夜吠，烏不夜鳴。老者息於堂，丁壯者耕耘於田。在朝者忠於君，在家者孝於親。於是賞善罰惡而潤色之，與辟雍庠序而教誨之。然後賢愚異議，廉鄙異科，長幼異節，上下有差，強弱相扶，小大相懷，尊卑相承，鴈行相隨，不言而信，不怒而威。（新語至德第八）

前一段話類似荀子的理想，後一段話類似孟子的理想。合之則頗似孔子的「大同」境界。

總之，陸賈的社會思想，可說是儒道兩家之綜合。他以儒家思想爲本，道家思想爲用。其所以如此，卽上章所言，道家思想宜用於大亂之後的休養局面，而儒家思想崇務實際，適用於正常之社會運行，故陸賈之有此觀念，實與其時代背景有關也。

第二節　賈　　誼

一、略傳　前漢書謂「賈誼雒陽人也，年十八以能誦詩書屬文稱於

---

❺ 薩孟武著「中國政治思想史」，頁 174，三民書局，民國六十一年。

郡中。」可見賈誼少具才華，頗符威名。漢文帝初立，河南守吳公薦賈誼，以「誼年少頗通諸家之書，文帝召以爲博士」。年內卽升至太中大夫。獻議改制，悉行秦法。但以秦亡因不遠，殷鑑歷歷，所以迭遭周勃、灌嬰等人排擠，卒走任長沙王及梁懷王太傅。「誼旣以適去，意不自得，及度湘水，爲賦以吊屈原……誼追傷之。」可見賈誼命運與屈原同其坎坷。後抑鬱不得志而死，時年三十有三。著「新書」十卷，漢書藝文志列入儒家，實亦含有法家之思想也。

二、社會思想　賈誼的社會思想與其時代密切有關。賈誼曾仕漢文帝，「此時外有匈奴的陵侮，內有王國之橫逆，故雖言仁義，而又佐之以法家之術。」❻因此其社會思想之基本趨向仍儒法並顧，刑仁並用。雖然並無特殊見解，但卻可看出漢初思想之變異。

1.**政治主張**　賈誼的政治主張，係建立在社會體系之概念上。所以，就其內涵而言，不過是儒家民本思想的一貫主張；就其形式而言，則是體系分析的正確運用。他把君、吏、民視爲國之成分；三者交互關連，相互影響。他說：

　　君能爲善，則吏必能爲善矣。吏能爲善，則民必能爲善矣。故民之不善也，吏之罪也；吏之不善也，君之過也。嗚呼、戒之！戒之！故夫士民者，率之以道，然後士民道也；率之以義，然後士民義也；率之以忠，然後士民忠也；率之以信，然後士民信也。故爲人君者，其出令也其如聲，士民學之如其響，曲拆而從君，其如景矣。嗚呼，戒之哉！戒之哉！君鄉善於此，則共默協民皆鄉善於彼矣，猶景之象形也。君爲惡於此，則嘆嘆然協民皆爲惡於彼矣，猶響之應聲也。故是以聖王而君子乎，執事而臨民者，日戒愼一日，則士民亦日戒一日矣。（新書卷第九大政上）

---

❻　薩孟武著「中國政治思想史」，176頁。

他又說:

> 故民之治亂在於吏，國之安危在於政，是以明君在於政也，慎
> 之；於吏也，選之，然後國興也。故君能爲善，則吏必能爲善矣；
> 吏能爲善，則民必能爲善矣。故民之不善也，失之者吏也。故民之
> 善者，吏之功也。故吏之不善也，失之者君也，吏之善者，君之功
> 也。是故君明而吏賢，而民治矣。故苟上好之，其下必化之，此道
> 之政也。（同上大政下）

以上係由君至民的關係。而民於君及吏關係或影響又如何？他說:

> 聞之政也，民無不爲本也，國以爲本，君以爲本，吏以爲本，
> 故國以民爲安危。君以民爲威侮，吏以民爲貴賤，此之謂民無不爲
> 本也。聞之於政也，民無不爲命也，國以爲命，君以爲命，吏以爲
> 命，故國以民爲存亡，君以民爲盲明，吏以民爲賢不肖，此之謂民
> 無不爲命也。聞之於政也，民無不爲功，故國以爲功，君以爲功，
> 吏以爲功，國以民爲興壞，君以民爲強弱，吏以民爲能不能，此之
> 謂民無不爲功也。聞之於政也，民無不爲力也，故國以爲力，君以
> 爲力，吏以爲力。故夫戰之勝也，民欲勝也，攻之得也，民欲得
> 也，守之存也，民欲存也。（同上大政上）

由此可見，民之於君與吏之影響。所以賈誼的政治主張，事實上是
以君、吏、民三部分所作之體系（或系統）分析。茲以圖解釋如下。

賈誼對於上述君、吏、民三者關係的陳述至爲周詳，他的基本觀念

是建立在體系分析之上，以三者彼此關連、相互影響爲主要觀點。雖先
秦儒家也有類似看法，但未若賈誼之周詳也。

　　2.經濟主張　賈誼的經濟主張，主要在「富樂民」，而「富樂民」
的基礎在重農。這也是中國自古以農立國的原因。他說：

　　　　筦子曰：「倉廩實而知禮節，」民不足而可知者，自古及今，
　　未之嘗聞。（漢書食貨志）

因此，他強調農業的重要性。他說：

　　　　不耕而多食農人之食，是天下之所以困貧而不足也。故以末予
　　民，民大貧；以本予民，民大富。（新書卷第三瑰瑋）

因此他又強調儲蓄的重要性。他說：

　　　　王者之法，民三年耕，而餘一年之食；九年而餘三年之食；三
　　十年而民有十年之蓄。故禹水八年，湯旱七年，甚也，野無青草，
　　而民無饑色，道無乞人。歲復之後，猶禁陳耕，古之爲天下誠有具
　　也。王者之法，國無九年之蓄，謂之不足，無六年之蓄，謂之急，
　　無三年之蓄，曰國非其國也。（新書卷第三憂民）

賈誼之所以強調儲蓄，主要在防患於未然，以便於凶年之時，免於「天
下貧困，奸詐盜賊並起。」（新書卷第三瑰瑋）因此，他一方面提倡農業
生產，而另一方面，則主張生產儲蓄，實則是從社會整體著眼。他說：

　　　　冒主務侈，則天下寒，而衣服不足矣。故以文繡衣民，而民愈
　　寒，以布帛裋民，民必煖，而有餘布帛之饒矣。夫奇巧末技，商販
　　游食之民，民佚樂而心縣愆，志苟得而行淫侈，則用不足而蓄積少
　　矣。卽遇凶年，必先困窮迫身，則苦饑甚焉。今毆民而歸之農，皆
　　著於本，則天下各食於力，末技游食之民轉而緣南畝，則民安性勸
　　業，而無懸愆之心，無苟得之志，行恭儉蓄積而人樂其所矣。（同上）

他強調生產與蓄積，其主要功能在「淫侈不得生，知巧詐謀無爲起，奸邪

盜賊自爲止，則民離衆遠矣」(同上)。換言之，賈誼的經濟主張，其顯功能固可使民免於饑而煖於衣；其潛功能亦在避免因饑寒而生奸邪盜賊也。

3. 社會控制　賈誼認爲社會控制之方式有兩種：一爲禮，一爲法。禮是一種社會制度，包括禮之哲學基礎，執行程序，以及其對社會之功能。賈誼把禮視爲社會必須遵守的行爲活動，其對社會穩定殊爲重要。所以，他所強調的是禮的功能。他說：

> 道德仁義，非禮不成；敎訓正俗，非禮不備；分爭辨訟，非禮不決；君臣上下，父子兄弟，非禮不定；宦學事師，非禮不親；班朝治軍，涖官行法，非禮威嚴不行；禱祠祭祀，供給鬼神，非禮不誠，不莊。是以君子恭敬，撙節退讓以明禮。禮者，所以固國家，定社稷，使君無失其民者也。(新書卷第六禮)

禮既是一種社會制度，而制度的構成元素爲地位，規範與角色。❼ 所以禮的最終目的，是地位與角色能在社會成員之中發揮功能，有效彰顯。他說：

> 君仁臣忠，父慈子孝，兄愛弟敬，夫和妻柔，姑慈婦聽，禮之至也。君仁則不厲，臣忠則不二，父慈則敎，子孝則協，兄愛則友，弟敬則順，夫和則義，妻柔則正，姑慈則從，婦聽則婉，禮之質也。(同上)

由此可見，禮有正負兩種意義。就正面而言，禮可以鼓勵人有合於價值之行爲表現；就負面而言，禮可以抑制違規行爲，所以又有社會控制的作用。事實上，禮有社會組織模式化之功能，也就是制度化的功能。因此其在社會關係之控制上，較諸其他制度更爲有效。

其次爲法。法之控制功能，通常發揮於行爲表現之後，禮則用於行爲表現之前，所以禮是從人格上發揮功能，而法則是從外在加以限制。

---

❼　Jonathan H. Turner, *Patterns of Social Organization*, p. 7.

他說：

> 夫禮者，禁於將然之前，而法者禁於已然之後。是故法之所用
> 易見，而禮之所爲生難知也。（前漢書賈誼傳）

由此可見，他仍以禮爲社會控制之根本方法。換言之，禮的控制是內在
的，所以須從規範內化著手，所謂「禮云禮云者，貴絕惡於未萌，而起
敎於微眇，使民日遷善遠罪而不自知也」。（同上）而法則否，它是外在
的控制，是對某些行爲表現之限制和規範，具有強制的能力，故法的執
行又須靠「刑罰」來維護。唯刑罰之執行須特別謹愼，他說：

> 戒之戒之，誅賞之愼焉。故與其殺不辜也，寧失於有罪也。…
> …戒之哉，戒之哉，誅賞之愼焉。故古之立刑也，以禁不肖，以起
> 怠惰之民也，是以一罪疑，則弗遂誅也，故不肖得改也。……疑罪
> 從去，仁也。（新書卷第九大政上）

由此可見，基本上，賈誼並不贊成法治，而主張禮治，也就是反對法家
思想而贊成儒家觀念，故以人治爲本。他說：

> 人主之所積，在其取舍。以禮義治之者積禮義；以刑罰治之者
> 積刑罰。刑罰積而民怨背，禮義積而民和親。故世主欲民之善同，
> 而所以使民善者或異。或道之以德敎，或敺之以法令。道之以德敎
> 者，德敎洽而民氣樂。敺之以法令者，法令極而民風哀。哀樂之
> 感，禍福之應也。（前漢書賈誼傳）

賈誼強調人治、禮治，乃儒家思想之一貫模式，並無新義可言也。

三、賈誼社會思想評價 賈誼的社會思想並無新義可言，主要是承
受先秦儒家之故。在政治上，他以體系觀念說明君、吏、民三者之關係。
可謂頗有見地。而在經濟上的主張，則乏善可陳。至於其社會控制觀念，
則頗合現代社會學的含義。他特別強調禮於內在控制上之重要，和法對
外在行爲之限制。這些都與社會學的觀點相吻合，也是頗值稱道之處。

第三節 董 仲 舒

一、略傳 史記儒林列傳云:「董仲舒,廣川人也(今河北廣川鎮),以治春秋,孝景時爲博士。」約生於西元前一七九年,卒於前一〇四年❸。爲西漢初期儒學大師。漢武帝建元元年下詔選賢,仲舒以「天人三策」對之,遂引起武帝的垂愛,任江都相。後因「說災異事」,觸怒武帝,而下獄。不久釋放,遂還鄉,終身不仕。晚年專事著作,有「春秋繁露」及「舉賢良對策」(天人三策)流傳於世。

漢書藝文志著錄董仲舒百二十三篇,現存董仲舒春秋繁露十七卷,八十二篇,係經後人重編,其他著作可見嚴可均輯「全漢文」。

二、社會思想 董仲舒雖然承傳儒家思想,但已非孔孟或荀子遺光。換言之,他雜揉一些陰陽家的思想,以致常以「天」爲人事之衡量和標準。甚至因爲講災說異,觸怒武帝而被下獄。雖幸免於難,但卻從此自絕仕途。因此,董仲舒的思想已非純粹儒家思想,而其社會思想亦因此而有其獨特之處。

1.人性與社會化 董仲舒論人性,與孟子與荀子皆不相同。董仲舒認爲,人有善之本質,但非人人皆能爲善。換言之,人有善之本質,但未必有善之行爲。他說:

> 故性比於禾,善比於米,米出於禾中而禾未可全爲米也。善出性中而性未可全爲善也。善與米,人之所繼天而成於外,非在天所爲之內也。

> 性有似目,目臥幽而瞑,待覺而後見,當其未覺,可謂有見質

---

❸ 董仲舒生卒年未定,所引年代,見木鐸出版社「中國歷代哲學文選」兩漢隋唐篇,頁1。

而不可謂見。（春秋繁露深察名號）

所以人性有善之本質，並不表示有善之行爲。既有善之本質，何人不能爲善？「或曰：『性有善端，心有善質，尙安非善？』」董仲舒說：「繭有絲，而繭非絲也；卵有雛，而卵非雛也。」（同上）他批評孟子所謂之善，只是「動之愛父母，善於禽獸」（同上）。董仲舒所謂之善，顯然是指善的行爲，而此行爲——善的標準是後天的——是根據聖人所釐定的標準確定之，不是根據孟子所謂之先天善之質來言善。換言之，善與不善是由文化所規定。因此，人之是否爲善，需要透過敎化，可見人之性善又與社會化有關。他說：「必知天性不乘於敎，終不能袿。無敎之時，性何遽若是？」（同上）由此可知，社會化在性善上之重要了。他又說：

今萬民之性，有其質而未能覺，譬如暝者待覺，敎之然後善。當其未覺，可謂有善質而不可謂善。（同上）

因此，人之善行，首須透過社會化啓發人的善質，然後以文化規定的標準作爲善的標準，故善是文化規定的。因此，董仲舒所謂之人性善，包括以下幾點含義：（一）人有爲善之本質，但不一定有爲善的行爲。（二）善與不善是社會文化所規定的，換言之，沒有「先天善」的可能。（三）人之爲善行爲，須透過社會化——敎化——方能表現出來。所以，董仲舒所謂之人性頗合於當今社會學的觀點。

2.社會組織　董仲舒的社會組織觀，乃以地位與角色爲基礎，然後建立起上下之間的適當關係。換言之，他先確定地位的名稱，然後據以確定角色的內涵，用以連結地位或職位之間的關係。他說：

古之聖人，謞而效天地謂之號，鳴而施命謂之名。名之爲言鳴與命也，號之爲言謞而效也。謞而效天地者爲號，鳴而命者爲命。（春秋繁露深察名號）

雖然這段話形上意味濃厚，但卻說明了名——社會地位及職位——的來源。至於「事各順於名，名各順於天，」自然是董仲舒「強字之曰『名』、曰『天』。」了。我們自不能把所有之名都歸之於天。這可能是其雜揉陰陽思想的證據。

他確立地位及職位之後，再進一步確立地位及職位之上的角色關係。他認為，每一角色之內涵，亦來自於天。他說：

> 聖人知之，故（為人父者）多其愛而少嚴，厚養生而謹送終，就天之制也。以子而迎成養，如火之樂木也；喪父，如水之尅金也；事君，若土之敬天也；可謂有行人矣。（春秋繁露五行之義）

他把天作為社會行為的標準，實則亦是把自然法則律之以人類社會之上，與社會思想中之自然哲學觀，同出一轍。

按董仲舒之意，地位與角色既由天定，則人人均須遵守，否則必然招致禍端。他說：

> 易曰：「負且乘，致寇至。」乘車者，君子之位也；負擔者，小人之事也，此言居君子之位而為庶人之行者，其患禍必至也。若居君子之位，當君子之行，則舍公儀休之相魯，亡可為者矣。（舉賢良對策三）

這也說明了每個人皆應按其地位或職位行事，否則「患禍必至」。其含義又與先秦儒家思想相同。

由於他強調地位與角色之關係及其重要，故重視地位與角色之互補。他說：

> 凡物必有合，合必有上，必有下……妻者夫之合，子者父之合，臣者君之合，物莫無合。……夫兼於妻，妻兼於夫；父兼於子，子兼於父；君兼於臣，臣兼於君。……是故臣兼功於君，子兼功於父，妻兼功於夫，陰兼功於陽，地兼功於天，舉而上者，抑而下也，有屏而左也，有引而右也；有親而任也，有疏而遠也，有欲日

益也。（春秋繁露基義）

董仲舒所謂之「合」，卽「互補」（Complementarity）之義。所謂「百物皆有合偶，偶之合之仇之匹之，善矣。」（春秋繁露楚莊王）故夫妻、父子、君臣之間的關係，皆互補也。不僅如此，他尚認爲，妻、子、臣等地位，「無所獨行，其始也不得專起，其終也不得分功，有所兼之義。」（同上）所以妻受制於夫，子受制於父，臣受制於君。其間之上下分配和從屬關係，劃分極爲明確。

　　至於在團體或組織層次上之社會組織，則以國家之結構最爲詳盡。董仲舒以「春秋」所言之社會（國家）爲理想。他不贊成周制，因爲周制「文多而實少」，而春秋則「文少而實多」（春秋繁露爵國）。所以他的社會組織，尤其政府之科層組織，不僅述之詳盡，而且規定嚴密，但仍以古制爲依據。❾

　　3.政治主張　董仲舒之政治主張，要在建立親密而和諧之君民關係。故強調「君主專制的愛民之治」。此種觀點原本是儒家的主張。所謂君主專制，指君主權威之建立，俾便「一統乎天下」。換言之，要統一國家和指導社會，建立權威乃是先決條件。蓋中國古代無民主思想，權力自然應集中統治者一人之手。但要發揮統治效能，則須集權中央並出自一人之身。此不僅可以代表統治形象，尤可有發揮統治的力量。他說：

　　　　春秋之法，以人隨君，以君隨天。曰緣臣民之心，不可一日無
　　君。……故屈民而伸君，屈君以伸天，春秋之大義也。（春秋繁露
　　玉杯）

　　古人所謂之君，其功能似不限於統治。歸納言之，君之作用約有以下數端。第一是國家的象徵；第二是替天行道；第三是管理統治；第四是爲民謀求福祉。以述數端功能之發揮，需要權威之建立，而集大權於

---

❾　詳見「春秋繁露爵國」。

君主之一身，正是所謂「緣臣民之心」也。

可是君主雖然集大權於一身，但不可爲所欲爲。統治者必須了解其所以「統治」之本質。換言之，要了解其功能，更要了解治者與被治之間的性質及其彼此之關係。他說：

> 且天之生民，非爲王也。而天立王以爲民也。故其德足以安樂民者，天予之；其惡足以賊害民者，天奪之。（春秋繁露堯舜不擅移湯武不專殺）

這一段話不僅說明了統治者的任務，也說明了統治者的限制。換言之，統治要以「民爲貴」，並爲民謀福祉爲要務；要以「安樂民」而不「賊害民」爲手段。然則統治者如何才能做到「安樂民」？要靠天。換言之，天對於統治者有控制作用。董仲舒在「春秋繁露」中言天，與其說是「迷信」，無寧說是有控制之作用。他說：

> 天若不予是家者，是家安得立爲天子。立爲天子者，天予家。天予家者，天使是家，天使是家者，是天之所予也。天之所使也，天已予之，天已使之。（春秋繁露郊祀）

雖然把天當作權力授予的來源，迷信意味濃厚，但也正因如此，統治者才不敢持權無恐，賊害人民。所以說天對統治者有控制作用。天可使治者了解「天之無常予，無常奪」（堯舜不擅移湯武不專殺），只要愛民、安民、樂民，則天予之權；如果殘民、害民、賊害，則天奪之治。由此可見，董仲舒不過是想藉天來控制統治者，以使其「安樂民」而已。他要求「爲人主者，法天而行……不自勞於事，所以爲尊也。汎愛羣生，不以喜怒賞罰，所以爲仁也。」（春秋繁露離合根）正是此意。因此從天之功能上着眼，更具意義。

總之，董仲舒是在透過天，以建立起治者與被治者之間的關係，並使君民一體，以發揮和諧之社會功能。例如他說：

君者，民之心也；民者，君之體也。心之所好，體必安之；君
之所好，民必從之，故君民者，貴孝弟而好禮義，重仁廉而輕財
利。躬親職此於上，而萬民聽；生善於下矣。（春秋繁露為人者天）

所以前述統治者欲建立權威，而行專制獨裁者，並非任意為之。基本
上，仍須以愛民為基礎。因此，他所謂之君民關係，類似一種類比之體
系說。換言之，君民均係一體系中之部分，兩者和諧始可發揮整體之社
會功能。

4. 社會化與社會控制　董仲舒所言之社會控制，乃以人性趨向為要
件之規範內化。所以他特別強調社會化（教化）之重要。他說：

夫萬民之從利也，如水之走下，不以教化隄防之，不能止也。
是故教化立而姦邪皆止者，其隄防完也；教化廢而姦邪出，刑罰不
能勝者，其隄防壞也。古之王者明於此，是故南面而治天下，莫不
以教化為大務；立太學以教於國，設庠序以化於邑，漸民以仁，摩
民以誼，節民以禮，故其刑罰甚輕而禁不犯者，教化行而習俗美
也。（舉賢良對策一）

由上觀之，董仲舒不僅強調以仁、誼、禮為規範，而且指出此等規範之
內化方法——教化。因為只有把仁、誼、禮等規範，經由教化（社會
化）內化於人格之中，方能使刑罰輕，使習俗美。所以他強調，教化是
社會控制之主要方法。他說：

聖人之道，不能獨以威勢成政，必有教化。故曰：先之以博
愛，教之以仁也。難得者君子不貴，教以義也。雖天子必有尊也。
教以孝也，必有先也，教以弟也……而教化之功不大乎？（春秋繁
露為人者天）

社會化之功能，於此可見。他又說：

臣聞良玉不瑑，資質潤美，不待刻瑑，此亡異於達巷黨人不學

而自知也。然則常玉不琢，不成文章，君子不學，不成其德。（舉
賢良對策二）

社會化之主要機構爲學校，所以設學校從事規範內化，「譬猶琢玉而求文
采」。他之所以極力主張設太學，其用心卽在於此。他說：

故養士之大者，莫大虖太學。太學者，賢士之所關也，教化之
本原也。（同上）

太學是社會化機構，屬中央。「置明師，以養天下之士，數考問以盡其
材，則英俊宜可得矣。」（同上）至於地方層次，則責成「郡守縣令，民
之師帥，所使承流而宣化也。」（同上）因此，由上而下皆有社會化之機
構，則人人以仁、誼、禮行，社會秩序自然就得以維繫了。

基本言之，董仲舒反對以法爲控制工具，而主張以儒家之德、禮、
樂爲要務。他說：

臣聞聖王之治天下也，少則習之學，長則材諸位，爵祿以養其
德，刑罰以威其惡，故民曉於禮誼而恥犯其上。武王行大誼，平殘
賊，周公作禮樂以文之，至於成康之隆，囹圄空虛四十餘年，此亦
教化之漸而仁誼之流，非獨傷肌膚之效也。」（舉賢良對策二）

由此可見，社會控制之根本在從內作規範之灌輸，而非由外作刑罰
之約制。所以他說：

至秦則不然，師申商之法，行韓非之說，憎帝王之道，以貪狠
爲俗，非有文德以教訓於天下也，誅名而不察實，爲善者不必免而
犯惡者未必刑也。是以百官皆飾空言虛辭而不顧實，外有事君之禮，
內有背上之心，造僞飾詐，趣利無恥，又好用憯酷之吏，賦斂亡
度，竭民財力，百姓散亡，不得從耕織之業，羣盜並起，是以刑者
甚衆，死者相望，而姦不息，俗化使然也。（同上）

由此可見，以法控制社會，只能控制其外表行爲，不能從內心思慮，故

效果不彰；而以仁誼禮爲規範，由太學（社會化機構）爲工具，則「敎化之漸向仁誼之流，」社會便可根本控制了。所以董仲舒把社會控制與社會化連在一起，重點卽在於此。

5.社會問題　董仲舒所言之社會問題，主要是爭利。換言之，利是一切問題之本源。上爭利，固可失去民心，導致亡國；而下爭利，則民「寢以大窮。」而民爭利，則驕縱暴虐，無以爲安。所以利之所在，衆人趨之，而社會亦因之而亡矣。董仲舒認爲，「有所積重，則有所空虛。」（春秋繁露度制）社會中之任何事務，恒處於平衡狀態，一方積重，他方必然空虛；空虛則導致問題。他說：

> 大富則驕，大貧則憂。憂則爲盜，驕則爲暴，此衆人之情也。聖者，則於衆人之情，見亂之所從生。故其制人道而差上下也。使富者足以示貴而不至於驕，貧者足以養生而不至於憂，以此爲度而調均之。是以財不匱，而上下相安，故易治也。今世棄其度制，而各從其欲，欲無所窮，而俗得自恣，其勢無極，大人病不足於上，而小民羸瘠於下，則富者愈貪利而不肯爲義，貧者日犯禁而不可得止，是世之所以難治也。（春秋繁露度制）

由此可見，社會問題之產生，乃至國家秩序之難以維持，實乃由貪利所造成之貧富不均使然。所以，社會問題之解決，必須靠政治，使「富者足以示貴而不至於驕，貧者足以養生而不至於憂。」然而，政治含有複雜之科層結構，因此，只有統治者一人爲善，則不足以解決問題，要在衆官吏皆能領略爭利之害，不與民爭業、爭食、爭產，各按其位，各司其職；官民無爭，則問題方可解決。他說：

> 夫天亦有所分予，予之齒者去其角，傅其翼者兩其足，是所受大者不得取小也。……身寵而載高位，家溫而食厚祿，因乘富貴之資力，以與民爭利於下，民安能如之哉？是故衆其奴婢，多其牛羊，

廣其田宅，博其產業，畜其積委，務此而亡已，以迫蹴民，民日削
月朘，寖以大窮；富者奢侈羨溢，貧者窮急愁苦，窮急愁苦而上不
救，則民不樂生；民不樂生，尚不避死，安能避罪！……故受祿之
家，食祿而已，不與民爭業，然後利可均布而民可家足。（舉賢良
對策三）

由上觀之，董仲舒係從社會分工的立場，言社會問題之由來，進而
說明政治不良能使問題加深與嚴重。

總之，以董仲舒之言觀之，社會問題是由於人違天意形成的，尤其
對於利之爭奪，乃其形成之主因。而其紓解之道，則在均富，或者至少
使民生存與生活無慮，如此不至於鋌而走險，不避罪死。這又需要良好
之政治措施了。

6.理想社會　董仲舒的理想社會，融合儒道兩家之理想為一體。所
以，一方面「民情至朴而不文」；另一方面，「民家給人足」而安樂。他
說：

五帝三皇之治天下，不敢有君民之心，什一而稅。教以愛，使
以忠，敬長老，親親而尊尊。不奪民時，使民不過歲三日。民家給
人足，無怨望忿怒之患，強弱之難，無讒賊妒嫉之人，民修德而美
好，被髮衘哺而遊；不慕富貴，恥惡不犯。父不哭子，兄不哭弟。
……囹圄空虛，畫衣裳而民不犯，四夷傳譯而朝，民情至朴而不
文。郊天祀地，秩山川以時至，封於泰山，禪於梁父。（春秋繁露
人王道）

由上觀之，董仲舒的理想社會或其社會設計：在政治上主張平等；
在經濟上主張減稅；在教育上主張教愛與忠；在社會上主張敬老、尊
親、修德，俾使人民過著自由、自在、滿足安樂之生活。所以他的思想
介乎儒道兩家之間，而兼乎兩家之長。

三、董仲舒社會思想評述　董氏思想出自儒家，而雜採道家及陰陽兩家。所以其社會思想時而落實，時而空泛，時而虛妄。古來學者，多將其視爲迷信的代表。事實上，「春秋繁露」及「舉賢良對策」（或曰「天人三策」）中之陰陽思想，不過是自然哲學觀點的一種應用。換言之，董仲舒希望用「天人」或自然與社會之關係，說明社會各種現象，以及各種問題之解決之道。所以在其思想之中，應用類比法以解釋社會現象者，處處可見。（如「四時之副」、「爲人者天」、「天副天數」各篇）此種觀點，古今皆有，無所厚非。蓋從社會學之觀點言之，自然現象（或地理因素）乃係影響社會生活的因素之一，尤其是文化現象，其中部分是受自然環境影響而形成的。故董仲舒以「天人合一」觀點，指示人類社會應走之路徑，此在西方思想家中亦有之。例如，前引「夫天（自然）亦有所分予，予之齒者去其角，傅其翼者兩其足，是所受大者不得取小。」而古希臘思想家普羅塔哥拉斯（Protagoras, Ca. 481~411 B.C.），亦有類似觀點。哲學家視之爲本體論或宇宙論，事實上，董仲舒是以「天人合一」（自然與社會)的觀點來解釋人事或社會現象罷了。（見「春秋繁露王道通」）因此，在解釋董仲舒之社會思想時，對其中言天或自然之處，必須了解其與社會之關係，否則很容易走上「本體論」或「宇宙論之路」。

　　由上言之，董仲舒思想中之社會學觀念，並無特殊之處。其能落實於社會者，多出於儒家，其中以「舉賢良對策」三篇所表現者，最爲明顯。而其貢獻最著者，當爲在社會組織方面之規範也。

第四節　司　馬　遷

一、略傳　司馬遷於漢景帝中元五年（西元前一四五年），生於龍門，

卽馮翊夏陽縣(今陝西韓城)。「耕牧河山之陽，年十歲則誦古文。二十
而南游江、淮，上會稽，探禹穴，闚九疑，浮於沅、湘；北涉汶、泗，
講業齊、魯之都，觀孔子之遺風，鄉射鄒、嶧；戹困鄱薛、彭城，過梁、
楚以歸。」(史記太史公自序)父談，官太史令。由於司馬遷少遊南北，
足遍中國，所以地理知識淵博，對於其思想頗有影響。漢武帝元封元年，
父卒，三年後，繼任太史令。「紬史記石室金匱之書。五年而當太初元
元，十一月甲子朔旦冬至，天曆始改，建於明堂，諸神受紀。」(同上)
後爲降匈奴之李陵辯護，忤逆上意，下獄並受宮刑，乃憤而述作，計十
八年完成史記百三十篇，復經審閱，先後二十餘年，爲中國第一部通
史。對於中國社會政治以及文化之變遷，有詳盡而深入記敍。司馬遷的
其他著作，則收入全漢文中。

二、社會思想　司馬遷是中國歷史上之大思想家，從其所撰述之
「史記」一書中，可以充分看出其思想的趨向，和偉大的胸懷。其社會
思想約有以下數端。

1.人性與社會制度　司馬遷論人性,基本上與荀子的觀點極爲相近，
但在控制或疏導的方法上，兩者迥然有別。司馬遷認爲，人的行爲，基
本上是由「欲」而控制，所謂:

> 人生有欲,欲而不得則不能無忿，忿而無度量則爭，爭則亂。先
> 王惡其亂，故制禮義以養人之欲，給人之求，使欲不窮於物，物不
> 屈於欲，二者相待而長，是禮之所起也。故禮者養也。(史記禮書)

上一段話，顯然出自荀子，但是在處理欲的方法上，兩者顯然就不
同了。荀子認爲，人旣有欲，則欲卽惡，須用禮加以杜防，所以禮是用
來約束人的行爲的。但司馬遷則認爲，欲是人類的自然趨向，無所謂惡
與不惡，所以必須用各種系統的方法──制度──加以滿足。他說:

> 人體安駕乘，爲之金輿錯衡以繁其飾；目好五色，爲之黼黻文

章以表其能；耳樂鐘磬，爲之調諸八音以蕩其心；口甘五味，爲之庶羞酸鹹以致其美；情好珍善，爲之琢磨圭璧以通其意。故大路越席，皮弁布裳，朱弦洞越，大羹玄酒，所以防其淫侈。（同上）

　　這即是說，人類有種種需要——欲，而此等需要只有透過制度方能滿足；同時也只有透過制度才能「防其淫侈」——有效的、合理的、積極的加以滿足。所以制度的產生與人性或人的需要有關。司馬遷說：「觀三代損益，乃知緣人情而制禮，依人性而作儀，其所由來尚矣。」（同上）他所謂之「禮」、「儀」，即含有制度之意。因此，司馬遷的觀念，與現代社會學中有關制度來源之解釋，頗爲相似。❿

　　2.社會組織　司馬遷言社會組織者，僅限於社會組織的重要性。他的重要觀念在於「辨」（相當於荀子所謂之「分」）他說：

　　　　所謂辨者，貴賤有等，長少有差，貧富輕重皆有稱也。（史記禮書）

社會既有貴賤、長少、貧富、輕重之別，則其行爲自應有所不同。換言之，每個人的作爲應以地位爲準則，不可偏差。他說：

　　　　故王者天太祖，諸侯不敢懷，大夫士有常宗，所以辨貴賤。貴賤治，得之本也。郊疇乎天子，社至乎諸侯，函及士大夫，所以辨尊者事尊，卑者事卑，宜鉅者鉅，宜小者小。（同上）

所以從整個社會觀之，不同地位或階級之人，應有不同之行表現，或應對之表現不同之行爲。唯有如此，社會才有秩序，國家才可安全。他說：

　　　　治，辨之極也；彊，固之本也；威，行之道也；功名之總也。王公由之，所以一天下，臣諸侯也；弗由之，所以損社稷也。（同上）

由此可知，社會之欲有秩序，則社會必須有組織；政治之能推動，社會

　❿　龍冠海著「社會學」，三民書局，民國55年，頁162-163。

必須要有結構。雖然社會組織使人「失去自由」，這是社會生活的必要代價，若否，則生存必成問題，再言其他就多餘了。

3.道德相對論　司馬遷的道德相對論，在「史記」中之「伯夷列傳」與「游俠列傳」表現得最為明顯。按司馬遷之意，社會道德沒有絕對性，而人的善行亦非必彰顯於社會之中。換言之，社會善惡並非必然得到應有之反應；不僅天道不能抑惡揚善，或賞善罰惡，卽使社會本身對於善惡之行為後果，也有不同之待遇與評價。亦卽道德之功能雖然不變，但道德行為的表現，卻並不一定獲得社會的喝采與贊揚（可能是對自身遭遇不平，而借題發揮）。例如他說：

　　或曰：「天道無親，常與善人」。若伯夷、叔齊，可謂善人者非耶？積仁絜行如此而餓死。且七十子之徒，仲尼獨薦顏淵為好學，然回也屢空，糟糠不厭，而卒蚤夭。天之報施善人，其如何哉？

　　盜跖日殺不辜，肝人之肉，暴戾恣睢，聚黨數千人，橫行天下，竟以壽終，是遵何德哉？……若至近世，操行不軌，專犯忌諱，而終身逸樂，富厚累世不絕。……余甚惑焉，儻所謂天道，是耶非耶？（史記伯夷列傳）

司馬遷這段話，道出社會不公和天道無能的根本真相。換言之，個人行為之是否合於道德，或是否為善，其結果與行為所應受到的反應並不一致。有人樂善好施，終生名不彰顯；有人作姦犯科，可以逸樂一世，社會對其行為並非必然作「應有」之反應。事實上，善行必須靠他人褒揚始能顯於世；惡行則又因性別、年齡、種族、地位、階級、職業等等變素之不同而受到不同之待遇。「善有善報，惡有惡報，」只是社會化之內涵，其結果並非必然如是。他又說：

　　韓子曰：「儒以文亂法，而俠以武犯禁。」二者皆譏，而學士多稱於世云。至如以術取宰相、卿、大夫，輔翼其世主，功名俱著於

春秋，固無可言者。及若季次、原憲，閭巷人也，讀書懷獨行君子
之德，義不苟合於當世，當世亦笑之。（史記游俠列傳）

由此可以看出，社會中有許多只求成功（結果），不講手段的例
子。換句話說，社會只見某人之「成就」，而不顧其方法。或者即使用
違規方法獲得成就，其成就可能遮蓋其方法。此正是墨頓（Robert K.
Merton)所謂之只求文化目標之達成，而不擇制度化的手段❶。因此只
要成功，社會亦為之喝采。（事實上，成功者亦常用各種手段使其成功
道德化、合法化，以取信於社會。）所以，在司馬遷看來，善與惡、成
與敗等等，都是相對的，不是絕對的。他的此種觀點，雖然並不完全，
但卻也有部分社會學理論予以支持。

4.財富與社會價值　司馬遷認為，物質滿足乃人類生存的基本條件。
人類為了物質上的滿足，才彼此合作，相互依賴，「故待農而食之，虞
而出之，工而成之，商而通之。」（史記貨殖列傳）這種追求生存及生活
的願望，是一種自然的傾向。他說：

　　人各任其能，竭其力以得所欲。……各勸其業，樂其事，若水
　　之趨下，日夜無休時，不召而自來，不求而民出之，豈非道之所符
　　而自然之驗邪！（史記貨殖列傳）

人類求生存乃其努力之第一目標；所以無須鞭策，不須督促，皆會努力
以赴。而其努力以赴，追求目標的自然表現，當是物質的滿足了。但是
只滿足尚嫌不夠，換言之，尚要追求富足，唯有富足，才能得到更高的
滿足。所謂「原大則饒，原小則鮮；上則富國，下則富家。」（同上）所
以財富就成了社會的唯一價值，人人以追求財富為第一要務。他說：

　　賢人深謀於廊廟，論議朝廷，守信死節，隱居巖穴之士，設為

---

❶ Robert K. Merton, *Social Theory and Social Structure* (N.Y.
Free Press, 1957), p. 140.

名高者安歸乎？歸于富原也。是以廉吏久，久更富，廉賈歸富。富者，人之情性，所不學而俱欲者也。（同上）

追求財富是人天生的傾向，所以，人之所爲受追求財富之動機所左右。例如他說：

故壯士在軍，攻城先登，陷陣卻敵，斬將搴旗，前蒙矢石，不避湯火之難者，爲重賞也。其在閭巷少年，攻剽椎埋，劫人作姦，掘冢鑄幣，任俠並兼，借交報仇，篡逐幽隱，不避法禁，走死地如鶩者，其實皆爲財用耳。今夫趙女鄭姬，設形容，揳鳴琴，揄長袂，躡利屣，目挑心招，出不遠千里，不擇老少者，奔富厚也。游閑公子，飾冠劍，連車騎，亦爲富貴容也。弋射漁獵，犯晨夜，冒霜雪，馳阬谷，不避猛獸之害，爲得味也。博戲馳逐，鬭鷄走狗，作色相矜，必爭勝者，重失負也。醫方諸食技術之人，焦神極能，爲重糈也。吏士舞文弄法，刻章僞書，不避刀鋸之誅者，沒於賂遺也。農工商賈畜長，固求富益貨也。此有知盡能索耳，終不餘力而讓財矣。（同上）

由此可見，凡是人，無論其職業、其地位、或其行爲如何，均以追求財富爲唯一目的。司馬遷的此種觀點，當然是從人類生存及生活條件著眼。前面已經指出，無有財富生活及生存均成問題，自然談不上其他了。所以他把財富當作是唯一的社會價值，原因卽在於此。

5.地理環境與社會文化的關係　人類文化的產生，大凡受地理環境、社會傳統、心理因素，乃至生理因素等等之影響。所以自古以來，言社會文化者，常以地理因素說明文化或文明之起源與形成，此謂之地理決定論。司馬遷就認爲，地理因素對於社會文化有決定性之影響。他說：

總之，楚越之地，地廣人希，飯稻羹魚，或火耕而水耨，果隋

贏蛤，不待賈而足。地勢饒食，無饑饉之患，以故呰窳偷生，無積
聚而多貧。是故江淮以南，無凍餓之人，亦無千金之家，沂、泗水
以北，宜五穀、桑麻、六畜，地小人衆，數被水旱之害，民好畜
藏。故秦、夏、梁、魯好農而重民。（同上）

由上觀之，地理因素對於社會文化之影響，至爲顯見。他認爲，人口稀
少，土地富饒，社會便無饑饉之患、凍餒之苦，而人民因之無儲蓄之
習；社會亦因之無貧富懸殊現象；以致人民偷惰，不知勤勉。相反地，
土地狹小，人口衆多，而又水旱頻繁之處，人民生活不易；若不深耕易
耨，辛勤工作，則有斷炊之虞。加之水旱無常，人民便不得不注重農
事，聚積儲存，以備後患。由此可知，社會文化係受地理因素（至少部
分如此）的決定。他又說：

齊帶山海，膏壤千里，宜桑麻，人民多文綵布帛魚鹽，臨菑亦
海岱之間一都會也。其俗寬緩闊達，而足智，好議論，地重，難動
搖，怯於衆鬪，勇於持刺，故多劫人者，大國之風也。其中具五
民。（同上）

又說：

夫自淮北沛、陳、汝南、南郡，此西楚也。其俗剽輕，易發
怒，地薄，寡於積聚。江陵故郢都，西通巫、巴，東有雲夢之饒。
陳在楚夏之交，通魚鹽之貨，其民多賈。徐、僮、取慮，則清刻，
矜已諾。（同上）

這些都說明了地理環境不同，文化亦因之不同。所以說司馬遷認爲，地
理因素可以決定社會風俗、人民的習慣、性格、職業、價值、乃至道德
規範等等。其有地理決定論之觀念，應無疑義。

　　6. 社會變遷　變遷是一種自然現象，社會現象自不例外。司馬遷作
「史記」，卽是在「通古今之變」，他說：

罔羅天下放失舊聞，王迹所興，原始察終，見盛觀衰，論考之
行事，略推三代，錄秦漢，上記軒轅，下至于玆，著十二本紀，旣
科條之矣。並時異世，年差不明，作十表。禮樂損益，律曆改易，
兵權山川鬼神，天人之際，承敝通變，作八書。（太史公自序）

所謂「原始察終，見盛觀衰」，卽是在探討變遷的原因與過程。所
以史記言變遷之處甚多。蓋舉凡人事、制度、風俗、習慣、道德、價
值，無一不因時而異，因地而變。惟有「原始察終」，方能了解社會文化
變遷的原因與過程。

司馬遷的社會文化變遷觀，含有「循環變遷」的意義。所謂「物盛
則衰，時極而轉，一質一文，終始之變也。」（史記平準書）其有循環
變遷之意義，至爲顯見。社會文化變遷是循環的，所以變遷有其規則可
循，並非任意爲之。他說：他說：

夏之政忠。忠之敝，小人以野，故殷人承之以敬。敬之敝，小
人以鬼，故周人承之以文。文之敝，小人以僿，故救僿莫若以忠。
三王之道若循環，終而復始。（史記高祖本紀）

由此可見，由忠而野、野而敬、敬而鬼、鬼而文、文而僿、僿而忠，係
一個循環，然後周而復始，不斷演變。

7.社會控制　社會有違規，始有控制。蓋無控制，則社會無秩序，
人無以生存。司馬遷言控制，首先找出所以要控制的原因，然後找出所
以要控制的方法。他說：

人生而靜，天之性也；感於物而動，性之頌也。物至知知，然
後好惡於形焉。好惡無節於內，知誘於外，不能反己，天理滅矣。
……而人之好惡無節，則是物至而人化物也。人化物也者，滅天理
而窮人欲者也。於是有悖逆詐僞之心，有淫佚作亂之事。是故彊者
脅弱，衆者暴寡，知者詐愚，勇者苦怯，疾病不養，老幼孤寡不得

其所，此大亂之道也。（史記樂書）

由上可知，司馬遷言人之違規行為，其原因是由外爍於內，而內又無法作適當調適，則必按照個人的欲望行事，以致有越規產生。所以他在違規行為方面的思想，兼顧到社會與心理兩種因素。由於違規行為是由外物引誘而起，故其控制之道，亦應就行為之節制上著手。他說：

> 是故先王制禮樂，人為之節；衰麻哭泣，所以節喪紀也；鐘鼓干戚，所以和安樂也；婚姻冠笄，所以別男女也；射鄉食饗，所以正交接也。禮節民心，樂和民聲，政以行之，刑以防之。禮樂刑政四達而不悖，則王道備矣。（同上）

由上可見，社會控制的主要方法是禮、樂、刑、政四種。所謂「禮以導其志，樂以合其聲，政以壹其行，刑以防其姦。」（史記樂書）其中最基本、最重要的是禮與樂。政與刑在預防禮樂之被破壞。所以，禮與樂相當於內在控制──規範內化，政與刑相當於外在控制。

司馬遷所重視的為禮與樂，也就是內在控制。因為唯有禮與內化，人之行為才能合節，才能有規，屆時刑與政就無用處了。但是因為不可能人人有禮與樂，故刑政又是不可避免的了。他說：「人道經緯萬端，規矩無所不貫，誘進以仁義，束縛以刑罰。」（史記禮書）正是此意。

司馬遷所謂之禮，是一種社會制度，「緣人情而制禮」，是用來節制人的行為的，其功能含蓋的範圍極廣。他說：「故禮，上事天，下事地，尊祖先而隆君師，是禮之三本也。」（史記禮書）所以所有的人類行為幾乎都須有禮，均須以禮作為其行為表現的依據。因為唯有如此，才不至於亂。所以說「禮者，人道之極也。」（同上）

至於樂，司馬遷亦作如是觀，他說：

> 樂者，聖人之所樂也，而可以善民心。其感人深，其風移俗易，故先王著其教焉。（史記樂書）

樂可以「善民心」，就是改變人格，符合社會規範；更有移風易俗
的作用。所以用樂作爲社會控制之工具，可以從內心控制，效果最大。
自古先王都重視樂，殆出乎此。他說：

> 君子曰：「禮樂不可以斯須去身。」致樂以治心，則易直子諒之
> 心油然生矣。易直子諒之心生則樂，樂則安，安則久，久則天，天
> 則神。天則不言而信，神則不怒而威。致樂，以治心也；致禮，以
> 治躬者也。（同上）

前已言之，樂能從內心化除欲念，使人符合禮的標準，所以樂是心
理上的控制因素，也就是一種穩定情緒、和諧關係、順乎自然的力量。
但此種力量卻隨外在環境不同而改變。司馬遷說：

> 是故治世之音安以樂，其正和；亂世之音怨以怒，其正乖；亡
> 國之音哀以思，其民困。（同上）

由此可見，樂雖屬內在，但卻受外在的影響。故樂與行爲之間有其關係。
樂既然可以平衡情緒、舒解鬱悶，行爲自然亦可循規蹈矩，如此則少有
違規之可能。所以他說：「然則先王之爲樂也，以法治也。」（同上）

雖然「樂者樂也」，但非所有之樂皆可陶冶心情，或有控制作用，
因爲尚有樂淫。他說：

> 其聲哀而不莊，樂而不安，慢易以犯節，流湎以忘本，廣則容
> 姦，狹則思欲，感滌蕩之氣而滅平和之德，是以君子賤之。（同上）

由此可知，有的樂非但不能從心理上控制人的行爲，反之有鼓勵人縱情
恣欲，作姦犯科，有違樂之原始作用。換言之，只有好的音樂才能達到
樂之眞正目的。他說：

> 姦聲亂色不留聰明，淫樂廢禮不接於心術，惰慢邪辟之氣不設
> 於身體，使耳目鼻口心知百體皆由順正，以行其義。然后發以聲
> 音，文以琴瑟，動以干戚，飾以羽旄；從以簫管，奮至德之光，動

四氣之和，以著萬物之理。（同上）

由此可見，不是每種樂都有控制作用。所謂「君子樂得其道，小人樂得其欲，以道判欲，則樂而不亂；以欲忘道，則惑而不樂。」（同上）正是此意。

三、司馬遷社會思想評述　　司馬遷的社會思想，基本上仍以儒家為本而推延者。雖然他在「論六家要旨」裏認為，先秦各家思想互有短長，儒家不過其中一派而已，甚至推崇道家，並吸收陰陽家之學說。其目的不過在反抗漢武帝專制獨裁的中央集權罷了。先秦諸家，除儒家思想落實外，其他各家思想與社會生活多少皆有出入，這點司馬遷並不否認。例如他說：

> 人苟生之為見，若者必死；苟利之為見，若者必害；怠惰之為安，若者必危；情勝之為安，若者必滅。故聖人一之於禮義，則兩得之矣；一之於情性，則兩失之矣。故儒者將使人兩得之者也，墨者將使人兩失之者也。是儒墨之分。（史記禮書）

由此可見，他對於儒家之禮義仍然十分重視。至於他把儒家與其他各家齊觀，應算是對於學術之貢獻；如果說是明褒暗貶，則可能是情緒作用了。（司馬遷因替降將李陵辯，下獄受宮刑，其痛恨武帝，殆無疑義。故武帝罷黜百家，獨尊儒術，司馬遷與之唱反調，恐亦人之常情也。）

綜觀司馬遷之社會思想，優劣互見。例如，他認為人性應疏導，不應遏阻；應滿足，不應拂逆。所有社會制度均係應人性需要之滿足而產生。此種見解，古少有之。此外，他言道地理環境對於文化之影響（並非決定），亦屬事實。至於言及社會控制之必要與方法，皆與現代社會學的觀點接近。尤其值得重視的是其相對的道德觀，這些均可謂其思想之優點。

然而其社會思想最可疑者，莫過於其過分強調財富之重要，並視為

唯一之社會價值。財富是物質之累積，而物質是生存及生活的必需。但是社會之中，必要的或足夠的物質滿足之後，可能追求其他的社會價值，如名與權。不斷追求財富之滿足，最後必然會發現，財富尚不能滿足其他之社會的、或心理的需要，屆時又會發現，財富的意義不大，必須從其他方面去發展，方可滿足其需要。因此，我們可以說，財富是社會價值之一，似乎並非「貨殖列傳」中所闡述的那種「唯我尊獨」，捨我其誰般的重要。他的看法，當然與當時的社會背景有關。但完全以經濟角度描述社會歷史的變遷，恐不免有經濟決定論之譏。

總之，司馬遷為一代思想大家，當之無愧，尤其他所著之「史記」，不僅開拓中國通史之寫作先河，也表現了其思想之特殊成就。唯其中涉及廣泛，批評不免失之偏頗，可是其對各種主要社會現象之批評與闡述，足可垂世，傳諸不朽。

第五節　揚　　　雄

一、略傳　揚雄蜀郡成都人，生於漢宣帝甘露元年（西元前五十三年）卒於新莽天鳳五年（西元十八年），為漢末之文學家與思想家。曾官至給事黃門，王莽篡漢，升任大夫。揚雄為人剛直，對於當時社會現況，極表不滿。雖然屢遭權貴嘲笑，仍能守正不阿，尤其對於當時的讖緯之說，深惡痛絕。故極力以恢復儒家思想，拯救迷信成習的社會趨向。

揚雄著有「難蓋天八事」，載「隋書天文志」中。另漢書藝文志著錄「太玄」十九篇、「法言」十三篇。其中與社會思想有關者為「太玄」與「法言」。

二、社會思想

1.方法論　揚雄的方法論，是其整個社會思想的根本。雖然他的哲學思想擺脫不了當時的神秘（如「玄攡」一文中所顯示者），但在社會生活諸現象上，其事實論事的觀念，卻值得稱道。他認爲，研究或描述社會現象而著書立說者，一定要把握現象的眞實性，蓋過與不及都易失眞。他說：

> 夫作者貴其有循而體自然也。其所循也大，則其體也壯；其循也小，則其體也瘠；其所循也直，則其體也渾；其所循也曲，則其體也散。故不攞所有，不彊所無，譬諸身，增則贅而割則虧。（太玄玄瑩）

揚雄所謂之「體自然」，卽發現現象或事實之間的關係。如果蒐集的資料多，則事實或現象之間的關係容易發現而且眞確；反之資料不足，關係難以發現，卽使勉強解釋，亦難得眞相。

揚雄的此種觀點，殊爲可貴。因爲中國思想家言方法者並不多見，尤其言方法觀念者更少。他的這些觀點是研究社會學或解釋社會現象的基本條件。所謂「解釋務求客觀」，意卽指此而言。

因爲他講求事實，不以虛無飄渺的空想爲依據，故不贊成道家的「無爲」理想。他認爲，人的天性中，有順乎自然發展之特質，例如他說：

> 天下肇降生民，使其目見耳聞，是以視之禮，聽之樂。（法言問道）

人之行爲既以天賦的生物特質爲基礎，則在解釋諸現象時，卽應以現象之眞實特性爲憑據，臆測和空幻對於事實或現象之說明及其因果關係之闡述，毫無助益。

總之，其強調以事實或現象之眞實性爲基礎的研究依據，殊屬可取。亦可謂其對社會思想之一大貢獻也。

2.人性與社會化 揚雄認為人性中善惡並存，他否定了孟子和荀子的人性單一論。蓋善惡與後天社會化有關。他說：

> 人之性也善惡混，修其善則為善人，修其惡則為惡人。（法言修身）

換言之，揚雄非常重視學習（社會化），因為人之行為由學習決定；並非由先天的生物傾向操縱。他說：

> 或曰：「學無益也，如質何？」曰：「未之思矣。夫有刀者礱諸，有玉者錯諸。不礱不錯，焉攸用？礱而錯諸，質在其中矣；否則輟。」（法言學行）

由此可見，他認為人性中的自然傾向，並不重要，學習才是基本的要件。換句話說，人之行為為善抑為惡（價值判斷），端賴學習成果而定。至於學習的方法，可分內外兩種。內在方法是指個人以自己的能力，靠自己的毅力去學習；所謂外在方法，是指藉社會關係的力量去學習。他說：

> 學以治之，思以精之，朋友以磨之，名譽以崇之，不倦以終之，可謂好學也已矣。（法言學行）

所謂「學以治之」、「思以精之」、「不倦以終之」，都屬於內在的，也就是靠自己的能力而行之。反之，所謂「朋友以磨之」、「名譽以崇之」，是屬於外在的，也就是藉社會關係或價值而學習。他所謂「孔子鑄顏淵矣」，正是此意。

前面指出，揚雄認為善惡混雜，是善是惡要靠學習，蓋不學善，則惡容易表現；而學之善，則惡被壓抑。他說：

> 學者所以修性也。視、聽、言、貌、思，性所有也，學則正，否則邪。

> 習乎習，以習非之勝是也，況習是之勝非乎！（法言學行）

由此可見，學習是在改變感官接觸的對象，使之導向「正」的一面，否則邪（惡）便由之而生。孔子說：「非禮勿視，非禮勿聽，非禮勿言，非禮勿動」，（論語顏淵）正是此意。揚雄的思想是在恢復儒家學說，由此足見一斑。

總之，揚雄的此種觀點，與社會學中所言雖不完全相符，但其有善惡相混的觀念，較先秦之人性論爲進步。

3.社會變遷與控制　在揚雄的思想中，社會變遷與控制之間有着密切的關係。基本上，他認爲天下萬物都是由變而來，而且隨著「法則」不斷的變。雖然變是「循環」的，但卻從未停止。例如他說：

> 玄者，幽攤萬類而不見形者也。資陶虛無而生乎規，攔神明而定摹，通同古今以開類，攤措陰陽而發氣。一判一合，天地備矣；天日迴行，剛柔接矣；還復其所，終始定矣；一生一死，性命瑩矣。（太玄玄攤）

雖然他以抽象的觀念──玄──來說明變遷的由起，與其「事實求是」的方法論不符，但他卻由此而啓開變遷之大門。⓬

在揚雄的觀念中，變遷是部分的，換言之，只有不合社會需要部分，才需要變遷；合乎人類生活需要的部分可以因襲不變。他說：

> 或問：「道有因無因乎？」曰：「可則因，否則革。」（法言問道）

所以社會變遷與否，端賴社會制度或習俗是否合乎人類需要。換言之，需要──社會制度產生之要素──之滿足與否，是變遷的根本原因。如果因爲人謀不臧，法度廢弛，而造成問題，此時除了變遷以外，就別無他途了。他說：

⓬　筆者認爲，此處所謂之「玄」，含有事物（或現象）之間「必然關係」之義。揚雄將之具體化而成爲一種「力量」，由此推衍，而造成萬事萬物等現象。

在昔虞夏，襲堯之爵，行堯之道，法度彰，禮樂著，垂拱而視天下民之阜也，無爲矣。紹桀之後，纂紂之餘，法度廢，禮樂虧，安坐而視天下民之死，無爲乎？（法言問道）

由此可見，社會制度能夠滿足人的需要者，則不變；不能滿足人之需要者，則改變。所謂「窮則變，變則通。」（周易繫辭下傳）故社會變遷是人類求生存及生活的一種手段。例如，他說：

或曰：「太上無法而治，法非所以爲治也。」曰：「鴻荒之世，賢人惡之，是以法始乎伏犧而成乎堯。匪伏匪堯，禮義哨哨，聖人不取也。」（同上）

至於變遷的方式，他認爲有二：一爲「天道」；一是「人事」。所謂「天道」變遷，指由於制度不當，環境影響而導致變遷的外在因素；所謂「人事」，指由於個人的才幹與計畫而形成之內在因素。例如他說：

或曰：「嬴政二十六載，天下擅秦。秦十五載而楚。是楚五載而漢。五十載之際，而天下三擅，天邪，人邪？」

曰：「具。周建子弟，列名城，班五爵，流之十二。當時雖欲漢，得乎？六國蚩蚩，爲嬴弱姬，卒之屛營，嬴擅其政，故天下擅秦。秦失其猷，罷侯置守，守失其微，天下孤睽。項氏暴彊，改宰侯王，故天下擅。擅楚之月，有漢剏業山南，發迹三秦，追項山東，故天下擅漢。天也。

「人？」

曰：「兼才尙權，右計左數，動謹於時，人也。天不人不因，人不天不成。」（法言重黎）

「天道」與「人事」交互依賴，但方式不一。雖然他以政治遞嬗爲要旨，其制度變革，卻是社會的。

前面已經指出，社會變遷與社會需要有關，而變遷以後的社會，則

需要控制，換言之，控制亦是一種需要。那麼用什麼作爲社會控制之工具？他說：

> 聖人之治天下也，礛諸以禮樂，無則禽，異則貉。吾見諸子之
> 小禮樂也，不見聖之小禮樂也。敦有書不由筆，言不由舌？吾見天
> 常爲帝王之筆舌也。（法言問道）

所謂「天常」，卽仁、義、禮、智、信等五種常道，也就是五種社會控制的規範或方法。他又說：

> 道德、仁、義、禮，譬諸身乎！夫道以導之，德以得之，仁以
> 人之，義以宜之，禮以體之，天也。合則得，離則散。一人而兼統
> 四體者，其身全乎！（同上）

道德、仁、義、禮有引導行爲之功能。所謂「川有防、器有範，見禮教之至也」（法言五百）。他又說：

> 或問仁、義、禮、智、信之用。曰：「仁，宅也；義，路也；
> 禮，服也；智，燭也；信，符也。處宅，由路，正服，明燭，執
> 符，君子不動，動斯得矣。」（法言修身）

所以仁、義、禮、智、信是行爲之規範。社會之人能守此規範，社會便能控制；不守此規範，便不能控制。所以揚雄的社會控制觀，基本上仍由內在控制做起——規範內化，這是儒家思想之道統，他不過稍加發揮而已。

　　三、揚雄社會思想評述　揚雄的社會思想有其時代背景。蓋在兩漢交替之際，社會秩序混亂，當時學者多數逃避現實，宣揚災異、譴告、符命等迷信，使社會形成以讖緯爲主的神秘思潮。[13]揚雄力圖恢復儒家學說，欲把沉溺已久之社會拯救出來。所以在社會思想方面，有着強烈

---

[13]　木鐸出版社編「中國歷代哲學文選」兩漢隋唐之部，頁 114，臺北市，民國六十九年。

的儒家傾向。但雖如此，在許多方面卻又與傳統儒家不盡相同，這便是其社會思想之特質。

例如，他一反孟荀的人性一元論，提出人性善惡混合說。此說雖然含有價值判斷（善、惡），但已經擺脫全善或全惡的窠臼；雖然與社會學及心理學人性之主張──全然爲生物之能力，尚不一致，不過其混合說，至少說明了其未完全受先秦儒家之束縛。

至於其言及社會變遷與社會控制之原因及形式，都有其獨到之處。雖然其觀點不能與現代社會學之看法相提並論，但卻也能提供獨特之見解，足可作爲思考之方向。

第六節　班固與「白虎通」中之社會思想

本節討論之社會思想係「白虎通」一書所含蘊者。「白虎通」又稱「白虎通義」，或「白虎通德論」，記載漢章帝劉炟在白虎觀召開經學會議的結論。所以不是一人之作。這次會議於建初四年（西元七九年）十一月舉行。出席的學人有魏應、淳于恭、丁鴻、李育、賈逵等，其中以魏應、淳于恭發言最多，而擔任記錄和整理工作的卽班固和楊佟。所以「白虎通」是班固所錄，但非班固的思想。

漢朝經學研討會，白虎觀並非第一次。漢宣帝石渠閣經學研討會，也曾就經學之文字、師承、思想等加以討論，但其重點在公羊傳與穀梁傳之異同，因爲兩者對於「春秋」的解釋不一之故。白虎觀會議則重在今文與古文經之異同問題。漢朝之熱衷於經學研討，其原因可能有二：一爲古文經出現後，其含義與今文經多有出入，所以亟欲將兩者加以統一，使之一致，因此只有召集各方碩學鴻儒提供己見，才能竟功。二是經由經學之討論，以便找到鞏固王權的合法基礎，同時也可肯定經學之

學術地位。雖然二次研討會中之內容，並非全然爲儒家思想，但是儒家
明經見用，對於統治權之穩定及合法性（Legitimacy）卻有極大的幫
助。所以「白虎通」中之思想，可說是當時領導階層的思想。❹

一、社會思想

　　1.方法論──類比法　在白虎觀經學會議中，其中最主要部分是有
關「五行」之說的意義、內涵、性質、功能等等之界定與闡發。所謂五
行，卽金木水火土，「言行者，欲言爲天行氣之義也。」（白虎通義五行）
蓋古人以金木水火土五種現象，說明自然及社會現象之間的關係。此種
類比法，是用來說明社會現象最常用之方法。所謂類比法，早在斯賓塞
（Herbert Spencer, 1820-1903）的思想中，卽佔有一席之地，後來
由於社會學者的批判，以社會類比爲生物有機體的觀念，才漸趨式微，
但類比並未完全失去其了解社會現象的價值。事實上，社會與有機體之
間有許多方面卻也可以類比。「白虎通義」中所用之類比法，主要是「人
事取法五行」。換言之，他們以金木水火土五行之間的關係，說明人事
之間的關係。白虎通義五行篇說：

　　　　親屬臣諫不相去何法？法木枝葉不相離也。父爲子隱何法？木
　　　　之藏火也。子爲父隱何法？法水逃金也。君有衆民何法？法天有衆
　　　　星也。王者賜先親近後疏遠何法？法天兩高者先得之也。長幼何
　　　　法？法四時有孟仲季也。朋友何法？法水合流相承也。父母生子養
　　　　長子何法？法土生木長大也。子養父母何法？法夏養長木，此火
　　　　養母也。不以父命廢王父命何法？法金不畏土而畏火。陽舒陰急何
　　　　法？法日行遲月行疾也。有分土無分民何法？法四時各有分而所生
　　　　者通也。君一娶九女何法？法九州象天之施也。不娶同姓何法？法

❹　九思出版社主編「中國哲學史資料選輯」，兩漢之部，頁 438，臺北市，
　　民國六十七年。

五行異類乃相生也。子喪父母何法？法木不見水則憔悴也。喪三年
何法？法三年一閏，天道終也。父喪子夫喪妻何法？法一歲物有終
始，天氣亦爲之變也。年六十閉房何法？法六月陽氣衰也。……王
者監二王之後何法？法木須金以正，須水以潤也。明王先賞後罰何
法？法四時先生後煞也。

由上可知，人與人之間的關係——無論是上下、尊卑，或行爲、制度等
等，均是既定的或命定的，因爲每種關係之表現，均與五行、四時、天
地有關。上述關係確定了，則人事或社會之關係自應爲之確定，不可更
改。例如：

三綱法天地人，六紀法六合。君臣法天，取象日月屈信歸功天
也。父子法地，取象五行轉相生也。夫婦法人，取象人合陰陽有施
化端也。（白虎通義三綱六紀）

白虎通義中之此種觀念，其方法固然類比於自然（五行）；就哲學基
礎而言，依然是以人類社會爲自然的一部分，社會中之一切運行，悉應
按照自然定律進行。換言之，自然定律是不變的，那麼社會關係之安排，
亦應是不變的。「白虎通義」中有關此方面的哲學論點，要比歐洲的自
然觀詳盡得多。同時應用此種類比方法說明人事間的關係，雖然忽略了
社會本身的變遷力量與因素，但卻容易獲得他人的支特。如果我們把漢
朝的思想放入孔德所謂之「玄學或抽象時期」，則「白虎通義」中的思
想，是「玄學期」中之佼佼者。不過，前面已經指出，白虎觀經學會議
的目的之一，是鞏固王權的合法地位，因此，以五行說明社會關係（或
社會組織）的必然性，多少有肯定王權天授之義，令人不敢反抗。不過
從另一角度看，此種觀念在社會思想中，確亦有其不朽之價值。

2.社會組織　在「白虎通義」中，其言及社會組織者，主要是「三
綱六紀」。是確定人與人間關係之準則或行爲規範。何謂三綱六紀？

　　三綱者何謂也？謂君臣、父子、夫婦也。六紀者，謂諸父、兄
弟、族人、諸舅、師長、朋友也。故含文嘉曰：「君爲臣綱，父爲
子綱，夫爲妻綱。」又曰：「敬諸父兄，六紀道行，諸舅有義，族
人有序，昆弟有親，師長有尊，朋友有舊。」何謂綱紀？綱者張
也，紀者理也；大者爲綱，小者爲紀，所以張理上下，整齊人道
也。人皆懷五常之性，有親愛之心，是以綱紀爲化，若羅網之有紀
綱而萬目張也。（白虎通義三綱六紀）

　　由上觀之，三綱六紀主要在確立社會地位及其角色關係。所謂「地之
承天，猶妻之事夫，臣之事君也，其位卑。卑者親事」。（五行）「三綱」
中之君臣、父子、夫婦；六紀中之諸父、兄弟、族人、諸舅、師長、朋
友等，均指地位而言。所謂「君爲臣綱，父爲子綱，夫爲妻綱」，係指
從屬關係而言，也就是指互補之角色關係。至於「六紀」中之敬、有
義、有序、有親、有尊、有舊等，亦指角色及其互補關係而言。這些也
都是行爲規範（角色之要素爲規範），用爲範疇個人行爲的準繩；同時
也都含有互補的意義在內。例如：

　　君臣者何謂也？君，羣也，羣下之所歸心也；臣者，纏堅也，
屬志自堅固也。……父子者何謂也？父者，矩也，以法度敎子也；
子者，孳也，孳孳無已也。……夫婦者何謂也？夫者，扶也，以道
扶接也；婦者，服也，以禮屈服也。……朋友者何謂也？朋者，黨
也，友者，有也。……朋友之交，近則謗其言，遠則不相訕；一人
有善，其心好之，一人有惡，其心痛之；貨則通而不計，共憂患而
相救；生不屬，死不託。（同上）

　　上述君臣之間，父子之間，夫婦之間，以及朋友之間，其彼此行爲
之表現（角色），皆有詳盡之規定。而且相互協調，挹此注彼，以建立
起社會組織。

3.社會化　在「白虎通義」中所謂之社會化，卽「三敎」之義。「敎者何謂也？敎者，效也；上爲之，下效之，民有質樸，不敎不成。」(白虎通義三敎)可見敎是仿傚的意思，上敎之，下效之，才能完成敎化（社會化）的目的。同時也可看出，人不社會化，其行爲與德性，便不能達到社會生活之必備條件。換言之，人要社會化方能成爲社會人(Person)，方能過社會生活。

敎之內涵卽忠實、恭敬、與禮文，三者兼備，才能達到敎之目的。所謂「內忠，外敬，文飾之，故三而備也。」(白虎通義三敎) 故敎必須內外如一，才有效果。這種看法，頗有見地。蓋敎——仿傚——只是方法，不是目的；由仿傚而啓發、創新或改變行爲，才算目的。故敎之最終目的在使敎於內而行於外，頗有「知行合一」的意義。社會之人如都能內外如一，則自當關係協調，和樂融融；如果內外不一，則每個人之行爲皆無所遵循，或無一定規則可循，屆時社會必無秩序可言。所以設立「三敎」的目的，是在「承衰救弊，欲民反正道也。」(同上)，並針對以往社會弊病或問題，提出適當之救助辦法。所以說：

　　　三王之有失，故立三敎以相指受。夏人之王敎以忠，其失野；
　　　救野之失莫如敬。殷人之王敎以敬，其失鬼；救鬼之失莫如文。周
　　　人之王敎以文，其失薄；救薄之失莫如忠。……三者如順連環，周
　　　而復始，窮則反本。(同上)

此又可見，敎化之方法，各時代並不相同，要在針對當時社會的需要而採擇。但無論如何，忠、敬、文是敎之根本，且互有利弊，而彼此支助，亦可救弊起衰，所以是循環的。換言之，敎之選擇與時弊有關，而救弊能導致社會變遷，如此周而復始，循環不一。此種把敎化與變遷相關連之觀點，雖在現代社會學中少有依據，但仍不失爲一說。例如「三敎」中又說：

樂稽耀嘉曰：「顏回問：『三教變，虞夏何如？』曰：『教者，所以追補敗政、靡弊溷濁，謂之治也。舜之承堯，無爲易也。』」或曰：三教改易，夏后氏始。高宗亦承弊，所以不改教何？明子無改父之道也。何以知高宗不改之？以周之教承以文也。

可見教之改變（社會化內容之改變）對於安定政治，維繫秩序之重要了。如果適時適地改之，則可撥亂反正；反之因襲苟且，於時無補，必爲社會帶來災殃。

二、白虎通義社會思想評述 「白虎通義」中之社會思想，是集東漢初年各經學大師之意見而形成。所以其思想型態基本上仍以儒家爲主，只是把陰陽五行之說結合到人事之上，以自然作爲其理論之基礎。此種結合方式，是其特點，也是其缺點。因爲人類社會中之文化現象，部分起於生物的、心理的、歷史的、乃至文化交流等因素。而且文化形成之後，其本身對於社會也有某種影響。換言之，社會文化也是一種支配或影響社會過程的力量。如果把人事現象悉用自然之陰陽五行相配合，並據以說明其關係，自然否定了人有創造文化的能力。事實上，現代科技的發展已經大大改變了自然的現象，雖然這種改變部分後果尚有存疑，因其破壞了自然生態的均衡。但至少證明了人有改變自然的能力。至於人如何追隨自然，效法自然，以求得社會之安和樂利與均衡，則古來學說衆多，此不贅述。

在人事安排或角色之互補關係上，「白虎通」仍以儒家之基本觀念爲理想。至於在社會化之意義、功能與性質方面，並無新義可言，唯其將社會化之內涵與社會變化結合一起，卻發前所未發。不過究竟是社會化（教化）之內涵導致社會變遷，抑社會變遷使社會化之內涵改變，沒有明確之指陳。雖然他們以循環之觀念說明，但其因果過程與關係畢竟過於勉強（見前），不足爲理論之基礎也。

第七節　劉　　安

一、略傳　劉安生年不詳，卒於漢武帝元狩元年（西元前一二二年）。安係漢朝厲王長之長子，長是漢高祖之子。文帝時，因罪放逐蜀地，厲王憤怒，途中絕食而卒。「文帝悲悔，乃封厲王四子為侯，劉安為阜陵侯。」後再封其子為王，安遂繼承淮南故地為淮南王。「淮南王安為人好書鼓琴，不喜弋獵狗馬馳騁，亦欲以行陰德，拊循百姓，流名譽，招致賓客，方術之士數千人，作為內書二十一篇，外書甚眾；又有中篇八卷，言神仙黃白之術，亦二十餘萬言。……安入朝，獻所作內篇，上愛秘之。」（前漢書四十四卷）劉安帳下賓客如雲，「又多江淮間輕薄不逞之徒。」因此，安以父死遷蜀道中，而蓄意謀反，後被伍被出賣，武帝治罪，安遂自殺而死。

劉安思想俱見「淮南子」一書，是書分內、中、外三部。中、外部已佚，現流存內部二十一篇，原為劉安及其門客所著。高誘「淮南子注」中說：「上愛而秘之，天下方術之士，多往歸焉。於是遂與蘇飛、李尚、左吳、田由、雷被、毛被、伍被、晉昌等八人，及諸儒大山、小山之徒，共講論道德，總統仁義而著此書。」（淮南子敍）可見「淮南子」亦是經多人討論而成，但因劉安參預其事，並贊同書中論點，故以此書代表劉安社會思想，應無不可。

二、社會思想　上已言之，「淮南子」一書非一人之作，故其中見解並不一致，而且包羅廣泛，觀念繁複，在言及其社會思想時，僅就見解一致之諸篇，綜合闡述，見解不一之諸篇從略。

1.文化相對論　在社會思想中，文化相對論的觀點屢見不鮮。究其原因，實乃因為社會文化現象過於複雜，向度眾多，加之其發展因素不

一，以致可以從不同角度著眼。「淮南子」中言相對論時，主要側重社會制度、風俗習慣。例如劉安說：

> 夫弦歌鼓舞以爲樂，盤旋揖讓以脩禮，厚葬久喪以送死，孔子之所立也，而墨子非之。兼愛、尙賢、右鬼、非命、墨子之所立也，而楊子非之。全性保眞，不以物累形，楊子之所立也，而孟子非子。趨捨人異，各有曉心。故是非有處，得其處則無非，失其處則無是。丹穴、太蒙、反踵、空同、大廈、北戶、奇肱、脩股之民，是非各異，習俗相反。君臣、上下、夫婦、父子有以相使也，此之是，非彼之是也，此之非，非彼之非也，譬若斤斧椎鑿之各有所施也。（淮南子氾論訓）

社會制度或風俗習慣，各民族不同，但其功能則一。換言之，一社會之制度必須合乎社會之需要，所謂「得其處則無非，失其處則無是」。「處」應是滿足人類需要的功能，雖然滿足的方式不同，但其於滿足則無問題。因此各種社會制度及風俗習慣，不一定需要統一，只要其能發揮功能卽可。

事實上，不只是社會制度及習俗如此，社會意義亦復如此。例如他說：

> 直躬，其父攘羊而子證之，尾生與婦人期而死之；直而證父，信而溺死，雖有直信，孰能貴之！夫三軍矯命，過之大者也。秦穆公興兵襲鄭，過周而東，鄭賈人弦高將西販牛，道遇秦師於周鄭之間，乃矯鄭伯之命，犒以十二牛，賓秦師而卻之，以存鄭國。故事有所至，信友爲過，誕反爲功。（同上）

由此可見，一種行爲，其社會含義要在觀其後果，如果後果爲社會所接受，或有利於社會及個人，則此行爲便具價值；如其後果不利於社會，此行爲卽使有高尙之動機，亦無高尙之價值。由此足見，行爲的社會含

義不僅決定其本身，而且決定於當時的社會情境。就此而言，行為的
「絕對性」就小了。所以他說：

> 是故聖人論事之曲直，與之屈伸偃仰，無常儀表；時屈時伸，
> 弱柔如蒲韋，非攝奪也；剛強猛毅，志屬青雲，非夸矜也；以乘時
> 應變也。（同上）

所謂「乘時應變」者，即針對情境之不同而採取不同之行為也。因此，
在行動之前如能了解情境，則此行為當具社會之價值。此種觀點，頗似
湯麥斯 (W. I. Thomas) 的「情境釋義」(Definition of the Situa-
tion)。

劉安之所以特別強調情境對於個人行為之意義，可能與其「環境決
定論」有關。照劉安的看法，人的行為是由環境引發，並由此與心理、
及社會因素銜接。他說：

> 人生而靜，天之性也；感而後動，性之容也；物至而神應，知
> 之動也。知與物接而好憎生焉，好憎成形而知誘於外，不能反己而
> 天理滅矣。（淮南子原道訓）

所以，行為由環境引發，自然由環境決定其社會意義。

2.社會與國家的起源　劉安認為社會是自然形成的，因為人有生存
的需要，非由社會則此需要不能滿足。然正因如此，也導致了紛爭，故
又產生了國家。他說：

> 人有衣食之情，而物弗能足也。故羣居雜處，分不均，求不
> 澹，則爭。爭則強脅弱而勇侵怯，人無筋骨之強，爪牙之利，故割
> 革而為甲，鑠鐵而為刃。貪昧饕餮之人，殘賊天下，萬人搔動，莫
> 寧其所，有聖人勃然而起，乃討強暴，平亂世，夷險除穢，以濁為
> 清，以危為寧，故不得不中絕。（淮南子兵略訓）

由此觀之，社會是起於自然，而國家是起於武力，且後者起源較

晚，是在聖人鑑於社會秩序無法維繫時，才建立武力，以之形成政治制度——國家，俾救亡圖存。此種觀點與荀子及管子的看法大致相似，均以人類需要之有待滿足而形成社會，而後又由於秩序無法維持而產生國家。這與人類學之看法亦大致相同。

3.社會化　劉安對於人類行為之習得與表現，多認為是環境因素造成的。換言之，是社會化的結果，例如他說：

> 羌、氐、僰、翟，嬰兒生皆同聲，及其長也，雖重象狄鞮，不能通其言，教俗殊也。今三月嬰兒，生而徙國，則不能知其故俗。由此觀之，衣服禮俗者，非人之性也，所受於外也。……人之性無邪，久湛於俗則易，易而忘本，合於若性，故日月欲明，浮雲蓋之；河水欲清，沙石濊之；人性欲平，嗜欲害之。（淮南子齊俗）

由此可見，社會化對於人格的影響了。他又說：

> 夫馬之為草駒之時，跳躍揚蹄，翹尾而走，人不能制。……及至圉人擾之，良御教之，掩以衡扼，連以轡銜，則雖歷險超壍弗敢辭。故其形之為馬，馬不可化，其可駕御，教之所為也。馬，聾蟲也，而可以通氣志，猶待教而成，又況人乎。（淮南子脩務訓）

馬是動物，猶待化（教）而後才改變行為；人也是動物，當然亦須教化（社會化）方能符合社會規範的要求。因此，社會化是人成為社會成員，表現社會行為的必然過程，如果不經此過程，則社會生活殆無可能。社會化雖然未必將每位社會成員都變成「規範的奴隸」，但對大多數人而言，社會化仍有其效果。例如他說：

> 且子有弑父者，然而天下莫疏其子，何也？愛父者眾也。儒有邪辟者，而先王之道不廢，何也？其行之者多也。今以為學者之有過而非學者，則是以一飽之故，絕穀不食，以一蹟之難，輟足不行，惑也。（同上）

可見對大多數人而言，社會化卻有改變行為、使其遵守社會規範的功能。事實上，社會化不可能使社會之人齊一行為，統一思想，因為影響社會化的因素遏阻了功能的發揮。⑮ 劉安有鑑於此，認為社會化雖不能對每一社會成員發揮作用，但足可使影響社會過程的大多數成員，表現社會規範要求之行為。所以社會化有其價值，因為唯有通過社會化，社會秩序才能建立，社會組織才有可能。

4.社會制度的起源　　劉安認為，社會制度之產生係因應人類需要（欲）的結果。人有某種需要，便有某種制度。因此，制度是用來滿足人類需要的。如果人類需要不能滿足或滿足不當，則社會必然不安，政治亦必動盪。反之，「因民之欲也，故能因則無敵於天下矣。」（淮南子泰族訓）社會制度之重要，於此亦可見一斑。例如他說：

> 夫物有以自然，而後人事有治也。故良匠不能斲金，巧冶不能鑠木，金之勢不可斲，而木之性不可鑠也。埏埴而為器，窬木而為舟，鑠鐵而為刃，鑄金而為鐘，因其可也。駕馬服牛，令鷄司夜，令狗守門，因其然也。民有好色之性，故有大婚之禮；有飲食之性，故有大饗之誼；有喜樂之性，故有鐘鼓筦絃之音；有悲哀之性，故有衰絰哭踊之節。故先王之制法也，因民之所好而為之節文者也。因其好色而制婚姻之禮，故男女有別；因其喜音而正雅頌之聲，故風俗不流；因其寧家室，樂妻子，敎之以順，故父子有親。因其喜朋友而敎之以悌，故長幼有序，然後脩朝聘以明貴賤，饗飲習射以明長幼，時蒐振旅以習用兵也。入學庠序，以脩人倫，比皆人之所有於性，而聖人之所匠成也。（淮南子泰族訓）

---

⑮ 遏阻社會化發揮功能的因素主要有二：一為社會化機構間的競爭；一為反社會人格。見 Leonard Broom others, *Sociology: A Text with Adapted Readings* (N. Y.: Harper & Row, 1981), pp.106-107.

因此，婚姻制度起於好色之性；經濟制度起於飲食之性；娛樂制度起於喜樂之性；喪葬制度起於悲哀之性，餘此類推。由此可知，制度之產生與需要（欲、或性）之滿足密切有關。這些需要有的屬於生理的，有的屬於心理的。為了滿足這些需要，進而導致社會組織之產生。由此可見，社會組織不過是因應生理與心理需要的滿足，所產生的因應措施而已。

總之，在劉安的社會思想中，以生理與心理之需要，而引發社會制度以求滿足也。此種觀點與當前社會學中之論點，應無不同之處。

5.社會文化之發展與變遷　照劉安的觀點，社會文化的發展與變遷是漸進的，或演化的；也就是古之聖哲士鑑於實際需要而漸次發明的。發展是有計畫的變遷，聖哲鑑於人類實際生活之困難，乃據其智慧創造發明；使人的生活無虞，生命無慮，而社會亦因之而發展。例如他說：

古者民澤處復穴，多日則不勝霜雪霧露，夏日則不勝暑蟄蚊蝱。聖人乃作為之，築土構木，以為宮室，上棟下宇，以蔽風雨，以避寒暑，而百姓安之。伯余之初作衣也，緂麻索縷，手經指挂，其成猶網羅，後世為之機杼勝複，以便其用，而民得以掩形御寒。古者剡耜而耕，摩蜃而耨，木鉤而樵，抱甀而汲，民勞而利薄，後而為之耒耜耰鉏斧柯而樵，桔橰而汲，民逸而利多焉。古者大川名谷，衝絕道路，不通往來也，乃為窬木方版，以為舟航，故地勢有無得相委輸，乃為靻蹻而超千里，肩荷負儋之勤也，而作為之楺輪建輿，駕馬服牛，民以致遠而不勞。為鷙禽猛獸之害傷人，而無以禁御也，而作為之鑄金鍛鐵以為兵刃，猛獸不能為害。故民迫其難，則求其便；困其患，則造其備。人各以其所知，去其所害，就其所利，常故不可循，器械不可因也，則先王之法度，有移易者矣。

（淮南子氾論訓）

文化發展是因應人類需要和問題而來。一俟需要滿足，再造新的文化，以期此需要得到更高之滿足，如此文化便不斷演化。按劉安之意，文化雖然不斷演化，基本上含有進步之意。因為文化（尤其是物質文化）含有便利的特性，換言之，只要應付難題有效，此文化之發明便被接受。所謂「民迫其難，則求其便，困其患，則造其備。」所以創造新而便利的方法，克服困難，滿足需要乃文化產生之主要原因。由於人類困難良多，創造克服困難的文化因之大增；而且尚須不斷增進文化，以使問題更易克服，更易解決，文化卽隨之而進步。

在社會政治上的文化發展與變遷亦然。換言之，社會政治變遷（包括文化變遷），亦是因應社會需要而進行者。劉安說：

治國有常而利民為本，政敎有經而令行為上；苟利於民，不必法古；苟周於事，不必循舊。夫夏商之衰也，不變法而亡；三代之起也，不相襲而王。故聖人法與時變，禮與俗化；衣服器械，各便其用；法度制令，各因其宜；故變古未可非，而循俗未足多也。（同上）

因此只要環境需要，或因應環境的需要，社會卽須不斷改變。故社會可以因時、因地、因人而改變。社會中任何體制均非固定不變。這顯然是商鞅的觀念（商君書開塞）。所謂「先王之制，不宜則廢之；末世之事，善則著之。是故禮樂未始有常也，故聖人制禮樂而不制於禮樂。」（同上）由此亦可知，劉安所側重者是文化的社會功能。換言之，只要有益於社會之文化，就應卽時改變社會舊有之制度以接受之。因為時代不同，人的需要改變，故須有新的制度創新，才能滿足其需要。劉安說：

古者民醇工龐，商樸女重，是以政敎易化，風俗易移也。今世德益衰，民俗益薄，欲以旣樸重之法治旣弊之民，是猶無鏑銜橛策錣而御馯馬也。（同上）

所以在社會中，某一現象改變，則其對應措施亦須改變，以資因應。

德與俗既然不復以往，即不能以樸重之法治之，必須針對時弊另立新法（制度），方能濟此時弊。

　　基本上，劉安認為，社會變遷是一衰退過程。上古時期，風調雨順，萬物滋長，欣欣向榮，「機械詐偽，莫藏於心。」（淮南子本經訓）「逮至衰世，鑴山石鐸金玉，……鑽燧取火，構木為臺，焚林而田，竭澤而漁，人械不足，畜藏有餘，而萬物不繁兆。」（同上）頗有文化愈發展，社會愈衰退之義。後來社會「飾職事，制服等，異貴賤，差賢不肖，經誹譽，行賞罰，則兵革興而分爭生。民之滅抑夭隱，虐殺不辜，而刑誅無罪，於是生矣。」更由於「人眾財寡，事力勞而養不足，於是忿爭生。」（同上）社會為了維持秩序，確保安全，乃「貴仁」、「貴義」、「貴禮」、「貴樂」。蓋「可以救敗，而非通治之至也」。（同上）但因為仁、義、禮、樂不足以知神明、守道德，故「德遷而為偽……飾智以驚愚，設詐以巧上。……能愈多而德愈薄矣。」（同上）社會至此，便須針對現況，施以新的因應措施，此種新措施，即文化創新。由此可知，雖然社會變遷是一種衰退過程，但在此過程的同時，卻有新的文化產生；亦就因為有此種新文化創造，致使社會更進一步「惡化」。此種思想可謂道家思想的引申。

　　總之，在劉安的觀念中，社會變遷是種衰退的過程，為了應付此過程中的問題而創造新文化，結果新文化造成更多的問題，再使社會為之變遷。如此直下，社會不斷衰退。此種觀點，頗有意義，不過只是低估文化的正面價值，這可說是道家思想的通性。

　　6.政治主張　劉安的政治主張，與其社會文化變遷論密切有關。換言之，政治雖然是因應時代的一種措施，但基本上仍應回到「無為」的境界。不過他所謂之「無為」，與老莊思想並不相同。劉安所謂之「無

爲」，是「遵循客觀事物本來固有的性能和趨勢而行動。」❻這與老子純任自然的消極思想，迥然不同。換言之，劉安認爲，無爲卽不以人爲手段破壞自然現象之固有特性，並順此特性而發展，則「無爲」卽「有爲」。因此，在政治上，他便以此種中心觀念，調適各種複雜之人際關係。

　　(1)君臣關係　君主爲維持社會秩序，而由社會大衆賦予其合法之地位與權力或權威（勢），然後用此權力制定法律，束縛人民的行爲，以便於治理。但徒法無以自行，故須設官分職，各有職掌，以執行法律。因此在政府之中，便有一個龐大的科層制度。一個君主面對衆多的科僚，如何控制始能發揮效果，又成了政治中之主要課題。而君臣關係的良窳，乃是科層制度發揮效果的基本所在。君臣間欲建立良好的關係，首先要選擇適當人才擔任適當職務。他說：

　　　　所任者得其人，則國家治，上下和，羣臣親，百姓附。所任非
　　　　其人，則國家危，上下乖，羣臣怨，百姓亂。（淮南子主術訓）

　　有了適當人選之後，任之以官，賦予任務；但須恰到好處，過或不及，均非所宜。他說：

　　　　士不兼官，各守其職，不得相姦。人得其宜，物得其安，是以
　　　　器械不苦，而職事不嫚。夫責少者易償，職寡者易守，任輕者易權，
　　　　上操約省之分，下效易爲之功，是以君臣彌久而不相猒。（同上）

　　有適合人選，賦予適當任務，則爲君者「淸靜無爲」，「廉儉守節」，「處愚稱德」。如此，則「萬物歸之」，「天下遺之」。此時「羣臣輻湊竝進，無愚智賢不肖，莫不盡其能。」（同上）同時，君對臣還須「重爲惠」，使臣子之心理與物質皆可獲得滿足。如此則自當忠於職守、國家、與君主。所以君臣之間，基本上涉及到一種工具關係。所謂「君臣之施

---

❻　木鐸出版社主編「中國歷代哲學文選」兩漢隋唐之部，頁 49，臺北市，
　　民國六十九年。

者，相報之勢也，是故臣盡力死節以與君，君計功垂爵以與臣。」(同上)
由此觀之，君臣關係，基本上亦交換關係。

　　(2) 君民關係　國之有君，要在維持社會秩序，統管社會事務，
所以君應以民為主，也就是以全民福祉為施政之歸向。所謂「人主者，
以天下之目視，以天下之耳聽，以天下之智慮，以天下之力爭。」（同
上）因此，君主之行為，應以人民福利為前提、為依歸，君主如以民之
福利為依歸，則首須無欲，蓋無欲則不貪，不貪則省歛，他說：

　　　　為治之本，務在於安民；安民之本，在於足用；足用之本，在
　　　　於勿奪時，勿奪時之本，在於省事；省事之本，在於節欲。（淮南
　　　　子詮言訓）

　　劉安的主張，基本上是道家思想的反應。他認為君主必須弱其志，
以「無為」而為，才能布施百姓。所以他極端重視君主個人的「野心」。
他認為，唯有「利不動心，」「廉而能樂，」「靜而能澹」（同上）之人，
才是一個好的君主。他說：

　　　　上多故則下多詐，上多事則下多態，上煩擾則下不定，上多求
　　　　則下交爭，不直之於本，而事之於末，譬猶揚堁而弭塵，抱薪以救
　　　　火也。故聖人省事而易治，求寡而易澹，不施而仁，不言而信，不
　　　　求而得，而為而成，塊然保真，抱德推誠，天下從之，如響之應聲，
　　　　景之像形，其所修者本也。（淮南子主術訓）

　　「無為」是本，修本要節欲。君無欲，則民用足；民足用，則固政
權。否則，民如載舟之水，可載舟，可覆舟，不可不慎。所謂「立君以
一民，君執一則治，無常則亂，君道者，非所以為也。」(淮南子詮言訓)

　　所以，君須以「無為」為民謀福祉，民須以守德以死其事，則國家
得治，社會得安。

　　7.社會控制　在劉安的思想中，社會與國家並無區別，所以社會控

制，也就是國家控制。一般言之，他用以控制社會的方法，與儒、道、法三家皆有關係。換言之，在內在控制上，他主張用道家的無欲、無為，削減個人的野心，使安於自然之理，如此，社會有秩序，國家能安定。但他也主張以儒家之仁義道德為個人規範內化之要素，並由此而改變人之行為，使作姦犯科無由發生。然而另一方面，他卻用刑罰，乃至用兵之外在控制。所以法律（規範）就成了控制社會之工具了。但是，外在的刑罰控制，必須是為社會或國家而控制，不是為了個人政權的保有，或個人利益之保護而控制。因此，他所言及之社會控制，包括道、儒、法各家之主要觀念。例如他說：

> 故至人之治也，心與神處，形與性調，靜而體德，動而理通，隨自然之性，而緣不得已之化，洞然無為，而天下自和；憺然無欲而民自樸，無禨祥而民不夭，不忿爭而養足，兼海內，澤及後世，不知為之者誰何。（淮南子本經訓）

凡此所為者，即道。由此可知，如果人人以道自化，則社會自然有秩序；因民不忿爭，天下養足。所以基本上，人如有道，則自內控制，既無欲，又無為，一切外在文化制度皆無用處，這便是道家的思想。

然而另一方，仁義、道德、禮樂亦有控制作用。例如他說：

> 夫仁者，所以救爭也；義者，所以救失也；禮者，所以救淫也；樂者，所以救憂也。（同上）

這又與儒家的思想接近了。同時他指出，法更是社會控制的有效工具。故說：「法者，治之具也。」（淮南子泰族訓）也就是維持社會秩序不可或缺的方法。故統治者須以立法為手段，以正人心。所謂「法者非天墮，非地生，發於人間，而反以自正。」（淮南子主術訓）但法是外在控制，不能澈底改變個人人格。蓋人格改變（規範內化）才是最有效控制。況且法的制定與執行均在於人，如人謀不臧，則法便不能發揮效果。所以

他說:

> 故法雖在，必待聖而後治……故國之所以存者，非以有法也，
> 以有賢人也；其所以亡者，非以無法也，以無賢人也。（淮南子泰
> 族訓）

由此可見，法本身功能之表現，尚待有賢人制定、執行，否則徒法
不能自行。且法的功能是局部的、消極的、表面的。因為「法能殺不孝
者，而不能使為孔曾之行。法能刑竊盜者，而不能使人為伯夷之廉。」
（同上）

綜合言之，劉安的社會控制觀，主要分為三個層面：一為道家的無
欲、無為面。人心如止水，動行合於自然之理（事務之必然關係，也就
是道），人自然不會有越規行為發生，社會可得而維繫。二是儒家的仁
義禮樂面。要在陶冶情緒，改變人格，使人動靜合宜，社會得有秩序。
三為法家之法律刑罰面。以法為工具，並以刑兵為手段（見淮南子主術
訓、兵略訓），期由外而限制人之行為。此三層面，亦可謂之三個衰退
階段，換言之，道家之理想最佳，儒家的作法次之，法家的手段為後。
此種觀點如配合其社會變遷理論，當亦可知其梗概了。

三、劉安社會思想評述　劉安「淮南子」一書，因係集許多門客所
作，故見解論點並不一致。全書並無一個中心論題，各篇也有矛盾之
處。不過讀「淮南子」要在能把其中含蘊之道、儒、法、陰陽各家思想
融會貫通，挹此注彼，方有意義。前人多以九流十家之思想要旨衡量，
看來不無雜蕪，但如何整合，這可能是學術上的一個大問題，（事實上，
把中國學術思想的不同派別貫穿在一起，也是值得思考的問題。）也是
最有意義的一個問題。

一般言之，劉安在社會思想上的最大貢獻，在其社會文化變遷之學
說。此說雖然遠紹老莊，但卻在變遷的過程中強調文化創新與適應。事

實上，他的思想遠比老莊現實。他對每一變遷，均視爲衰退之階段，但卻能針對當時衰退情況，提出不同之控制方法，以及滿足不同需要的制度。所以他並不堅持「以古非今」，也無恢復遠古的明確主張。他既肯定社會變遷不可避免，則就應面對現實，設法補救，這與逃避現世、消極無爲的道家思想，迥然不同。換言之，他以道家爲理想，但了解無法恢復和實現其理想，所以全書中，乃不得不以儒家與法家之思想爲調適社會生活的工具。他能兼容並包，不斥異己；面對現實，無所規避，這可能是他最大的貢獻和特質。

第八節　桑　弘　羊

一、略傳　桑弘羊漢洛陽人氏，生於漢景帝初年(西元前一五二年)，卒於漢昭帝元鳳元年(西元前八十年)。武帝時，官至御史大夫，爲漢代有名之財政專家。桑氏父爲洛陽巨賈，自幼耳染目濡，「遂醞釀出他的新經濟方略，也就是國營事業的政策。」❼元封元年，桑弘羊爲治粟都尉，領大農。昭帝始元六年(西元前八十一年)，桑弘羊和昭帝詔郡國賢良文學，就財政問題（鹽鐵國營問題）於闕廷之上展開激烈的爭辯，辯論結果由桓寬整理撰述，是爲「鹽鐵論」。該書十卷，六十篇。桑弘羊之思想由其中之對話，了然可見。

二、社會思想　桑弘羊之思想，主要以財政爲主，間亦言及其他。其社會思想可分以下幾點。

1.利爲最高之社會價值　桑弘羊推崇商鞅，故以法家爲其思想基礎。他以人性之趨利避害爲依據，認爲人以追求利益爲主，亦以利爲其最高之社會價值。他說：

---

❼　韓復智著「兩漢的經濟思想」，頁 41，臺北商務，民國五十八年。

第二章　西漢的社會思想　227

司馬子言天下穰穰，皆爲利往。趙女不擇醜好，鄭嫗不擇遠近，
商人不媿恥辱。戎士不愛死，力士不在親，事君不避其難，皆爲利
祿也。儒墨內貪外矜，往來游說，栖栖然，亦未爲得也。故尊榮者，
士之願也；富貴者，士之期也。（鹽鐵論毀學第十八）

利既爲人人追求之對象，故爲最高之社會價值，個人之行爲即受此價值
之指引。因此，桑弘羊的思想有極端的功利觀念。例如他說：

古者經井田，制廛里。丈夫治其田疇，女子治其麻枲，無曠
地，無遊人。故非工商不食於利末，非良農不得食於收穫，非執政
不得食於官爵。今儒者釋耒耜而學不驗之語，曠日彌久而無益於理；
往來浮游，不耕而食，不蠶而衣，巧僞良民，以奪農妨政，此亦當
世之所患也。（鹽鐵論相刺第二十）

這是「不勞動不得食」的主張。因此，他亟力反對不事生產之儒
生。他說：

文學言治，尚於唐虞；言義高於秋天，有華言矣，未見其實也。
……夫仲尼之門，七十子之徒，去父母，捐室家，負荷而隨孔子，
不耕而學，亂乃愈滋。（同上）

不事生產，便無實利可言。於社會，於個人皆無益處。桑弘羊不齒此種
行爲，此乃法家思想的一貫主張。

　2.重商主張　桑弘羊原係一巨賈之子，其重商思想多少與家庭及時
代背景有關。蓋漢在統一天下之初，由於戰爭連年，百廢待興，於是行黃
老之術，意欲予民生養休息而社會安定，但卻予工商發展之最好契機❸。
雖然高祖推行重農抑商政策，但效果不彰，主要是由於社會安定之後，
亟需工商，以濟時需，所以發展商業就成了當時社會的一種思想潮流。

❸　見韓復智著「漢史論集」，第一篇，「兩漢經濟問題的癥結」，文史哲出版
社，臺北市，民國六十九年。

桑弘羊就是極力主張發展商業的大思想家。不過他之所以重視商業，主要在他看到商業對於社會的功能。他說：

> 五行，東方木而丹章，有金銅之山；南方火而交趾，有大海之川；西方金而蜀隴，有名材之林；北方水而幽都，有積沙之地，此天下所以均有無而通萬物也。今吳越之竹，隋唐之材，不可勝用，而曹篩梁宋，采棺轉尸，江湖之魚，萊黃之鮐，不可勝食。而鄒魯周韓，藜藿蔬食，天地之利無不瞻，而山海之貨無不富也。然百姓匱乏，財用不足，多寡不調，而天下之財不散也。（鹽鐵論通有第三）

商業之最大功能，在其互通有無，使人民之所需均可獲得滿足。桑弘羊之此種觀點，頗值稱讚。道家主張「甘其食，美其服，安其居，樂其俗，」（老子八十章）只是一種消極的生活態度，只有靠商通有無，才是積極發展的表現。有無互通，需要滿足，人類生活層次才可提高。他又說：

> 古之立國家者，開本末之途，通有無之用，市朝以一，其求致士民，聚萬貨，農商工師，各得所欲，交易而退。易曰：通其變，使民不倦。故工不出則農用乖，商不出則寶貨絕。農用乏則穀不殖，寶貨絕則財用匱。（鹽鐵論本議第一）

此外，商業可以致富。他說：

> 燕之涿薊，趙之邯鄲，魏之溫軹，韓之榮陽，齊之臨淄，楚之宛丘，鄭之陽翟，三川之二周，富冠海內，皆為天下名都。非有助之耕其野而田其地者也。居五諸侯之衢，跨街衝之路也。故物豐者民衍，宅近市者家富。富在術數，不在勞身；利在勢居，不在力耕也。（鹽鐵論通有第三）

總之，社會的需要是多面的。商在社會中有互通有無，從事交換之

功能。而另一方面，亦可因此而致富，民富則國富，所以重商乃富國強兵，威臨天下的手段。當然重商致富，往往造成社會貧富懸殊。不過桑弘羊認爲，這是先天才知不平等所造成的結果。他說:

故聖人因天時，智者因地財，上士取諸人，中士勞其形，長沮桀溺，無百金之積，蹠蹻之徒，無猗頓之富。（鹽鐵論力耕第二）

不過，有富者之財，濟貧者之窮；且致富求利悉以正當手段，未嘗不利於國家社會也。

3.社會控制　桑弘羊是漢初法家思想復興的代表⑲。他的中心觀念是功利、實效、秩序、與管理。所以他首先推崇商鞅。他說:

昔商君相秦也，內立法度，嚴刑罰，飭政教，姦僞無所容。外設百倍之利，收山澤之稅，國富民強，器械完飾，蓄積有餘，是以征敵伐國，攘地斥境，不賦百姓而師以贍；故用不竭而民不知，地盡西河而民不苦。……秦任商君，國以富強，其後卒并六國而成帝業。及二世之時，邪臣擅斷，公道不行，諸侯叛弛，宗廟隳亡。（鹽鐵論非鞅第七）

所以桑弘羊的社會控制觀念，基本上與商鞅多有雷同之處——嚴刑峻法。桑弘羊認爲，社會之人，並非皆可教導。有的人天生性劣，無可施教。他說:

賢不肖有質而貪鄙有性，君子內潔己而不能純教於彼。故周公非不正管蔡之邪，子產非不正鄧皙之僞也。夫內不從父兄之教，外不畏刑法之罪，周公子產，不能化必也。今一二則責之有司，有司豈能縛其手足而使之無爲非哉?（鹽鐵論疾貧第三十三）

所以對於天性趨惡，無可救藥之民，祇有施以刑罰，方能免其爲害社會。他說:

---

⑲ 見薩孟武著「中國政治思想史」，頁 187，三民書局，六十一年再版。

古之君子，善善而惡惡。人君不畜惡民，農夫不畜無用之苗。無用之苗，苗之害也；無用之民，民之賊也。鉏一害而眾苗成，刑一惡而萬民悅，雖周公孔子，不能釋刑而用惡。家之有鉏，子器皿不居，況鉏民乎？民者教於愛而聽刑。故刑所以正民，鉏所以別苗也。（鹽鐵論後刑第三十四）

桑弘羊的觀念與儒家人人可以為堯舜的思想，迥然不同。對於教無益而又怙惡不悛之民，與其讓其為害人羣，不如繩以刑罰，甚至與社會永遠隔離，亦在所不惜。

因此，要維繫社會秩序，非法不為功，何以言之。桑弘羊說：

令者，所以教民也；法者，所以督姦也。令嚴而民慎，法設而姦禁。罔疏則獸失，法疏則罪漏，罪漏則民放佚而輕犯禁。故禁不必法。夫傲倖誅誠，蹢躅不犯，是以古者作五刑，刻肌膚而民不踰矩。（鹽鐵論刑德第五十五）

換言之，社會控制宜採強制方式；法愈嚴，刑愈殘，民愈不敢犯。也就是以恐懼作為維持秩序的心理因素。他說：

文學言王者立法，曠若大路，今馳道不小也，而民公犯之，以其罰罪之輕也。千仞之高，人不輕凌，千鈞之重，人不輕舉。商君刑棄灰於道而秦民治。故盜馬者死，盜牛者加，所以重本而絕輕疾之資也。……盜傷與殺同罪，所以累其心而責其意也。（同上）

以嚴刑峻法手段控制社會，有其極限。尤其對受法律制裁者的親友而言，嚴刑峻法是其情緒上的最大挫折與創傷。因此，凡與受法律制裁者有基本關係者，往往就是後來反政府、反社會的來源。所以基本關係與社會控制之間，也有某種關係存在。例如侍御史（非桑弘羊）說：

春秋罪人無名號，謂之云盜。所以賤刑人而絕之人倫也，故君不臣，士不反，於閭里無所容。故民始犯之，命不軌之民犯公法，

以相寵舉棄其親，不能伏節死理，遁逃相連，自陷於罪，其被刑戮，不亦宜乎？一室之中，父兄之際，若身體相屬，一節動而知於心。故今自關內侯以下，比地於伍，居家相察，出入相司，父不教子，兄不正弟，舍是誰責乎。（鹽鐵論周秦第五十七）

以上所言，雖非出於桑弘羊之意，但與桑氏同出一轍。其中不難看出基本團體在社會控制上所發揮之功能。換言之，基本關係親密異常，對於違規者時予觀察，舉凡語談舉止，每能親睹親聞，如有越規之處，輒予糾正●；因此「父不教子，兄不正弟，」對於其子弟之越規行為，自應負責。

三、桑弘羊思想批判　桑弘羊之社會思想，是先秦法家社會思想的復甦。其中對社會的基本哲學觀點，不外是商鞅的功利觀念和實效表現。桑弘羊以利為社會的最高價值，當然無可否認，不過除利之外，名與權亦係最高價值。他講實際，言效果，不尚空談。所謂崇法務實，是其思想之中心趨向。

此外，他強調商業的重要，尤其以商業之功能說明商對於社會國家的貢獻。這點雖然與儒、道兩家思想趨向不同，不過他所舉出的理由，均與實事相符。

至於他強調以刑罰控制社會，雖然稍有偏頗，仍不失為有效方法之一。事實上，無論是以社會化或以刑罰為控制工具，基本上皆不周全。教化屬於內，刑罰屬於外，兩者目標一致，但方式不同。桑弘羊強調人格差異，對於怙惡不悛之徒，無救藥之民，主張革除，以免影響他人。此種方式固對越規者是種直接反應，但可能因此而導致其他問題，尤其是與越規者有基本關係之人，可能遭受牽連，或因之而採取敵視社會的

● 郝繼隆、張承漢著「社會學」，頁 167，臺灣開明書店，臺北市，民國六十五年。

態度與行動。所以，一方面要顧及社會秩序，另一方面要兼顧違規者的基本關係，兩者之間實難以取捨。實則應兼容並包，並根據客觀情況而採取不同方式。唯此種情況自古難全，故才有不同之思想趨向。

第三章　東漢的社會背景

　　王莽篡漢，建國號新，由於法令繁苛，民不聊生，各地饑民蜂起爲盜賊，一時社會大亂。劉秀起兵舂陵，打敗莽軍，即位於鄗南；後定赤眉，一統天下，仍建國號漢（史稱東漢或後漢），是爲漢光武帝。劉秀建國以後，國內羣雄割據，局面不穩，至建武三年赤眉消滅之後，秩序大致恢復，又十年，中國始完全統一。

　　劉秀統一中國，在政治上並無作爲。其「心目中最大的政治問題似乎只是怎樣鞏固自己和子孫的權位而已。他在制度上的少數變革都是朝著這方向的」[21]。爲了安全計，只在中央的科層制度上稍加改革；另外改革軍隊，凡此「無非以強幹弱枝，預防反側罷了。」[22]可是大亂之後的社會，卻百廢待興，「百姓虛耗，十有二存」（後漢書），所以當時的問題，不外乎秩序的維持與經濟的復甦。及至一切恢復之後，豪族兼併土地，造成貧富之極端懸殊[23]，是東漢最大的社會問題。

　　而當時思想界，也有重大之改變。蓋讖緯迷信流行，先秦學說幾都

---

[21]　張蔭麟著「中國史綱」，第十一章，第六節，民國四十五年，正中書局。

[22]　同上。

[23]　見韓復智著「漢史論集」，頁 151，文史哲出版社，民國六十九年。

失傳㉔。因此，政治上的一切措施，幾乎完全由讖緯之說決定。讖緯之
說卽宿命論，是妨礙發展的最大阻力。因此，在此種社會背景之下所發
展出來的社會思想，自然就有反消極、反低沉、反迷信之傾向。

第四章　東漢的社會思想

第一節　王　　充

一、**略傳**　後漢書云：「王充字仲任，會稽上虞人也。……充少孤，鄉里稱孝，後到京師，受業太學。師扶風班彪。好博覽而不守章句。家貧無書，常游洛陽市肆，閱所賣書，一見輒能誦憶，遂博通衆流百家之言。後歸鄉里，屏居教授，仕郡爲功曹，以數諫爭不合去。」（後漢書四十九卷）生於光武帝建武三年（西元二十七年），卒於和帝永元八年（西元九十六年）。王充因不齒當時的社會積弊，乃專心著述。後漢書本傳說，王充著「論衡」八十五篇，都二十餘萬言。其中招致一篇闕。晚年「作養性之書，凡十六篇。養氣自守，適時則酒，閉明塞聰，愛精自保，適輔服藥引導。」（論衡卷三十自紀）但已不傳。故欲觀其思想，「論衡」一書可得窺之。另作譏俗、政務、實論等篇，亦不傳。

王充是我國古代最富批判精神的思想家。他不僅針對當時的讖緯迷信，予以批評，而對儒家思想亦予詰問（見問孔篇）。正因如此，「論衡」

一書的思想，一直未受歷代學者之重視，反多予誣衊❷。實則綜觀我國歷代學者，其求眞求實，富有戰鬥精神者，捨王充實不作第二人想。徐道鄰說，王充是一千九百年前的一位「邏輯實證家」❸，其富於批判精神，應非偶然。玆就其社會思想臚述如下。

　　二、方法論　王充的方法論，是其學術思想之主要根基。換言之，王充思想之所以有價值，乃在其思考方法上的成就。王充認爲，知識的獲得，要靠三種行爲：一爲學習；二爲思考；三爲經驗❷。因此，對於社會現象的解釋或因果關係的說明，必須由此三方面獲得之知識爲基礎，方爲正確可靠。換言之，忖測、幻想而得的「知識」，不算是知識。知識必須能夠驗證，也就是必須能「考之以心，效之以事。」（論衡對作）以事實驗證假設，俾發掘事物之眞相。所以他說：

　　　　詩三百，一言以蔽之，曰思無邪，論衡篇以十數，亦一言也，曰疾虛妄。（論衡佚文）

因此，王充每論一事，皆列舉事實，加以驗證，所謂「事莫明於有效，論莫定於有證。」（論衡薄葬）又謂「略舉較著以定實驗。」（論衡遭虎），卽在不應遽下結論，如此才能取信於人。他說凡論事者，「違實不引效驗，則雖甘義繁說，衆不見信。」（論衡知實）他的方法論，正是現代社會學理論建立的依據，也是當今社會學研究法的基本朝向。

　　2.知識社會學　「論衡」實知篇所言之「知」，應是知識社會學中之主要課題。如前所言，知識之建立，在方法，可是中國古代把知當作是個人特殊秉賦的表現。尤其是聖人才是知識的創始者。他說：

---

❷　詳見劉盼遂集「論衡集解附錄」，頁593-644，世界書局，民國五十六年，臺北市。

❸　徐道鄰著「王充論」，見項維新等編「中國哲學思想論集」，頁147，牧童出版社，民國六十七年，臺北市。

❷　同上，頁 149。

儒者論聖人，以爲前知千歲，後知萬世；有獨見之明，獨聽之
聰。事來則名，不學自知，不問自曉。故稱聖則神矣。……此皆虛
也。（論衡實知）

中國古代把聖人當作是知識的唯一來源，實肇始於儒家。孔子稱讚
三皇五帝文武周公，這些人不僅有德，而且有知。德是知的表現，所以
社會之人均應效法聖人，蓋聖人卽「知」，或無所不知。

王充一反舊說，他認爲，知應實，亦卽知與實應相符。既然如此，
則天下必有「不可知」之事，這與「難知」不同。前者「問之學之，不
能曉也；」後者「學問所能及也。」因此他說：

以今論之，故夫可知之事者，思慮所能見也；不可知之事，不
學不問不能知也。不學自知，不問自曉，古今行事未之有也。夫可
知之事，推精思之，雖大無難；不可知之事，（不）屬心學問，雖小
無易。故智能之士，不學不成，不問不知。（同上）

聖人是智能之士，不學不問，斷無可知之實。換言之，知是現象的
客觀存在，不學不問，則近於無社會化，自然不能知。王充批評儒者論
聖人，可以說是打破權威，崇尚事實之具體表現。因此，他一方面指出
傳統儒者對知之「無知」，另一方面，又指出實知的來源。這種一反傳
統追求實知之精神，在中國思想史上，殊屬少見。

3.宇宙的起源與自然主義　王充在「論衡」自然篇云：「天地合氣，
萬物自生，猶夫妻合氣，子自生矣。」又云：「天動不欲以生物而物自
生，此則自然也；施氣不欲爲物而物自爲，此則無爲也。」王充的這兩
段話，雖然哲學意味濃厚，但強調自然的力量，卻有極深遠之社會學含
義。在王充看來，世間萬物皆從自然——物質之天——而生，從人類到
國家社會，無不循此定律進行。所以人不能改變此一事實。天亦是自然，
所以應按照自然賦予的功能去表現。他說：

> 天者，普使氣萬物之中，穀愈饑而絲麻救寒，故人食穀衣絲麻
> 也。夫天之不故生五穀絲麻以衣食人，由其有災變不欲以譴告人也。
> 物自生而人衣食之，氣自變而人畏懼之。以若說論之，厭於人心
> 矣。（論衡自然）

換言之，天沒有意志，沒有欲望，天只發揮本身所有之功能罷了。這種
觀點，主要在打破天人感應的迷信（董仲舒的哲學觀），進而否定帝王
神權的觀念。

雖然天無為，但人不可消極無為，人應該「以不為而為，」「不治
而治。」也就是說，人的有為須在不違背自然的情況下為之；須在不破
壞自然法則的條件下進行。例如他說：

> 雖然自然，亦須有為輔助。未耜耕耘，因春播種者，人為之
> 也；及穀入地，日夜長，人不能為也；或為之者，敗之道也。宋人
> 有閔其苗之不長者，就而揠之，明日枯死。夫欲為自然者，宋人之
> 徒也。（同上）

他這種自然主義之觀點，用之於社會關係之上，即放任政策。從「夫婦
法天地」到國家「垂拱而治」，均按自然法則進行，則社會自然得治也。

4.人性及人格等別　王充認為，人性之中有善有惡。他反對孟子的
盡善說，不贊成荀子的盡惡說，不同意告子之無所謂善惡說，也又接受
揚子的性善惡混合說。他認為人性之中善惡兩種特質並存。他說：

> 稟氣有厚泊，故性有善惡也。……人之善惡共一元氣，氣有少
> 多，故性有賢愚。（論衡率性）

按王充之意，人性是一種先天的生物傾向，善惡是此種傾向表現的
特性。人氣多少不同，所以善惡之表現迥異。此處所謂「氣」，頗似心
理學中所謂之影響人格發展的生物因素——遺傳。故氣之多寡不同，人
格表現之善惡，亦隨之有別。例如他說：

小人君子禀性異類乎？譬諸五穀皆爲用，實不異而效殊者。……殘則授不仁之氣泊，而怒則禀勇渥也。仁泊則戾而少愈；勇渥則猛而無義。（同上）

人表現惡則殘；表現善則仁。所以善與惡與生俱來，人皆有之，唯兩者在人格中之分配不同耳。例如他說：

實者人性有善有惡，猶人才有高有下也。高不可下，下不可高，……余固以孟軻言人性善者，中人以上者也。孫卿言人性惡者，中人以下者也。揚雄言人性善惡混者，中人也。（論衡本性）

由此而言，人性中善惡分配不同，成就三種不同之人格——中人以上，中人以下，及中人。

人性善惡之多寡雖然可以形成不同之人格，但透過敎化，可使善惡互移。他說：「人之性，善可變爲惡；惡可變爲善。」（論衡率性）他又說：

論人之性，定有善有惡，其善者，固自善矣；其惡者，故可敎告率勉，使之爲善。凡人君父審觀臣子之性，善則養育勸率，無令近惡，近惡則輔保禁防，令漸於善。善漸於惡，惡化於善，成爲性行。（同上）

又說：

今夫性惡之人，使與性善者同類乎？可率勉之令其爲善。使之異類乎？……敎導以學，漸漬以德，亦將日有仁義之操。（同上）

由上可見，王充論人性善惡，與以往儒家盡性之說不同。在他看來，善惡人人皆有，只是分配不同，但透過敎化可以化惡爲善，亦可化善爲惡。因此他顯然是重視後天的社會化，不重先天之生物特性也。

5.社會化　王充所論及之社會化或敎化，主要以其人性觀爲出發點。換言之，他認爲人性可由善而惡，亦可由惡而善，此種轉變是由社會化

而來，故他特別重視教化。蓋人性雖有善惡，而其表現可由教化加以調節。因此特別重視教化之功能。他說：

> 使人之性有善有惡，彼地有高有下，勉致其教令之善，則將善者同矣。善以化渥，釀其教令，變更爲善，善則且更宜反過於往善。猶下地增加鑱鋪，更崇於高地也。（論衡率性）

由此可見，教化之重要了。蓋依王充之意，善惡屬於生物及心理傾向；而教化能改變此種傾向，其功能卽在於此。

但王充所謂善惡可由教化而改變者，主要指一般人而言。換言之，對於極善極惡，就不是教化或學習能改變的了。他說：

> 孔子曰：性相近也，習相遠也。夫中人之性，在所習焉。習善而爲善，習惡而爲惡也。至於極善極惡，非復在習。故孔子曰：惟上智與下愚不移。性有善不善，聖化賢教，不能復移易也。（論衡本性）

王充引孔子之言，言極善極惡不能移易，在學理上頗有價值。在以往，思想家大都強調教化之重要，認爲人人皆可爲堯舜，如果不能爲堯舜或蹈法網，則是教化不當或環境所致。此種觀點頗值存疑。違規理論中有所謂生物因素，庶幾可以說明此種觀點之謬誤。

至於社會化的內容如何？王充認爲應是禮、樂與義。其教材就是儒家的經典，所謂「夫孔子之門，講習五經，五經皆習，庶幾之才也。」（論衡列通）禮樂義皆有其社會功能。他說：

> 情性者人治之本，禮樂所由生也。故原情性之極，禮爲之防，樂爲之節。性有卑謙辭讓，故制禮以適其宜。情有好惡喜怒哀樂，故作樂以通其敬。禮所以制、樂所爲作者，情與性也。昔儒舊生，……莫能實定。（論衡本性）

禮、義、樂三者可約制人之行爲，故又有社會控制之作用。此種作

用之發揮，端賴社會化之傳遞，由此個人之行爲才能合於禮、義、與樂，而社會亦可控制矣。

6.政治主張　王充之政治觀，基本上仍是以人治爲主的道德之治。雖然他以宿命論見稱，認爲治國平天下，乃至人之際遇，皆已命定，可是並不是因此而消極接受命運安排。他所謂之「命」，類似社會關係中之契機，也就是客觀環境所提供之機會。此等機會不是個人力量可以爭取的，而是由外在環境中之諸因素交織而成的行爲條件。所以，基本上，他的宿命論與道家的消極調適不同。

如前所言，王充以人本之道德主義爲其政治理想，所以他以人爲主——人爲發展的中心❷，以破除當時社會所流行的讖緯迷信。他說：

> 人，物也；物，亦物也。物死不爲鬼，人死何故獨能爲鬼？世能別人物不能爲鬼。……人之所以生者，精氣也，死而精氣滅，能爲精氣者，血脈也，人死血脈竭，竭而精氣滅，滅而形體朽，朽而成灰土，何用爲鬼？（論衡論死）

上述之言，充滿豐富之科學精神。正因如此，他的政治主張含有濃厚的人本主義之宿命觀，但以自然無爲爲理想。他說：

> 故曰：政之適也，君臣相忘於治，魚相忘於水，獸相忘於林，人相忘於世，故曰天也。（論衡自然）

由於其崇尚自然的無爲而治，他對治亂之看法即受宿命（時數）之影響。他說：

> 世之治亂，在時不在政。國之安危，在數不在教。……夫饑寒並至而能無爲非者寡，然則溫飽並至而能不爲善者希。……讓生於

---

❷　1983年國際社會福利年會討論主題。民國七十二年八月十五日臺大社會學系及研究所曾以此主題舉辦研討會。事實上，所謂人爲發展中心，即人本主義之表現。

有餘，爭起於不足，穀足食多，禮義之心生，禮豐義重，平安之基立矣。故饑歲之春，不食親戚，穰歲之秋，召及四鄰。……爲善惡之行，不在人質性，在於歲之饑穰。由此言之，禮義之行，在穀足也。案穀成敗，自有年歲，年歲水旱，五穀不成，非政所致，時數然也。（論衡治期）

由此而言，王充的思想邏輯是：時數決定地理，地理決定經濟，經濟決定治亂。所以國之治亂與人事、制度、政策等無關。王充之所以有此思想，「殆由老莊思想內容及秦漢時代環境之影響。」❷❾可是在言及政治實務時，王充並未疏忽人事及策略問題。例如在他言及政府之科層制度時指出，「王者，三公各有所主，諸侯、卿大夫各有分職。」（論衡順鼓）。他尤其注重君臣之間的關係。例如他說：

夫君猶火也，臣猶水也，法度釜也。火不求水之姦，君亦不宜求臣之罪。（論衡非韓）

君臣關係顯然建立在共同之利害上；兩者協調，方能共謀政治發展與社會安定。至於人臣之能否出仕，則又繫於適偶，視其能否適逢主好而定❸⓿。君臣關係協調之後，才能達到治國之最高目標──「夫太平以治定爲效，百姓以安樂爲符，」（論衡宣漢）屆時國泰民安，天下太平。

7.社會變遷　王充的社會變遷觀，隱含社會進化之意。儒家認爲，夏商周三代爲理想之社會境界，或遠推三皇五帝，均是人類生活之極境，換言之，黃金時代在過去。以後之社會變遷，每下愈況，以致道德衰，人心壞，所以孔子慨嘆曰：「古者民有三疾，今也或是之亡也！古之狂也肆；今之狂也蕩。古之矜也廉，今之矜也忿戾。古之愚也直；今之愚

❷❾　蕭公權著「中國政治思想史」（上），頁 358，中國文化大學出版部，民國六十九年。

❸⓿　賀淩虛著「王充的政治思想」，頁 279，社會科學論叢，臺大法學院，民國六十五年。

也詐而已矣!」（論語陽貨）然而王充卻不贊成儒家之今不如古說。 他認爲，古代誠然爲理想境界，但此種境界並非古代存在，日後之社會依然可以出現。他說：

> 儒者稱五帝三王致天下太平。漢興已來，未有太平。……聖人之德，能致太平，謂漢不太平者，漢無聖帝也。（論衡宣漢）

這種宣揚過去的太平盛世，王充並不贊成，所以他說：

> 夫實德化，則周不能過漢；論符瑞，則漢盛於周，度土境，則周狹於漢，漢何以不如周？獨謂周多聖人治致太平，儒者稱聖泰隆，使聖卓而無迹，稱治亦泰盛，使太平絕而無續也。（同上）

不僅如此，王充且從演化觀點說明社會變遷，並非今不如古。他說：

> 上世之人所懷五常也，下世之人亦所懷五常也。俱懷五常之道，共稟一氣而生，上世何以質朴，下世何以文薄？彼見上世之民飲血茹毛，無五穀之食；後世穿地爲井，耕土種穀，飲井食粟，有水火之調。又見上古巖居穴處，衣食獸之皮；後世易以宮室，有布帛之飾，則謂上世質朴、下世文薄矣。夫器業變易，性行不異，然而有質朴文薄之語者。世有盛衰，衰極久有弊也。……文質之法，古今所共，一質一文，一衰一盛，古而有之。（論衡齊世）

他否定古代優越說，強調社會變遷的因素非「人之德」，而是「時、命、數」。所以盛而後衰，衰而後盛之循環觀，就成爲其社會變遷的主要觀念。❸

8.理想社會 王充的理想社會觀，是一個「無爲而治」， 卽 「不治

---

❸ 自然篇云：「三皇之時，坐者于于，行者居居，乍自以爲馬，乍自以爲牛，純德行而民瞳矇，曉惠之心未形生也。……末世衰微，上下相非，災異時至，則造譴告之言矣。」此係指政治中之譴告而言，不應視爲社會退化之表徵。如勉強視之，則亦應是某一時期之衰退現象，並非整個社會文化之退化。

治之」的社會。換言之，他是以道家的理想社會爲境界，只是稍加積極而已。因爲王充視理想社會，仍須以政治達成，故其主張多在政治措施上着眼。例如他說：

> 曹參爲漢相，縱酒歌樂，不聽政治，其子諫之，笞之二百，當時天下無擾亂之變。淮陽鑄僞錢，吏不能禁，汲黯爲太守，不壞一鑪，不刑一人，高枕安臥，而淮陽政淸。（論衡自然）

又說：

> 治國之道，所養有二：一曰養德，二曰養力。養德者，養名高之人，以示能敬賢。養力者，養氣力之士，以明能用兵。（論衡非韓）

因此，在其理想之社會中，政治旣須無爲，而道德又受重視；同時安全亦得有保障。「是故王法不廢學校之官，不除獄理之吏，欲令凡衆見禮義之敎。學校勉其前，法禁防其後，使丹朱之志亦將可勉。」（率性）如此百姓寧集，風氣調和，過著其不治而治之生活。

三、王充社會思想評價 王充的思想，在歷史上之評價殊不一致。好之者，每多奉承；不好者，大力撻伐。❷實則王充思想優劣互見，不能以偏概全。玆就其社會思想優弱點，評之如下。

㈠優點：王充思想之最大優點，約有以下數端：1.方法論。在以往，討論社會現象的思想家，多認爲「社會應該如何」，但提不是實證的根據，或卽提及部分歷史或社會事件爲之佐證，亦欠周詳。而且不以實證爲思想之論點。王充則反是，他以「疾虛妄」作爲論衡之依據，所謂「事莫明於有效，論莫定於有證。」這是以往思想家甚少注重的。（韓非子例外）2.破除迷信。漢朝讖緯之風盛行，災異符瑞及天人感應之說

---

❷ 詳見劉盼遂「論衡集解附錄」，徐道鄰將此附錄加以比排，一目了然，殊有參考價值。（見引徐前書）

影響匪淺。王充力斥荒誕不經之無稽迷信，並對偶像崇拜，大力攻擊。此對擺脫權威，追求眞理，影響甚大。 3.批評權威。追求眞理必須有懷疑及批評精神，王充對於以往學者之社會觀，據實論證，時予攻擊，卽使孔孟思想，亦在其懷疑之列（如問孔、刺孟兩篇）。姑不論其問與刺得當否，但他那種超然不俗和向傳統挑戰之精神，是値得喝采的。 4.他對人性的看法，雖不一定正確，卻有特殊之見。

　　王充社會思想之弱點，約有以下數端： 1.王充雖然破除迷信，但其宿命論過於偏狹。按王充所謂之時、數、命，應指客觀環境所形成之契機。他完全疏忽客觀環境，亦可由主觀之個人創造。例如，他認爲政治良窳與人事有關，似過極端，難與事實相符。 2.他認爲人性之善惡，乃稟氣多寡不同所形成的。他所謂之氣，顯然含有玄學之義，以玄學衡量人性，則玄而又玄。心理學與社會學者指出，人性無善惡（告子之論爲是），卽無先天之善惡資質存在於人心之中，所以王充之言，與先秦諸家論性，同樣不可信。至於其以人性爲根據，將人分三等，並由是作爲社會階級之基礎，則更無科學可言了。 3.他的自然主義哲學觀，強調人類關係之協調，但衝突或反社會行爲同樣存在於社會之中。況且王充所謂之自然狀態下的社會，或以自然求得社會的和諧，與社會生活本質亦難符合。 4.其整個思想過於消極，因爲其強調宿命之說，故完全否定了個人的努力與成就，和人定勝天的積極精神；進而扼殺人類之創造欲和向上心。

　　總之，王充的社會思想俱有懷疑性，但不一定有正確性。他對於傳統社會事務之解釋，立於詮訂於內（懷疑）、考之以心（假設）、效之以事（驗證）之上，正合乎社會研究法之原則，這可能是其對社會思想的最大貢獻了。

第二節 仲 長 統

一、略傳 後漢書列傳云:「仲長統字公理,山陽高平人也。少好學,博涉書記,瞻於文辭。」(卷七十九)生於漢靈帝光和二年(西元179年),卒於漢獻帝建安二十五年(西元220),年僅四十一。他是東漢末年著名的思想家。雖然其思想部分似無新奇之處,但卻敢對於時弊攻擊、諷刺。故時人稱之爲「狂生」。獻帝時任尚書郎,一度參預曹操軍事。後漢書仲長統列傳載著「昌言」三十四篇,都十餘萬言,但以變故,早已散佚不全。今僅有理亂、損益、法誠諸篇存於後漢書仲長統本傳,其他有「羣書治要」、「意林」、「齊民要術」諸篇,部分已零散,故難得其思想之整體。

仲長統的社會思想,主要是對東漢末年的社會問題而發。蓋當時社會動蕩,人心惶惶,暴亂四起。部分官吏針對時弊,痛加砭斥,所以暴露社會眞相與問題的論調,及要求改革社會的聲浪不斷。仲長統卽代表人物。他特別指摘有神論,主張諸事以人爲中心的思想改革。

二、社會思想 如上所言,仲長統的社會思想與當時的社會背景密切有關,所以無論在問題的發掘或處理上,都圍繞此一主題發揮。玆就其社會思想之要義述之如下。

1.唯社會關係論 東漢讖緯迷信,風行日久,認爲政治治亂,社會安寧,乃至個人前途皆與天道有關。因此養成消極頹廢不肯上進的墮落心態。仲長統完全否定天道之說,他認爲國家興衰、社會治亂,皆取決於人事,與天道無關。他提出「人事爲本,天道爲末」的觀念,對抗當時流行的天道思想。例如他說:

昔高祖誅秦項而陟天子之位,光武討篡臣而復已亡之漢,皆受

命之聖主也。蕭、曹、丙、魏、平、勃、霍光等⋯⋯經緯國家，興
安社稷，一代之名臣也。二主數子之所以震威四海，布德生民，建
功立業，流名百世者，唯人事之盡耳，無天道之學也。然則王天
下、作大臣者，不待於知天道矣。⋯⋯信天道而背人事者，是昏亂
迷惑之主，覆國亡家之臣也。（羣書治要論天道）

仲長統澈底否認天道在社會事務上的重要性。換言之，人事現象之
良窳，乃人事現象本身造成的，與人事以外之天道無關。所以說：「所壹
於人事者，謂治亂之實也。」（同上）他認爲「人事爲本，天道爲末」，（同
上）國家喪亂，社會不寧，統治者應自我反省治道是否得當，不應坐以
待斃，歸咎於天。他說：

令夫王者誠忠心於自省，專思慮於治道，自省無愆，治道不謬，
則彼嘉物之生，休祥之來，⋯⋯故歡於報應，喜於珍祥，是劣者之
私情，未可謂大上之公德也。（同上）

他這種社會問題應從社會尋根的觀念，不啻爲當時社會的一幅清涼
劑。可惜言之者諤諤，聽之者藐藐，終至導致東漢之亡國。

2.社會變遷　仲長統認爲，社會變遷就是政治更替的過程，而政治
更替或社會變遷可分爲三個階段；三者依次漸進，行至一個循環爲止。
他說：

豪傑之當天命者，未始有天下之分者也；無天下之分，故戰爭
者競起焉。於斯之時，並僞假天威，矯據方國，擁甲兵，與我角才
智；程勇力，與我競雌雄；⋯⋯角知者皆窮，角力者負，形不堪復
优，勢不足復校，乃始羈首係頸，就我之銜縶耳。（後漢書卷七十
九仲長統傳理亂）

這是建國之初，獲得政權的過程，也就是社會變遷的第一階段。
政權一旦獲得，即行抵定天下，社會亦爲之安寧而有秩序。因爲久

亂生厭，「豪傑之心旣絕，士民之志已定」，於是政治趨向穩定，人心歸於平淡，是以第二個階段開始。他說：

> 及繼體之時，民心定矣；普天之下，賴我而得生育，由我而得富貴，安居樂業，長養子孫，天下宴然，皆歸心於我矣。……貴有常家，尊在一人。（同上）

國家或社會長治久安之後，統治者驕縱橫生，爲非作歹，榨民血汗；結果民不聊生，怨聲載道，以致內外交侵，土崩瓦解，毀於一旦。這便是衰亂和滅亡時期，也是社會變遷的第三個階段。他說：

> 彼後嗣之愚主，見天下莫敢與之違，自謂若天地之不可亡也；乃奔其私嗜，騁其邪欲，君臣宣淫，上下同惡；目極角觝之觀，耳窮鄭衞之聲；入則耽於婦人而不反，出則馳於田獵而不還；荒廢庶政，棄亡人物……信任親愛者，盡佞諂容說之人也；寵貴隆豐者，盡后妃姬妾之家也；……怨毒無聊，禍亂並起；中國擾攘，四夷侵叛，土崩瓦解，一朝而去，……存亡以之迭代，政亂從此周復，天道常然之大數也。（同上）

仲長統的此種觀點，與十四世紀 阿拉伯思想家卡爾頓 的社會變遷觀，頗爲一致。按卡氏之意，文明的爭奪是社會變遷的主因。而其整個過程亦分成三個階段（代），因此仲卡兩氏之社會變遷觀頗爲相近[33]。同時兩人皆以政治爲變遷的導因，可謂「英雄所見略同」了。

仲長統的變遷觀點，不特此也，他尚含有揭露君主專制之罪惡意義。他的社會變遷觀是時代背景下的產物。唯他把社會看成一衰一盛之循環。認爲太平期短，爭亂期長，充分表露了悲觀論調。不過他把動亂之因歸爲君主之個人因素——聰明或愚昧——似乎又是傳統觀念的反應。

3.理想社會　仲長統在「昌言」損益篇所言者，皆其理想社會之構

---

[33] 龍冠海、張承漢著「社會思想史」，頁 142-144，三民書局，民國 68 年。

想或設計。他的理想社會是從社會政治之安定、經濟的復古、法制之完整、人材的選拔等方面研議，期建立一個開明而穩定的社會❸。他說：

> 明版籍以相數閱，審什伍以相連持，限夫田以斷幷兼，定五刑以救死亡，益君長以興政理，急農桑以豐委積，去末作以一本業，敦教學以移情性，表德行以厲風俗，聚才藝以救官宜，簡精悍以習師田，修武器以存守戰，嚴禁令以防僭差，信賞罰以驗懲勸，糾遊戲以杜姦邪，察苛刻以絕煩暴。（昌言損益）

上述十六項是其社會設計的藍圖和綱目，細分言之，在政治上，要去「時政凋儆」；在經濟上要行井田制度，「畫一定科，租稅十一，……其地有草者，畫曰官田，力堪農事。」（同上）因為「今欲張太平之紀綱，立至化之基址，齊民財之豐寡，正風俗之奢儉，非井田實莫由也。」（同上）在人才的選拔上，務使仁人君子執事，所謂：「夫人待君子而後化理，國待蓄積乃無憂患。」如此「天災流行，開倉庫以稟貸」；「衣食有餘，損靡麗以散施。」（同上）這樣的社會自然是開放而穩定的了。

三、仲長統社會思想評價　仲長統的社會思想，主要是針對當時的社會問題而發，雖然其著作已不完整，但從所留之諸篇觀之，其針砭時弊的論點，頗有空谷足音之感。他對當時流行的天道迷信，痛予撻伐；使人事或社會問題，從社會本身找原因，這種以社會為本位之因果分析，卻有其獨到之處。

此外，他在論及社會變遷時，雖然仍著重在「政治主導」，可是他的三階段說，卻也與某些事實或社會變遷相符合。事實上，社會變遷的「階段說」，亦非起於仲氏，西方思想家亦復有之。唯無論是「二段說」（一治一亂或合分說）或三段說，只能概括說明社會變遷發展的時間趨向，然而循環時間的長短，即第一個循環結束，到次一個循環開始，期

---

❸　木鐸出版社編「中國歷代哲學文選」，兩漢隋唐篇，頁 277。

間長短，則無一定。㉟

　　最後，其言及之理想社會，事實上是儒家思想的重現罷了。因為他強調的仁人君子之政，乃孔子的一貫主張；他強調井田制度，也是孟子的看法。至於社會控制之刑罰，與荀子之意也相去不遠。換言之，他眼見漢朝氣數已盡，大亂將至，提出一種理想社會境界，不過是對世局的一種慨嘆而已。

第三節　王　　符

　　一、略傳　後漢書王符傳云：「王符字節信，安定臨涇人也。少好學，有志操，與馬融、竇章、張衡、崔瑗等友善。安定俗鄙庶孽，而符無外家，為鄉人所賤。自和安之後，世務游宦當塗者，更相薦引，而符獨耿介，不同於俗。以此遂不得升進，志意蘊憤，乃隱居著書三十餘篇，以譏當時失得，不欲章顯其名，故號曰『潛夫論』」。（後漢書卷四十九）其獨行特立的操行，可見一斑。生卒年代不詳，其社會思想俱在「潛夫論」三十六篇之中。

　　二、社會思想

　　1.社會國家的起源與變遷　王符認為，社會是自然形成的，它是宇宙的一部分，是在天地形成之後，本諸特殊能力而發展。他說：

　　　　上古之世，太素之時，元氣窈冥。未有形兆，萬精合并，混而為一，莫制莫御，若斯久之，翻然自化，清濁分別，變成陰陽，**陰陽有體，實生兩儀**。天地壹鬱，萬物化淳，和氣生人，以統理之。

㉟　此處所謂之循環，並非指事件內容之重現。歷史學家對事件重演常有不同之觀點，其差異主要指事件之內容而言。社會學者似不重視內容，但卻看重形式。

是故天本諸陽，地本諸陰，人本中和。三才異務，相待而成，多循其道，和氣乃臻。機衡乃平。天道曰施，地道曰化，人爲曰爲。（潛夫論本訓第三十二）

王符以天地人三者交互作用，開拓人及社會，這與現代物理學家所言宇宙之起源，及生物學所言人類之演化，有同工之妙。在他看來，社會是由人類之「爲」而產生；產生之後，隨著時間而變遷；變遷的過程由高而低，故是一種退化過程。他說：

太古之時，烝黎初載，未有上下而自順序。天未事焉，君未設焉。後稍矯虔，或相陵虐，侵漁不止，爲萌巨害，於是天命聖人，使司牧之，使不失性，四海蒙利，莫不被德，僉共奉戴，謂之天子。故天之立君，非私此人也以役民，蓋以誅暴除害利黎元也。（潛夫論班祿第十五）

社會產生之初，人民照著自然之安排彼此來往，無有管理之事。俟後人與人彼此侵凌，相互殘害，社會秩序無法維持，乃設天子，置有司，以便誅暴除害，維持秩序。在王符看來，此一過程是必然的，因爲一切都在變遷之中。所謂「五代不同禮，三家不同敎，非其苟相反也，蓋世推移而化異也。」（潛夫論斷訟第十九）所以社會變遷是種退化過程，而國家卽應此種過程而產生的政治制度。例如他說：

太古之民，淳厚敦朴，上聖撫之，恬澹無爲，體道履德，簡刑薄威，不殺不誅，而民自化，此德之上也。德稍弊薄，邪心孳生，次聖繼之，觀民設敎，作爲誅賞，以威勸之。旣作王兵，又爲之憲，以正屬之。（潛夫論勸將第二十一）

國家產生及政府組織，均係應社會需要而來——維持社會秩序。此種國家起於武力的觀點，與許多西方思想家相同。

2.時間社會學　在社會學中，把時間當作變素者爲數不多。一般人

認爲,時間是附屬在心理上的因變素;時間本身不能主動影響社會過程。事實上,人之行爲必然佔有空間和時間,只因時間是恒久循環的,故可視爲常數。可是人的行爲表現,只能在一段時間中進行。換言之,在某一時間之內,只能表現一種行爲。由此而言,時間與社會行爲就有關連了。王符把時間視爲影響行爲表現的變素。所以他認爲,無益於社會之行爲佔去過多時間,則有益於個人及社會的行爲,便不能表現。他說:

> 國之所以爲國者,以有民也;民之所以爲民者,以有穀也;穀之所以豐殖者,以有人功也;功之所以能建者,以日力也。治國之日舒以長,故其民閒暇而力有餘;亂國之日促以短,故其民困務而力不足。所謂治國之日舒以長者,非謁羲和而令安行也,又非能增分度而益漏刻也,乃君明察而百官治,下循正而得其所,則民安靜而力有餘,故視日長也。所謂亂國之日促以短者,非謁羲和而令疾驅也,又非能減分度而損漏刻也,乃君不明則百官亂而姦宄興,法令翫而役賦繁,則希民困於吏政,仕者窮於典禮⋯⋯姦臣肆心於上,亂化流行於下,君子載質而車馳,細民懷財而趨生,故視日短也。

(潛夫論愛日第十八)

換言之,以不當之社會事務佔去適當社會事務的時間,則適當事務便無由表現,因爲事務之進行需要時間,而時間又受自然律之限制。所以如何利用時間於適切事務之表現上,乃爲當務之急。

王符以「愛日」作爲社會事務的取捨準繩,其目的顯然是在規勸統治者以人民利益著想;不可爲公事,乃至爲苛政所擾,到處浪費時間。他說:

> 孝明皇帝嘗問:「今旦何得無上書者?」左右對曰:「反支故。」帝曰:「民既廢農遠來詣闕,而復使避反支,是則又奪其日而冤之也。」乃敕公車受章無避反支。(同上)

所以在王符看來，正當的社會事務是生產，尤其農業生產。因此凡是妨碍生產時間的事務，均屬不當。例如他說：

今自三府以下，至於縣道鄉亭及從事督郵，有典之司，民廢農桑而守之，辭訟告訴及以官事應對吏者，一人之日廢十萬人。人復下計之，一人有事，二人獲餉，是爲日三十萬人離其業也，以中農率之，則是歲三（二）百萬口受其饑也。（同上）

可見與生存及生活無關之事務佔去時間，則人無法從事生產，結果千萬人爲之饑餓。他說：

是故禮義生於富足，盜竊起於貧窮；富足生於寬暇，貧窮起於無日。聖人深知力者，乃民之本也而國之基，故務省役而爲民愛日。（同上）

總之，在王符的思想中，利於生存及生活的事務最爲重要，而農業是生存與生活之根本，所以一切事務均不應與農業爭時間，否則貧窮由之而生，混亂由此而起，社會秩序就無法維繫了。

3.社會關係　按王符之意，社會關係是建立在功利的基礎之上。個人與他人關係之結交或接近，端視他人對己是否有利；有利者，結交之；無利者，爭去之。他說：

富貴則人爭附之，此勢之常趣也。貧賤則人爭去之，此理之固然也。夫與富貴交者，上有稱舉之用，下有貨財之益。與貧賤交者，大有賑貸之費，小有假借之損。（潛夫論交際第三十）

王符尚進一步由心理因素說明人際關係建立的重要。他說：

有利生親，積親生愛，積愛生是，積是生賢；情苟賢之，則不自覺心之親之，口之譽之也。無利生疏，積疏生憎，積憎生非，積非生惡，情苟惡之，則不自覺心之非之，口之毀之也。是故富貴雖新，其勢日親，貧賤雖舊，其勢日疏。（同上）

他先以功利觀點說明人類關係建立的基礎，再以心理因素說明此種關係建立的過程；最後以此過程說明關係的程度。他說：

> 苟相對也，恩情相向，推極其意，精誠相射，貫心達髓，愛樂
> 之隆，輕相爲死，是故侯生豫子，刎頸而不恨。苟相背也，心情乖
> 互，推極其意，分背奔馳，窮東極西，心尚未快，是故陳餘張耳，
> 老相全滅而無感痛。（同上）

可見無論是基本關係 (Primary Relation) 或次級關係 (Secondary Relation) ，均由心理的滿足而來。而且不限於朋友，其他關係亦然。他又說：

> 從此觀之，交際之理，其情大矣。非獨朋友爲然，君臣夫婦，
> 亦猶是也。當其歡也，父子不能間；及其乖也，怨讎不能先。（同
> 上）

王符以心理因素（情緒）說明社會關係之建立，實則建基於功利的因素上。不過王符對於此種「功利交」並不爲然，所以對於當時的世交之風，頗有貶辭。他說：

> 今世俗之交也，未相照察而求深固，探懷扼腕，拊心祝詛，苟
> 欲相護，議論而已。分背之日，既得之後則相棄忘，或受人恩德，
> 先以濟度，不能拔舉，則因毀之，爲生瑕釁，明言我不遺力，無奈
> 自不可爾。（同上）

所以王符對於「先合而後忤，有初而無終」的人際關係，頗不爲然。此勢之常趣，理之固然，亦無可奈何。

4.社會價值——名與利及其轉變　名、利、權三者，是至高的社會價值，但不以正當方法得之，則爲人不齒，進而失去原義矣。所以，王符論利與名，多在強調利與名的追求途徑，而非不擇手段達到利與名的目的。他說：

世人之論也，靡不貴廉讓而賤財利焉，及其行也，多釋廉甘利之於人，徒知彼之可以利我也，而不知我之得彼，亦將為利人也。……知利之可娛己也，不知其稱而必有也。（潛夫論遏利第三）

人類以追求利益為目標，並非罪惡之事，其要義是在如何追求。如果以不當手段追求，則「自古於今，上以天子，下至庶人，蔑有好利而不亡者。」（同上）結果在歷史上「以貨自亡，用財自滅」的例子，不勝枚舉。王符認為，求利當求「大利」，所謂大利，即最有益於社會國家的利，而非個人的生活必需。他說：

財賄不多，衣食不贍，聲色不妙，威勢不行，非君子之憂也。行善不多，申道不明，節志不立，德義不彰，君子恥焉。（同上）

可見王符所謂利，非個人追求的財貨之利。因為如果人人求利，則「前人以病，後人以競」，社會豈不危哉？所以他要求「遏利」，而遏利的方法是對子孫「厲之以志，弗厲之以詐；勸之以正，弗勸之以詐；示之以儉，弗示以奢；貽之以言，弗貽以財。」（同上）另一方面，則以仁義顯於社會，成就大利。因為自古來，未有「好義而不彰者也」，而「有勳德於民而謙損者，未嘗不光榮也。」（同上）

另一種至高的社會價值為名。王符認為，名與實應相配合方謂之名。換言之，名與因名而得的一切報酬，並非同一現象。他說：

所謂賢人君子者，非必高位厚祿，富貴榮華之謂也。此則君子之所宜有，而非其所以為君子者也。所謂小人者，非必貧賤凍餒辱阨窮之謂也，此則小人之所宜處，而非其所以為小人者也。（潛夫論論榮第四）

有名，則必有與名相符之報酬；但非有此「報酬」，即可有名。王符所言，與社會學所謂之地位不一致（Status Inconsistency），應屬同義。事實上，社會地位（賢人、君子）的高低固然伴以不同之報酬（厚

祿、富貴榮華），但報酬非地位。換言之，地位與社會報酬應該相符，所謂「名副其實」，或「名實相副」。然而實際上，名與因名而得之報酬不相符合，乃極普遍。所謂「君子未必富貴，小人未必貧賤」；「仁重而勢輕，位蔑而義榮」。（同上）王符之意與孔子所謂之「正名」，頗為接近。

5.教育主張　王符論教育，重在教育的功能與方法。其教育目的則與傳統思想並無二致——規範內化、求為聖賢。王符指出，人不能生而知之、能之，知與能唯學習才能達成。所以他說：

> 天地之所貴者人也，聖人之所尚者義也，德義之所成者智也，明智之所求者學問也。雖有至聖，不生而知，雖有至材，不生而能。（潛夫論讚學第一）

人既然不能生而知之、能之，則學習以改變行為，乃天經地義之事。「及學也，聰明無蔽，心智無滯」（同上）所以不學不能成人。所謂「人之有學也，猶物之有治也。」（同上）祇有教，而人民又肯學，才能達到改變行為的目的，進而便可維持良好之社會秩序。所以他說：

> 人君之治，莫大於道，莫盛於德，莫美於教，莫神於化。道者，所以持之也；德者，所以苞之也；教者，所以知之也；化者，所以致之也。民有性有情，有化有俗。情性者，心也、本也。化俗者，行也、末也。末生於本，行起於心，……其心而理其行，心精苟正，則姦匿無所生，邪惡無所載矣。夫化變民心也，猶政變民體也。（潛夫論德化第三十三）

教育既可改變行為，又可維持國家社會之秩序，故其重要不言可喻。然則教育的方法如何，王符認為必須多方著手。換言之，要利用一切可能之社會化工具與機構，方可達到學習的目的。他說：

> 攝之以良朋，教之以明師，文之以禮樂，導之以詩書，讚之以周易，明之以春秋，其不有濟乎？（潛夫論讚學第一）

因此，學要有良好之師友，和正確之內容。唯有如此，教育才能發揮功能，才能達到目標。

6.政治主張 王符的政治主張，基本上仍以傳統儒家思想為中心。首先他強調人治，就是統治者以仁心治國之賢人政治。他所謂：「民之所以不亂者，上有吏，吏之所以無姦者，官有法，法之所以順行者，國有君也，君之所以位尊者，身有義也。」（潛夫論衰制第二十）加以大臣以忠心體國，人民以赤心愛國，則國無不安。所以他首重人才之選拔。他認為，政治之所以混亂，乃因求賢德之人治國者難。他說：

> 世之所以不治者，由賢難也。所謂賢難者，非在體聰明服德義之謂也，此則求賢之難得爾。（潛夫論賢難第五）

國家治亂，端賴人才之選拔，如果選拔不當，則國不治。「世未嘗無賢也，而賢不得用者。」（潛夫論潛歎第十）所以如何得賢人以輔國，乃國家治與不治之根本原因。如果賢人在位，國乃其昌。因此，「先王為官擇人，必得其材，功加於民，德稱其位。」（潛夫論思賢第八）如果所任非人，則其「功不加民，澤不被下而取侯，多受茅土又不得治民効能，以報百姓。」結果只有「虛食重祿，素餐尸位，而但事淫侈，坐作驕奢，破敗而不及傳世者也。」（同上）此種佔有地位而不能表現角色的官吏，自然會使國家大亂。

按王符之意，人材選拔而為大臣者，應與之溝通，使下情上達。他說：

> 國之所以治者君明也，其所以亂者君闇也。君之所以明者兼聽也，其所以闇者偏信也。是故人君通必兼聽，則聖日廣矣，庸說偏信，則愚日甚矣。（潛夫論明闇第六）

君臣能夠溝通，則臣始能忠。所以說：「人君之稱，莫大於明，人臣之譽，莫美於忠。」（潛夫論明忠第三十一）換言之，君臣能明（溝

通），則臣忠於君，反之亦然，故君臣之間乃一相對關係。所謂「明據下起，忠依上成，二人同心，則斷金。」（同上）事實上忠是一種上下之關係。忠的行爲表現，必有某種心理因素爲後盾。也就是說，個人心理滿足了，方能盡忠，而欲心理之滿足，則君必須對臣有某行爲表現使之滿足。否則「君王孤蔽於上，兆黎寃亂於下」，（同上）國家焉得而治？因此，君臣之間又涉及到一種互補關係。他說：

> 故人君不開精誠以示賢忠，賢忠亦無以得達。……是以忠臣必待明君，乃能顯其節，良吏必得察主，乃能成其功。君不明，則大臣隱下而遏忠。（同上）

不僅如此，君臣之間，尚因各守本分而涉及到一種交換關係。他說：

> 是以明王審法度而布教令，不行私以欺法，不顯教以辱命，故臣下敬其言而奉其禁，竭其心而稱其職。（同上）

總之，君臣關係建立在君明臣忠之上。事實上，「明」與「忠」是建立關係的基石，兩者互補，缺一不可。

7.經濟主張　王符在經濟上之主張，係以重農輕商爲中心。因爲農業是生存與生活之所繫，故重農是求生存與生活之保障。王符之所以持有此種觀點，主要是因爲以往生產與生產力過低，必須投入大量人力，提高效果，生活才有保障。他說：

> 王者以四海爲一家，以兆民爲通計。一夫不耕，天下必受其饑者，一婦不織，天下必受其寒者。……今察洛陽，浮末者什於農夫，虛僞游手者什於浮末，是則一夫耕，百人食之，一婦桑，百人衣之，以一奉百，孰能供之？天下百郡千縣，市邑萬數，類皆如此，本末何足相供，則民安得不饑寒，饑寒並至，則安能不爲非，爲非則姦宄，姦宄繁多，則吏安能無嚴酷，嚴酷數加，則下安能無愁怨，愁怨者多，則咎徵並臻，下民無聊而上天降災，則國危矣。（潛夫論

浮侈第十二）

因此王符反對商業，尤其反對不事生產、游手好閒之徒。他爲此慨嘆的說：

> 今舉世舍農桑，趨商賈，牛馬車輿塡塞道路，游手爲巧，充盈都邑，治本者少，浮食者多，商邑翼翼，四方是極。（同上）

王符反對商業，擯斥有閒階級，與生產力過低有關。因爲民不聊生，則必作姦犯科，無所不爲；結果政府爲維持社會秩序，必施嚴刑，刑嚴怨懟生，最後社會秩序更無法維持。所以王符是從社會秩序之維持上著眼，並非完全是唯物論調。古希臘文明的發展與有閒階級密不可分。蓋當時社會有奴隸從事生產，且生產力高，人民不虞匱乏，生活無須憂慮，故古希臘人能利用餘暇創造文明，從事發展，此種情況與中國古代不同。中國古代社會不是建立在奴隸制度之上；一般人的生活必須依靠自己生產，才能滿足，所以王符特別強調人人直接生產的重要，並無不妥之處。他把農桑當作本，而「游業」爲末，正是此意。統治者如果捨本逐末，則國必危。他說：

> 凡爲治之大體，莫善於抑末而務本；莫不善於離本而飾末。夫爲國者，以富民爲本，……民富乃可教……民貧則背善。……夫富民者，以農桑爲本，以游業爲末。……民富而國平矣。（潛夫論務本第二）

總之，王符的經濟之主張在富國，富國之道在養民，養民之道在生產，生產之道在農業。所以重農輕商乃其基本主張。

8.社會控制　社會秩序建立在控制之上，控制需要工具，而法禁是控制之最佳工具。法禁之設必須有因，如此國可安，民可寧。所以他說：「爲國者，必先知民之所苦，禍之所起，然後設之以禁，故姦可塞，國可安矣。」（潛夫論述赦第十六）因此，言社會控制者，必先了解社會問題

及社會不能控制的原因，進而對症下藥，設計控制之方式與方法。

基本上王符仍以法爲控制社會之工具，但法之制定與執行，因時因地而制宜，只要能達到控制之目的，法之多寡與刑的鬆嚴，無關宏旨。他說：

> 高祖制三章之約，孝文除克膚之刑……文罪之法輕重無常，各隨時宜，要取足用，勸善消惡而已。（潛夫論斷訟第十九）

以法禁控制社會，消極而被動，所以爲治者所不取。但迫於現實又不得不取。因此，王符仍不忘於德化。所謂「明禮義以爲教，和德氣於未生之前，正表儀於咳笑之後，民之胎也。」如此才是社會控制之根本之道。他又說：

> 合中和以成其生也，立方正以長，是以爲仁義之心，廉恥之志，骨著脈通，與體俱生，而無醜穢之氣，無邪淫之欲，雖放之大荒之外，措之幽冥之內，終無違禮之行；投之危亡之地，納之鋒鍔之間，終無苟全之心，舉世之人，行皆若此，則又烏所得亡？（潛夫論德化第三十三）

可見德化從根本上矯治行爲，也就是規範內化，故能澈底改變人格。人格改變以符合社會規範，自然不會有違規行爲，如此社會秩序固可維持，而國家安得不治？

王符之所以特別重視德化，乃因人有可塑性。此種可塑性，可使人接受德化之薰陶而改變人格。他說：

> 詩云：「民之秉夷，好是懿德。」故民有心也，猶如種之有園也，遭和氣則秀茂而實成，遇水旱則枯槁而生孽。民蒙善化，則人有士君子之心，被惡政，則人有懷姦亂之慮，故善者之養天民也，猶良工之爲麴蘖也。（同上）

他認爲，社會中人皆可陶冶，也就是皆可改變人格以符合規範。因

此他說:

> 上智與下愚之民少，而中庸之民多；中民之生世也，猶鑠金之
> 在鑪也，從篤變化，惟冶所爲，方圓厚薄，隨鎔制爾。（同上）

王符強調「敎德化而薄威刑」的觀念，應是承續先秦儒家的一貫思想。

三、王符社會思想評價　王符的社會思想，基本上仍以傳統儒家思想爲中心而延伸之。所以在社會觀念上，大多不離儒家思想的窠臼。但他仍有許多特別的創見與發現。其中值得一提的是:

第一、他強調時間在社會行爲上的重要。因爲行爲佔有時間，而時間固定不變（指日夜長短），所以佔有時間的行爲必須有益於個人及社會。反之，無益於社會之行爲常佔有大多數的時間，則有利益於社會的行爲便無由表現。因此，如何選擇適當行爲，表現有益於社會的事務，方不浪費時間。

第二、王符認爲，社會關係，尤其是友誼，多建立在功利之上。有功利爲基礎，進而獲得心理的滿足，並根據滿足的程度確立關係的程度，無論是基本關係或次級關係皆然。

至於王符的其他社會思想，並無特殊之處，此顯然他未擺脫中國傳統儒家思想之控制。

第四節　荀　　悅

一、略傳　後漢書荀韓鍾陳列傳云:「悅字仲豫……年十二，能說春秋，家貧無書，每之人間所見篇牘，一覽多能誦記。……靈帝時，閹宦用權，士多退身窮處，悅乃託疾隱居，時人莫之識。……獻帝頗文學，悅與彧及少府少融侍講禁中，累遷秘書監侍中。時政移曹氏，天下恭己而已。悅志在獻替而謀無所用，乃作申鑒五篇。」（後漢書第六十二卷）

生於漢桓帝建和二年（西元一四八年），卒於獻帝建安十四年（西元二
〇九年）。除申鑒五篇之外，尚著有漢紀和崇正論。其社會思想主要見
於申鑒，漢紀中亦有部分。茲就其社會思想述之如下。

1.斥迷信　東漢之讖緯之風，至晚期雖見式微，但信者仍大有人在。
卜筮凶吉，日時禁忌，仍為人所樂道。荀悅則斥之為迷信。例如他說。

　　或問卜筮，曰：「德斯益，否斯損。」曰：「何謂也？」吉而濟，
　　凶而救之謂益；吉而恃，凶而怠之謂損。（申鑒俗嫌第三）

　　可見他把凶吉作人文與社會之解釋。換言之，他以個人的行為表現
——德或否，解釋人的行為後果（吉或凶）。事實上，他的此種解釋頗
合社會學原理。因為一個有德之人，必獲得他人支持，所謂「得道多
助」。反之一個無道之人，則必遭他人遺棄。所以前者能獲社會成員之贊
成；後者能遭受社會成員的排擠。因此個人的吉凶，是個人社會調適的
結果，與凶吉無關。不僅如此，他對各種日時禁忌，亦不贊成，他說：

　　或問：「日時禁忌。」曰：「此天地之數也，非吉凶所生也。東
　　方主生，死者不鮮；西方主殺，生者不寡；南方火也，居之不燋；
　　北方水也，蹈之不沈。故甲子昧爽，殷滅周興，咸陽之地，秦亡漢
　　隆。」（同上）

　　顯然的，他否定了地理環境與個人吉凶間的關係。時日是自然現象，
吉凶是社會行為的後果，兩者之間並無關連。所以日時禁忌之說，只能
算是無稽之談了。

2.政治主張　荀悅言政治，是從總體觀點開始，他論政治，事實上
彙顧社會的整體面，頗有體系觀念之義。他認為，治國——政治之目的
——有五個基本重點。第一是「養生」（經濟的），他說：

　　民不樂生，不可勸以善。……故在上者，先豐民財以定其志，
　　帝耕籍田，后桑蠶宮，國無游民，野無荒業，財不虛用，力不妄

加，以周民事，是謂養生。（申鑒政體第一）

因為民生問題是社會生存的根本，故觀我國歷代興替，「民不聊生」是其主因。所以荀悅首先強調民生。

第二是「正俗」，他說：

故在上者審則儀道以定好惡，善惡要於功罪，毀譽效於準驗，聽言責事，舉名察實，無或詐偽以蕩眾心。……俗無姦怪，民無淫風，百姓上下睹利害之存乎己也。故肅恭其心，愼脩其行，內不忘惑，外無異望，慮其睹，去徼倖，無罪過不憂懼，諸謁無所聽，財賂無所用，則民志平矣，是謂正俗。（同上）

可見正俗是在建立是非善惡之標準。以是遏阻淫風，止其利慾，使民的行為有所遵循，進而不至於作姦犯科，違法亂紀。

第三是「章化」，他說：

君子以情用，小人以刑用。榮辱者，賞罰之精華也。故禮教榮辱以加君子，化其情也；桎梏鞭扑以加小人，治其刑也。君子不犯辱，況於刑乎？小人不忌刑，況於辱乎？若夫中人之倫，則刑禮並焉。敎化之廢，推中人而墜於小人之域，敎化之行，引中人而納於君子之途，是謂章化。（同上）

「章化」顯然指社會化之過程。他強調，社會對象不同，社會化之方法亦異。所謂君子施以禮教榮辱，顯係指規範內化後所養成的人格自尊。而小人施以桎梏鞭扑，顯係其不能遵守敎化，或敎化不能生效，也就是對怙惡不悛之徒所行之制裁。至於一般人，則刑罰與禮教兼顧並施。荀悅把人分成君子、小人、中人，雖然意義不甚明確，但若依此施以不同之敎化，或用不同方法，則其效果也許更能顯著。

第四是「秉威」，他說：

小人之情，緩則驕，驕則恣，恣則急，急則怨，怨則畔；危則

謀亂，安則思欲，非威強無以懲之。故在上者，必有武備，以戒不
虞，以遏寇虐。安居則寄之內政，有事則用之軍旅，是秉威。（同
上）

此處所謂「秉威」，係指樹立權威而言。他認為，權威有畏憚控制
之作用，係針對小人而設，其目的在防其圖謀不軌，所以必要時得藉武
力以達成之。

第五是「統法」，他說：

賞罰，政之柄也；明賞必罰，審信慎令。賞以勸善，罰以懲
惡。人主不妄賞……賞妄行則善不勸矣。不妄罰，……罰妄行則惡
不懲矣。賞不勸，謂之止善；罰不懲，謂之縱惡。在上者能不止下
為善，不縱下為惡，則國治矣，是謂統法。（同上）

「統法」是指社會控制而言。換言之，正負制裁須按制訂的標準進
行，使之公平合理，以便發揮社會控制的功能。

由上述五種政治要點觀之，其涉及之範圍極廣，要在強調經濟的、
教育的、心理的、法律的、以及公正的重要性。然後五者並行，副之以
誠，則國固可治，而社會亦可安矣。

除了上述五項原則之外，他尚強調君臣關係。認為君臣互補，各有
功能，非一方對他方之控制也。他說：

或問：「致治之要君乎？」曰：「兩立哉。非天地不生物，非君
臣不成治。」（申鑒雜言上第四）

可見政事之推動，必須君臣合作，缺一不可。因此，在君者，「不
拒眞辭，不耻下問，公私不怨，外內不貳。」（申鑒政體第一）為臣者，
要三順——心順、職順、道順。尤其要能「違上順道」，不可「違道順
上」，否則就是諛臣了。總之，君臣之間，「君戒專欲，臣戒專利。」（申
鑒雜言下第五）則其關係就和順了。

　　但無論政治措施如何，君臣關係如何，基本上國家政治仍建立在人民基礎之上。他所謂「人主承天命以養民者也，民存則社稷存，民亡則社稷亡，故重民者，所以重社稷而承天命也。」（申鑒雜言上第四）這又是儒家傳統的民本思想。

　　3.經濟主張──公田政策　荀悅的經濟主張，與儒家傳統思想少有差異，主要在強調土地生產的重要性。不過對土地所有權持不同看法。他認為，土地應歸國家所有，凡有耕種能力者耕之，但不可據為私有。他說：

　　　　諸侯不專封，富人名田踰限，富過公侯，是專封也；大夫不專地，人賣買田由己，是專地也。或曰：「復井田歟？」曰：「否。專地，非古也；井田，非今也。」「然則如之何？」曰：「耕而勿有，以俟制度，可也。」（申鑒時事第二）

　　他反對恢復井田制度，因在井田之下，土地歸私人所有；在公田之下，則私人無所有權，故頗有共產主義之意味。但他又主張，能耕田者即有可耕之田，則又有「耕者有其田」的含義。他的此種主張，顯然是因當時土地兼并而發。❸

　　4.人性與教育　在荀悅的思想中，人通常分為三種類型，所謂君子（上智）、小人與中人。前兩種屬於極端，人數少。而中人人數最多，因此，需要教化，使之向學，此於社會國家均有益處。他說：

　　　　或問曰：「君子曷亟夫學。」曰：「生而知之者寡矣，學而知之者眾矣。悠悠之民，泄泄之士，明明之治，汶汶之亂，皆學廢興之由，教之不亦宜乎？」（申鑒雜言上第四）

　　由此可見教育之重要了。教育與人性有關；人性有善有惡，不教無

---

❸　韓復智著「東漢的土地問題」，國立編譯館館刊，第六卷第二期，民國六十六年。

以爲善，不教無以止惡。他說：

　　或曰：「善惡皆性也，則法教何施？」曰：「性雖善，待教而成，性雖惡，待法而消。唯上智下愚不移，其次善惡交爭，於是教扶其善，法抑其惡。……然則法教之於化民也，幾盡之矣。及法教之失也，其爲亂亦如之。（申鑒雜言下第五）

所以教化是針對人性而來。不教，善不能表現；不法禁，惡便不能中止。因此法教得失與社會秩序有關。他說：

　　或曰：「法教得則治，法教失則亂。若無得無失，縱民之情，則治亂其中乎？」曰：「凡陽性升，陰性降，升難而降易。善，陽也；惡，陰也，故善難而惡易。縱民之情，使自由之，則降於下者多矣。」曰：「中焉在。」曰：「法教不純，有得有失，則治亂其中矣。……」（同上）

值得注意的是：人性中之惡必須抑止，不可順其性發展，否則人人皆可爲惡，或有惡之表現。況且教化（社會化）的功能不能盡致。他所謂「法教不純」，似乎指社會化機構不同，對教化所形成之影響而言。總之，人性善惡，待教而變；教之得失，又與治亂攸關。故教之重要於此可見矣。

三、荀悅社會思想評價　荀悅社會思想之最大貢獻，在其斥迷信。他認爲，個人的吉凶與神明及日時無涉；而與其社會調適相聯。換言之，個人的吉凶，是其社會行爲的後果。如果個人之社會調適正當，則必可獲得他人支持，一切順利無阻，故謂之吉。反之，如果個人之社會調適不當，則必受人擯斥，一切滯碍難行，不能發展，故謂之凶。所以吉與凶是社會調適的直接結果，與神明日時無關。此種以社會學原理解釋個人吉凶的見解，在中國古代思想中，實屬少見。

此外，他的政治觀著重在社會的整體面，且含有濃厚的體系觀點，

也富創見。至於其指出的政治相關現象，雖然與社會學中所指出者稍有出入，❸但其涉及之面尚稱完滿。

其社會思想的最大缺點，當屬其對土地利用的經濟觀點。他以「耕者有其田」而無所有權，作爲其土地利用之政策，此種觀點雖然極具創意，但基本上與人性中之佔有欲不符；而且涉及問題繁多，荀悅的觀念只是理想而已。

至於其他社會思想，仍不出儒家思想之窠臼，乏善可陳，這也是「學派」思想發展之特質；所謂因循多，創意少，漢朝以前的中國思想，類多如此。

---

❸ Jonathan H. Turner 指出，與政治相關之現象有家庭、經濟、教育、法律、宗教等五項。這五項是五種主要之社會制度。其他如娛樂、交通、軍事等等，亦與政治有關。

第四篇
魏晉南北朝時期的社會思想

第一章　魏晉南北朝的社會背景

　　東漢末年，朝綱廢弛，政事敗壞；天災人禍，接踵而來。是以盜賊蜂起，社會秩序破壞無遺，經濟根基繼之動搖，國之命脈危在旦夕。於是各地州牧據地稱霸，擁兵自重，而且相機兼併，以取天下。所謂「家家欲爲帝王，人人欲爲公侯。」一時天下大亂。幾經兼併之後，只有魏蜀吳最強，三角鼎立，互不相讓，是謂三國時期。

　　魏建於曹丕，佔有黃河一帶，人口衆多，土地廣大，人才輩出。相形之下，建都成都的蜀漢和建業的東吳，氣勢就弱多了。所以三國時期，魏勢最強，但基於三位體 (Triad) 之特性，❶ 蜀漢（共四十三年）和東吳（共五十六年）也能苟活於一時。惟以好景不常，魏將司馬懿西征蜀漢，東平遼東之後，終以功高擅政，其子司馬師、司馬昭相繼掌權，並滅西蜀，魏帝迭遭廢弒，卒至昭之子炎篡魏，建國號晉，是爲晉武帝。魏亡之後，武帝遣將滅東吳，於是自東漢以來近百年之混亂局面，復歸統一。

　　晉統一之後，爲時暫短，僅三十六年，因「八王之亂」而復告分

---

❶ 見 Theodore Caplow, *Two against one: Coalitions in Triads* (Englewood Cliffs, N. J.: Prentice-Hall, 1968)

裂。同時五胡南侵，晉室南渡，是謂東晉。中原淪陷，十六國出現，大
局無法收拾。至於東晉，因劉裕篡奪，改國號宋，因之滅亡。

此時北方拓跋氏崛起，乘勢坐大，建國號魏，是謂後魏或北魏，並
滅各國，統一中原，以與南方對峙，此所謂之北朝。至於南朝則始於劉
裕篡晉，此後又有齊、梁、陳諸國之更替。大體言之，魏晉南北朝時
期，治少亂多，因之，影響了學術思想的發展❷。

由於政治上的混亂，「君主以篡奪殘殺相尚，仕官以巧媚游說相欺」，
社會一般士大夫於失望之餘，競尚空談，一方面固可免於政治迫害，另
一方面，亦可藉此另尋門徑，以明人生。所以老莊思想就成了魏晉人士
之思想取向，一時趨之若鶩，而傳統經學亦染上玄學習氣，對於此時期
社會思想，自亦有重大影響。

同時佛教已經傳入中國，風雲際會，附麗於老莊之後，亦跟著發展
起來。加之長期的政治動亂，導致民生之凋弊，人民於痛苦之餘，尋求
宗教之滿足。所以清談界研究佛學之風盛行，對於自西漢以來的儒家獨
尊之局，產生了懷疑。眾說激盪，相互論辯，思想界倒也有一股追求眞
理之風尚。

與當時社會政治有關的另一種現象，卽南朝世族之形成。這些世族
卽五胡亂華時被迫南渡的中原貴族及富賈。他們因爲享有旣得之利益和
權利，所以很容易形成一個階級，掌握旣有之階級利益；同時開拓新的
階級特權。此種現象原非始於六朝，東漢之時已大都形成，❸惟以六朝
時期環境特殊，更助長了世族的發展。

眾所周知，社會階級一旦形成，尤其上層階級形成，其爲保障自己

---

❷ 見蒙思明著「六朝世族形成的經過」，載韓復智編「中國通史論文選輯」
（上），頁 431-447，雙葉書廊，臺北市，民國六十一年。

的利益，必然設法奪取政權，於是又形成了所謂「貴族政治。」❸加之土地集中，地主形成，其中多由豪族佔有。因此，貴族階級不在政治上佔有優勢，在經濟上更是任其操縱；進而導致階級不同，不通婚的「門當戶對」風尚。其他如不同階級不雜居、不同坐、不著同樣衣服。甚至由於重文輕武，使軍隊出自貧賤，軍閥擅權，終至改朝換代，循環不已。

　　總而言之，由於魏晉南北朝的政治混亂，導致了社會情況之重大改變，其中最顯著者有以下幾方面。❹

　　(一)從迷信、讖緯之中解放出來。也就是從董仲舒的天人感應的玄學思想中猛醒過來。這種猛醒隨著一脅權勢之崩潰而加速。雖然此後開始的清談以老莊、佛學為主，但不受政治之牽制，這對董仲舒誤導儒家思想不菅有糾正之作用。同時使知識分子不專注於利祿之追求，可捨棄「便辭巧說，破壞形體」(班固漢書藝文志)的「不思多聞闕疑之義。」(同上)

　　(二)從禮法之中解放出來。儒家禮教原是用於社會之規範，而非政治之工具。後來帝王為鞏固政權，多藉儒家禮法牽制人的思想與行動，以致成為教條，變成桎梏。而魏晉南北朝的亂局，使此種桎梏終得擺脫。

　　(三)從政治迫害中解放出來。政局不定，更替不已，知識分子為了自保，把救國濟世抱負，轉換到空洞而不務實際的玄學上，是逃避迫害的唯一途徑。當然空談的結果，使「風俗淫僻，恥尚失所。」婦女「先時而婚，任情而動……不恥淫佚之過。」社會「禮教刑政，於此大壞。」(晉書卷五)

　　因此，在此種情況下產生之社會思想，其趨向可見一斑矣。

---

❸　見薩孟武著「魏晉南北朝的貴族政治」，社會科學論叢第一輯，臺大法學院，民國三十九年。
❹　詳見韋政通著「中國哲學思想批判」，水牛出版社，民國五十七年。

第二章　魏晉南北朝的社會思想

第一節　葛　　洪

一、略傳　葛洪字稚川，別號抱朴子。晉丹陽句容人氏。生於蜀漢後主延熙十六年（西元二五三年），卒於東晉成帝咸和八年（西元三三三年），享壽八十有一。官至州主簿，屢奉遷選，固辭不就。後至廣州羅浮山煉丹，優游恬淡，著述不斷。著有抱朴子、神仙傳、肘後方、集異傳等。其中與社會思想有關者爲抱朴子一書。該書分內外兩篇，內篇言神怪；外篇言治世。所以道儒並用，法家兼顧，具有綜合之功。

二、社會思想　葛洪的思想主要在調和儒道兩家的中心觀念，雖然不能謂之成功，但卻有些特殊見解，所謂「內道外儒」，卽其調和之具體表現。此從社會思想觀之，尤其明確。

1.社會文化的變遷　葛洪認爲，人類社會由蒙昧至文明，漸次開化。而開化之原因，主要由於人有欲望（心理因素），也就是所謂向上心（Ambition）。而開化的結果，則人與人爭利，家與家爭地，干戈相向，交尸布野，社會永無寧日。他假定人類早期有羣居之實，而無社會

組織。他說：

> 鳥聚獸散，　巢栖穴竄，　毛血是茹，　結草斯服；　入無六親之尊
> 卑，　出無階級之等威。（抱朴子外篇詰鮑卷第四十八）

這種取之於自然的生活狀態，應無文化可言。後來由於人欲增加，
導致社會文化之產生與變遷，而變遷的動力是衝突。他說：

> 且夫遠古質朴，蓋其未變，民尚童蒙，機心不動，譬夫嬰孩智
> 慧未萌，非爲知而不爲，欲而忍之也。若人與人爭草萊之利，家與
> 家爭訟巢窟之地，上無治枉之官，下有重類之黨，則私鬥過於公戰，
> 木石銳於干戈，交尸布野，流血絳路，久而無君，　噍類盡矣。（同
> 上）

由於衝突不斷增加，乃有智慧之士，發明各種物質文明，滿足人的
需要，社會組織便因此而產生。他說：

> 良宰匠世，設官分職，宇宙穆如也，貴賤有章，則慕賞畏罰，
> 勢齊力均，則爭奪靡憚，是以有聖人作，受命自天；或結罟以畋漁，
> 或瞻辰而鑽燧，或嘗卉以選粒，或構宇以仰蔽。備物致用，去害興
> 利；百姓欣戴，奉而尊之，君臣之道於是乎生。（同上）

由此而言，不僅文化由之而發展，社會組織也由此而產生。但整個看來，
社會文化均由於衝突而進展、而演化。所以有直線進化之觀念在內。他
說：

> 古者生而無棟宇，死無殯葬，川無舟檝之器，陸無車馬之用；
> 舌啖毒烈以至殞斃，疾無醫術，枉死無限；後世聖人改而垂之，民
> 到如今賴其厚惠，機巧之利未易敗矣。（同上）

又說：

> 厥初邃古，民無階級，上帝悼混然之甚陋。愍巢穴之可鄙，故
> 構棟宇以去鳥獸之羣，制禮數以異等威之品，教以盤旋，訓以揖讓，

立則磬折，拱則抱鼓，趨步升降之節，瞻視接對之容。至於三千，
蓋檢溢之隄防，人理之所急也。(抱朴子外篇譏惑卷第二十六)

雖然社會因衝突而進步，文化因嗜欲而發展。但在葛洪看來，由
衝突而導致之社會文化發展，其價值依然超過社會文化蒙昧時期。換言
之，有了社會組織和社會制度之後，雖然為人類帶來苦痛，但仍然比無
社會組織時為佳。因為在沒有制度的情況下，苦痛與災難更無法忍受。
他說：

狂狡之變，莫世乏之，而令放之，使無所憚，則盜跖將橫行以
掠殺，而善良端拱以待禍。無主所訴，無彊所憑，而冀家為夷齊，
人皆柳惠，何異負豕而欲無臭，憑河而欲不濡，無轡筴而御奔馬，
棄柂櫓而輕舟，未見其可也。(同上)

由此足見，葛洪的社會文化變遷說，含有進步之義，也就是直線變
遷觀。他的看法，在現代社會學中亦有類似之觀點。❺

　2.政治主張　在政治上，葛洪特別重視君臣關係。在他看來，君臣
之間有一種互補的功能，缺一不可。他說：

夫拔丘園之否滯，舉遺漏之幽人，職盡其才，祿稱其功者，君
所以待賢者也。勤夙夜之在公，竭心力於百揆，進善退惡，知無不
為者，臣所以報知己也。世有隱逸之民，而無獨立之主者，士可以
嘉遁而無憂，君不可以無臣而致治。(抱朴子外篇貴賢卷第十一)

事實上，政治功能的表現，在有完善之科層組織，而組織功能之發
揮，在於羣臣之職司。所以「無臣而致治」是無可能之事。君之於臣，
建立在「尊卑等威」之上。「君臣之道立，設官分職，而雍熙之化隆。」

---

❺　在現代社會學理論中，衝突論中之功能學派，多少亦含有此義。雖然他
　　們的重點不在社會本身的調適或再調適，但從長期效果言，社會因此而獲
　　利。

（抱朴子外篇君道卷第五）所以爲人君者，「必修諸己，以先四海；去偏黨以平王道，遣私情以標至公。」（同上）有了自修功夫之後，在任才用人上才能公正，所謂「器無量表之任，才無失授之用。」（同上）進一步「詢諮以校同異，平衡以銓羣言，虛己以盡下情，推功以勸將來，御之以術，則終始可竭也，整之以度，則參差可齊也。」（同上）由此可見，君對臣以誠，才有盡職之臣，才有忠言可納。

　　反之爲人臣者，亦應順君之意，表現互補之角色，以示忠君而愛國。他說：

　　　　人臣勳不弘，則耻俸祿之虛厚也；績不茂，則羞爵命之妄高也。……舉足則蹈道度，抗手則奉繩墨。（抱朴子外篇臣節卷第六）

　　臣爲感恩圖報，則「必戰戰兢兢，不忘恭敬，使社稷永安於上，己身無患於下。」（抱朴子外篇良規卷第七）所以臣對君應盡爲臣之職責（角色），葛洪說：

　　　　其（臣）動也，匪訓典弗據焉；其靜也，匪憲章弗循焉。請託無所容，申繩不顧私，明刑而濫乎所恨，審賞而不加乎附己。不專命以招權，不含汚而談潔；進思盡言以攻謬，退念推賢而不蔽。夙興夜寐，慼庶事之不康也；儉躬約志，若策奔於薄冰也。納謀貢士，不宣之於口，非義之利，不棲之乎心。立朝則以砥矢爲操，居己則以羔羊爲節，當危値難，則忘家而不顧命，寧衡執銓，則平懷而無彼此。（抱朴子外篇臣節卷第六）

　　不過葛洪認爲，臣之角色不應過多，以免產生所謂角色過剩（Role Superfluity），所以他說：

　　　　臣職分則治統，廣則多滯，非賁獲之壯，不可以舉兼人之重，非萬夫之特，不可以總異言之局。……若乃才力絕倫，文武兼允，入有腹心高算，出有折衝之遠略，雖事殷而益舉，兩循而俱濟，舍

之則彝倫斁，委之而無其人者，粢之可也。非此器也，宜自忖引，轅若載重，杪不及矣。常人貪榮，不慮後患，身既傾溺，而禍逮君親，不亦哀哉！（同上）

他以大才可任重，可任多；「非此器也」只有「職分」了。不過在科層制度之下，地位愈高者，角色愈多，而角色過剩現象愈明顯。倘若多至難以有效處置，則可能產生某些角色期望無法達成，因而導致與角色相關者有挫折之感❻。所以葛洪的顧慮不是無道理的。

3.經濟主張　葛洪在經濟上的主張，主要側重在稅賦。他說：

帝王帥百僚以藉田，后妃將命婦以蠶織，下及黎庶，農課有限，力佃有賞，怠惰有罰。十一而稅，以奉公用。家有備凶之儲，國有九年之積，各得順天分地，不奪其時，調薄役希，民無飢寒，衣食既足，禮讓以興。（抱朴子外篇詰鮑卷第四十八）

在葛洪看來，經濟問題無非是耕與織，國家建設無非是十一之稅賦。因此，合理之稅收不但有利於官，而且無害於民，可說是一種官民兩利的措施。他說：

夫言主事彌張，賦斂之重於往古，民力之疲於末務，飢寒所緣，以譏之可也。而言有役有賦，使國亂者，請問唐虞升平之世，三代有道之時，爲無賦役以相供奉。元首股肱，躬耕以自給邪。鮑生乃唯知飢寒竝至，莫能固窮，獨不知衣食竝足，而民知榮辱乎。（同上）

事實上，其經濟主張是儒家治世思想的具體表現。薩孟武教授指出，「葛洪之『元首股肱躬耕以自給邪』，與孟子反對許行主張『賢者與民並耕而食，饔飧而治』之言，而謂『百工之事固不可耕且爲也，然則治天

---

❻　張承漢譯「社會體系」，頁 446-447，黎明文化公司出版，臺北市，民國七十一年。

下者獨可耕且爲勲』，完全相同。」❼這是其「內道外儒」思想的鐵證，
也是不贊成以道家思想治國的表現。換言之，葛洪把修己與治國分開處
理，此從其經濟思想中，即見一斑。

4.社會控制　在前面的經濟主張中指出，葛洪把修己（煉丹成仙）
與治世分開處理。也就是說，對於處理社會現象或事務，葛洪採取現實
的觀點與作法。因此，在言及社會控制時，自然就擯棄道家「無爲而
治」的策略。反之，他以入世的積極觀念去對付。他認爲，只使用仁
義道德，不能澈底的維持社會秩序，必須輔之以刑罰，方有實效。葛洪
說：

> 莫不貴仁，而無能純仁以致治也；莫不賤刑，而無能廢刑以整
> 民也。咸云明后御世，風向草偃，道洽化醇，安所用刑。余乃論之
> 曰：夫德敎者，黼黻之祭服也；刑罰者，捍刃之甲胄也。若德敎治
> 狡暴，猶以黼黻御刄鋒也；以刑罰施平世，是以甲胄升廟堂也。故
> 仁者養物之器，刑者懲非之具，我欲利之，而彼欲害之。加仁無悛，
> 非刑不止，刑爲仁佐，於是可知也。（抱朴子外篇用刑卷十四）

由上言之，葛洪的社會控制觀，顯然是仁義爲主，刑罰爲輔。但他不否
認刑罰的價值，也不把仁義的理想看的過高；這可以說是其思想落實的
一面。

在葛洪看來，仁政固然是追求之目標，無奈社會中人，並非個個可
以仁政感化，所以非輔之以刑，不足爲功。他說：

> 仁之爲政，非爲不美也，然黎庶巧僞，趨利忘義，若不齊之以
> 威，糾之以刑，遠羨羲農之風，則亂不可振，其禍深大，以殺止
> 殺，豈樂之哉！（同上）

他不以仁作爲社會控制之唯一工具，乃由於天地間的事物，不能純

----

❼　薩孟武著「中國政治思想史」頁 312。

以某種方式處理。換言之，以極端方式處理社會事務，並非「天地」之本意。他說：

> 蓋天地之道，不能純仁，故青陽闡陶育之和，素秋厲肅殺之威，融風扇則枯瘁擢藻，白露凝則繁英彫零。是以品物阜焉，歲功成焉，溫而無寒，則蚑動不蟄，根植多榮，寬而無嚴，則姦宄竝作。（同上）

這是其社會思想的哲學基礎；而此基礎顯然的是建立在人性之上。所以他才主張「明賞以存正，必罰以閑邪。」（同上）

不過葛洪言刑，非酷刑；所謂「刑期無刑」。因此他認為，只要能維持社會秩序，達到控制的目的，方法上不一定極端。所謂「賞貴當功而不必重，罰貴得罪而不必酷。」（同上）但卻不能無刑，所謂「鞭朴廢於家，則僮僕怠惰，征伐息於國，則羣下不虔愛……明君不釋法度，故機詐不肆其巧。」（同上）

總之，在社會控制的觀點上，葛洪思想似儒不似道。因為「道家之言，高則高矣，則之則獘。」（同上）儒重仁義，卻不廢刑，「仲尼之誅正卯，漢武之殺外甥，垂淚惜法。」（同上）其目的仍以社會秩序為重。

三、葛洪社會思想評價 如上所述，葛洪的思想分為兩部分：修己主道，治人以儒，所以「內道外儒」是其思想之特質。一般言之，其對政治與經濟上的觀點並無特殊之處，而其社會文化直線演化說，與傳統儒家稍異其趣。他認定社會文化愈演化愈進步，只是著重在文化之物質表現。至於演化之動力，他強調心理因素與衝突，這倒是以往思想家甚少言及的。現代社會學中把衝突視為變遷的一個因素，實乃因為變遷不一定帶動進步。而葛洪之說，類似古希臘先哲的看法。

至於對於社會控制的觀點，雖然依然以儒家的觀念為主，但在解釋刑罰控制之原因時，則以「天地之道，不能純仁」為基礎，說明事物間

的自然調和，所以「寬而無嚴，則姦宄竝作。」雖然其間含有濃厚的哲學意味，但其觀點亦頗有新穎之處。

葛洪生當魏晉之初，時值天下紛亂，其求治之心可以想見。一般言之，逢亂世者，其反應心態不外乎二：一為逃避或遁世，以修己不務世，只求了此殘生。另一為積極進取，運用個人思想，欲治天下，而造福人羣。葛洪著「抱朴子」，內外兼顧，以便「去害興利」，造福社會，用心可謂良苦。

第二節　劉　勰

一、略傳　梁書列傳云：「劉勰字彥和，東莞莒人。……父尚，越騎校尉。勰早孤，篤志好學，家貧不婚娶，依沙門僧祐，與之居處，積十餘年，遂博通經論，因區別部類，錄而序之」（卷五十）。後車騎倉曹參軍，又為太末令，政有清績。昭明太子深愛接之，惟無意仕途，遂出家為僧，改名慧地。

劉勰的傳世之作有「文心雕龍」五十篇，論古今文體。但世傳「劉子新論」一書（十卷），亦為劉勰所著，亦有云劉晝所撰。惟查梁書劉勰傳及北齊書劉晝傳（卷四十四）與北史劉晝傳均未言及「劉子新論」為彼等所撰（按劉晝，字孔昭，渤海阜城人，撰「六合」賦一篇，「高才不遇傳」三篇），楊家駱教授主編之「世界文庫」列「劉晝新論」十卷，並註明「原刻誤題梁劉勰」撰。換言之，楊教授認為「劉子新論」一書為劉晝所撰。薩孟武教授以舊唐書經籍志列有「劉子新論十卷」，（卷四十七）注云「劉勰撰」，新唐書藝文志，亦列有「劉子十卷」，（卷五十九）注云「劉勰撰」，但宋史藝文志列「劉子三卷」（卷二百五十），注云「劉晝撰」，期間待考之處尚多。乃「吾人假定『劉子新論』為劉

勰所著。」）❽本書採薩敎授觀點，以「劉子新論」爲劉勰所著，故書中社會思想亦劉勰之思想。俟日後文史學家考證並肯定非劉勰所撰時，則再更正云。

二、社會思想　劉勰的哲學思想是儒家思想的承續，所以其社會思想，亦多儒家思想之反應。

1.論人性　劉勰認爲，人是自私自利的動物，人的一切行爲皆以自利爲目的。俟自利滿足之後再惠及他人。他說：

> 利害者，得失之本也；得失者，成敗之源也。故就利而避害，愛得而憎失，物之恒情也。（劉子新論利害第四十七）

他又說：

> 饑饉之春，不賑朋戚，多稔之秋，饗及四憐。不賑朋戚，人之惡；惠及四憐，人之善，蓋善惡之行出於性情而繫于饑穰也。以此觀之，太豐則恩情生；寠乏則仁惠廢也。（劉子新論辯施第三十七）

劉勰的這段話，不僅說明人性中之自利傾向，同時也指出了善惡由外在之情境而決定。換言之，人有自利之性，但其表現則受客觀環境之影響。就此而言，善惡行爲似乎是相對的，其表現由自我本身利害之決定。劉勰的此種觀念，與現代社會學中所謂行爲隨情境 (Situation) 改變而改變，頗相一致。❾

2.政治主張　劉勰的政治主張，正是孔子所謂「政者正也」的發揮。因此，他在言及君民關係時，基本上仍以仁爲出發點。因爲社會無政治制度，便不能產生社會秩序，無社會秩序，便不能滿足人類生存與

---

❽　見薩孟武著「中國政治思想史」，第313頁。
❾　心理學者盧文 (Kurt Lewin) 以人之行爲隨人格與環境之改變而改變，其公式爲：B=f(P,E)，現代社會學則將環境分爲情境與互動 (interaction)，另增加文化。故其公式爲：B=f (C,P,I,S)。劉勰所謂「善惡之行出於性情而繫于饑穰，」係指行爲（有善惡）受情境改變之影響。

生活之需要。所以統治行為是社會生活不可缺少的一環。他說：

　　　　天生萬民而立之君，君則民之天也。天之養物以治陰陽為本，
　　君之化民以政教為務。……是故善為理者，必以仁愛為本，不以苛
　　酷為先。寬宥刑罰以全人命，省徹徭役以休民力，輕約賦斂，不匱
　　人財，不奪農時，以足民用，則家給國富而太平可致也。（劉子新
　　論愛民第二）

　　治民先須愛民，君民關係卽建立在治愛的關係上。所謂「君則民之
天也」，與「善為理者，必以仁愛為本」，就是此種互補關係的具體說
明。

　　劉勰也進一步指出，君的仁愛尚須表現在政府的科僚之中。所以他
強調賢人之治，使君之德意，透過賢明之政治僚屬而表現出來。他說：

　　　　國之需賢，譬車之恃輪，猶舟之倚檝也。車摧輪則無以行，舟
　　無檝則無以濟，國乏賢則無以理。國之多賢，如託造父之乘，附越
　　客之舟，身不勞而千里可期，足不行而蓬萊可至。朝之乏賢，若鳳
　　虧六翮，欲望背磨青天，臆衝絳煙，終莫由也。（劉子新論薦賢第
　　十九）

　　因此，在賢明之政治制度下，統治者固然仁慈有加，而賢明僚屬之
選擇，更可提高行政效率，並將統治者之仁慈胸懷表現出來。所以賢明
科僚是賢明政治推動的主力。事實上，政治良窳，除非統治者決策有
誤，其他大都在於科僚執行之不當和偏私。所以賢明統治者固然重要，
而賢明輔佐，尤不可缺。蓋政治體系中之任何部分發生偏差，均能造緊
張與失調。劉勰特別強調賢明科僚之選取，其原因殆出乎此。

　　3.經濟主張──功利主義的重農政策。劉勰的經濟主張，是中國傳
統重農政策的一貫主張。不過劉勰特別強調農業的功能。換言之，他以
功利觀點論農業的重要性，其中尚特別強調農業對於社會其他方面之影

響。他說:

> 衣食者，民之本也；民者，國之本也。民恃衣食猶魚之須水；
> 國之恃民，如人之倚足。魚無水，則不可以生；人失足，必不可以
> 步；國失民，亦不可以治。先王知其如此，而給民衣食。……天子
> 親耕於東郊，后妃躬桑於北郊。……故天子親耕，后妃親織，以爲
> 天下先。是以其耕不強者，無以養其生，其織不力者，無以蓋其
> 形。衣食饒足，奸邪不生，安樂無事，天下和平。智者無所施其
> 策，勇者無以行其威，故衣食爲民之本，而工巧爲其末也。（劉子
> 新論貴農第十一）

劉勰認爲農業的功能是本，「美麗」、「珍寶」屬末。蓋在荒旱或水
災之時，珍寶不能維持生存，美麗徒具形表，一切均歸無用。他說:

> 衣食足，知榮辱，倉廩實，知禮節，故建國者，必務田桑之
> 實，棄美麗之華。以穀帛爲珍寶，比珠玉於糞土何者？珠玉止於虛
> 玩，而穀帛有實用也。假使天下瓦礫悉化爲和璞，砂石皆變爲隋
> 珠，如值水旱之歲，璦粒之年，則璧不可以禦寒，珠未可以充饑
> 也，雖有奪目之鑑，代月之光，歸於無用也。（同上）

劉勰的農業功利觀，於此可見。事實上，在生產力低的社會，農業
確是「民之本」。所謂「神農之法曰：丈夫丁壯而不耕，天下有受其饑
者；婦人當年而不織，天下有受其寒者。」（同上）在現代工業化社會
中，生產力提高，一人生產，萬人食用，所以農業的地位，自然就不若
以往之重要了。

4.社會變遷　劉勰認爲，社會變遷起於人之欲念。早期人民淳朴，
心無欲望；後來心智開放，民心由之而澆薄，終至戰爭發生。此一過
程，類似道家思想。劉勰說:

> 太古淳朴，民心無欲。淳澆則爭起，而戰萌生焉。神農氏弦木

爲弧，剡木爲矢，弧矢之利以威天下。其後蚩尤強暴，好習攻戰，銷金爲刃，割革爲鉀，而兵遂興矣。黃帝戰于涿鹿，顓頊爭於不周，堯戰丹水，舜征有苗，夏討有扈，殷攻葛伯，周伐崇侯。夫兵者凶器，財用之蠹，而民之殘也。（劉子新論兵術第四十）

由此言之，劉勰似認爲社會變遷是種衰退過程，而戰爭殺伐是此過程的手段。正因戰爭之產生，才有政治制度之出現。「劉勰所說之神農、黃帝等等，最初都是指揮作戰，而漸次成爲君長的」。❿ 由此可見，劉勰認爲，社會制度乃因需要而產生，這點與現代社會學的觀點，不謀而合。

戰爭雖然因欲而生，政治制度因戰而成。但戰爭的結果殘酷可怖，所以上者不戰，下者以戰止戰。總之，好戰非社會國家之福也。他說：

司馬法曰：國家雖大，好戰則亡；天下雖安，忘戰必危。亟戰則民凋，不習則民怠。凋非保全之術，怠非擬寇之方，故兵不忘動，而習不輟，所以養民命而修戎備也。（劉子新論閱武第四十一）

可見劉勰的基本觀念，仍在不戰。如何創立不戰之制度以抑止戰爭之殘酷，乃古今中外思想家共同之願望與目標。

雖然劉勰認爲社會變遷是一種退化過程，但是這種過程是不可避免的，它是因應時代需要的一種反應。所以他說：「五帝殊時，不相沿樂，三王異世，不相襲禮，各像勳德應時之變。」（劉子新論辯樂第七）社會既然「應時之變」則變遷必須隨著社會需要而調整。他說：

是以明主務循其法，因時制宜。苟利於人，不必法古；必害於事，不可循舊。夏商之衰，不變法而亡，三代之興，不相襲而王。堯舜異道而德蓋天下，湯武殊治而名施後代。由此觀之，法宜變動，非一代也。今法者則溺於古律，儒者則拘於舊禮，而不識情移，法宜變改也。……拘禮之人，不足以言事，制法之士，不足以論理。

若握一世之法，以傳百世之人，由以一衣擬寒暑，一藥治痤瘕也。
若載一時之禮，以訓無窮之俗，是刻舟而求劍，守株而待兎。故
制法者爲理之所由，而非所以爲治也。禮者成化之所宗，而非所以
成化也。成化之宗在於隨時，爲治之本在於因世，未有不因世而欲
治，不隨時而成化，以斯治政，未爲衷也。（劉子新論法術第十四）
他又說：

時有淳澆，俗有華戎，不可以一道治，不得以一體齊也。故無
爲以化三皇之時，法術以禦七雄之世，德義以柔中國之心，政刑以
威四夷之性。故易貴隨時，禮尚從俗，適時而行也。（劉子新論隨
時第四十五）

可見劉勰的思想，頗合乎社會學之原理。所謂「因世」、「隨時」，
都是與變遷有關的概念。所以在他的思想中，變遷是必然趨勢。反之，
如果不變，則「未爲衷也」。劉勰的觀念可謂新穎矣。

5.社會控制　前已言之，劉勰的思想，基本上是儒家思想的承續，
此在社會控制的觀念上，尤其明顯。他的社會控制方法，主要有二：一
爲樂，一爲賞罰。前者是內在的人格改變，後者是外在的強制束縛。兩
者均有社會控制（卽人類行爲）之功能。他說：

樂者，天地之聲，中和之紀，人情之所不能免也。人心喜則
笑，笑則樂，樂則口欲歌之，手欲鼓之，足欲舞之。歌之、舞之，
容發於聲音，形發於動靜，而入於至道。……故人不能無樂，樂則
不能無形，形則不能無道，道則不能無亂。先王惡其亂也，故制雅
樂以道之，使其聲足樂而不淫，使其音調倫而不詭，使其曲繁省而
廉均，是以感人之善惡，不使放心邪氣，是先王立樂之情也。（劉
子新論辯樂第七）

樂是人先天的心理需要，而樂的表現則涉及行爲，所以須制「雅樂

以道之」，否則必及於亂。因此，在劉勰看來，「雅樂」是一種適當的
控制工具，主要原因乃在其引導情緒發洩時，不至於破壞社會秩序或有
違規之行為表現。這與陸賈所謂「調之以管絃絲竹之音，設鐘鼓歌舞之
樂，以節奢侈，正風俗，通文雅」（新語道基）之意相通。所以正當的
音樂能引導情緒作適當發展，行為作正確表現。因此，其有社會控制的
作用，自無容置疑。

　　其次是賞罰。按儒家思想，雖不以賞罰為社會控制之主要利器，但
有備無患，對於某些人而言，賞罰仍不失為有效之控制方式。蓋賞為正
制裁 (Positive Sanction)，而罰為負制裁 (Negative Sanction)，
兩者對於社會規範之維護，皆有效果。故劉勰以此兩者為社會控制之工
具，良有以也。他說：

　　　　治民御下，莫正於法；立法施教，莫大於賞罰。賞罰者，國之
　　　　利器而制人之柄也。故天以晷數成歲，國以法教為才。……法動於
　　　　上，則治成於人。……法之動也，先賞後罰。……明賞有德，所以
　　　　勸善人也，顯罰有過，所以禁下奸也。善賞者，因民所喜以勸善；
　　　　善罰者，因民所惡以禁奸。故賞少而善勸，刑薄而奸息。賞一人而
　　　　天下喜之，罰一人而天下畏之，用能教狹而治廣，用寡而功眾也。

（劉子新論賞罰第十五）

　　可見賞罰的目的在勸善禁奸，亦即使人的行為符合社會規範。而賞
罰之能發揮社會控制的效果，必須針對「民之有縱」者，同時尚須公平
適當，誠信明確，以立威嚴。他說：

　　　　聖人之為治也，以爵賞勸善，以仁化愛民，故刑罰不用太平也
　　　　致。然而不可廢刑罰者，以民之有縱也，是以賞雖勸善，不可無
　　　　罰，罰雖禁惡，不可無賞，賞平罰當則理道立矣。（同上）

　　賞罰標準的制定與執行，由君為之；其原則以勸善懲惡為主，信明

公平爲要。他說:

> 故君者，賞罰之所歸，誘人以趨善也。……矧復張厚賞以施下，操大威以臨民哉。故一賞不可不信也，一罰不可不明也。賞而不要，雖賞不勸，罰而不明，雖刑不禁，不勸不禁，則善惡失理。是以明主一賞善罰惡非爲己也，以爲國也。適於己而無功於國者，不加賞焉；逆於己而有勞於國者，不施罰焉。罰必施於有過，賞必加於有功，苟能賞信而罰明，則萬人從之。（同上）

總之，在劉廙的觀念中，賞罰是社會控制的必要利器，惟其實行要有原則，否則其效果，可能適得其反。

三、劉廙社會思想評價 劉廙的社會思想，雖然是儒家思想的承續，但有其特別之處、新穎之見。例如，他對人性的看法就與孔孟荀不同。他所強調的是外在環境對於人性的影響，所謂「善惡之行出於性情而繫于餞穰」，正是指環境對行爲之影響而言。故在此一觀念上，劉廙的思想與現代社會學的觀點頗相吻合。

至於其政治主張，不外乎先秦儒家的一貫主張的延續；強調仁政，及君民之間的互補關係。所以新穎之處少。而其經濟主張，則以農業的功利觀點爲依歸，確有其特殊見解，惟諸種原則問題，古人亦多論之。

劉廙社會思想的最大貢獻，厥爲其社會變遷觀了。他認爲，社會變遷是種衰落過程，在此過程之中，戰爭與殺伐是種必然手段。換言之，衝突是造成社會變遷的主要因素。此種觀點在現代社會學上雖有爭議，但無可否認的，衝突確是社會變遷的因素之一。至於衝突是否必然導致社會衰落或解組，目前仍仁智互見，尚無定論。事實上，社會現象複雜萬分，單一因素不足以說明整個之社會現象。因此，我們固然不贊成衝突是造成社會變遷的惟一因素，但我們也不否認衝突對於社會改革的影響。在劉廙的思想中，他雖不曾明確的指陳衝突本身的現象，但他指陳

衝突的發生與社會衰落的過程，且衝突在衰落之過程中進行。他這種以衝突爲社會變遷的動力，似乎與馬克思的衝突說諸多接近。這可說是其社會思想中最有價值之處❶。

至於其社會控制觀，與先秦儒家類似，乏善可陳。不過他再三強調賞與罰的重要，以及其執行原則，從現代社會學的觀點言之，確屬如此。

總之，在魏晉談風極盛的當時，劉勰的思想沒有頹廢消極的遁世，也沒有玩世不恭的放浪觀念，確也難能可貴。

第三節　傅　　玄

一、略傳　晉書傅玄傳曰：「傅玄字休奕，北地泥陽人也。……玄少孤貧，博學善屬文，解鍾律。性剛勁亮直，不能容人之短。郡上計吏再舉孝廉，太尉辟，皆不就。州舉秀才，除郎中，與東海繆施俱以時譽選入著作，撰集魏書。後參安東、衛軍軍事，轉溫令，再遷弘農太守，領典農校尉。所居稱職，數上書陳便宜，多所匡正。五等建，封鶉觚男。武帝爲晉王，以玄爲散騎常侍，及受禪，進爵爲子，加駙馬都尉。」（晉書卷四十七列傳第十七）由於其天性峻急，剛毅果敢，致貴游懾伏，臺閣生風。泰始五年卒，享年六十有二。

傅玄少時專心誦學，卽後雖顯貴，仍著述不廢，合爲傅子一書，分內外中篇，凡四部，數十萬言。其思想要以儒家爲重。時司空王沈評「傅子」內篇曰：「言富理濟，經綸政體，存重儒敎，足以塞楊墨之流遁，齊孫孟於往代。」（同上）其思想之趨向，由此可見一斑。惟其社會及政治思想，折衷儒、法兩家要義。玆就其社會思想分述如下：

二、社會思想　傅玄的思想旣折衷於儒、法兩家之間，其基本趨向

---

❶　衝突對社會之功能，可見 L. A. Coser 及 R. Dahrendorf 的著作。

則以儒家的「仁道」，與法家的「刑賞」爲依歸。他說：

> 立德之本莫尚乎正心，心正而後身正，身正而後左右正，左右
> 正而後朝廷正，朝廷正而後國家正，國家正而後天下正。故天下不
> 正，修之國家；國家不正，修之朝廷；朝廷不正，修之左右；左右
> 不正，修之身；身不正，修之心。所修彌近，所修彌遠。（傳子正
> 心）

這與「大學」中「修齊治平」之道相同。但在社會控制上，則又與
法家近似。他所謂：「法者所以正不法也」（傳子法刑），顯然以法爲
重。因此，其社會思想頗具綜合意味。

1.經濟主張　傳玄的經濟主張，含有儒家的「富而後教」之義。易
言之，國家的治理，社會之秩序，均以民生之安定爲先決條件。所謂
「民富則安鄉重家，敬上而從教；貧則危鄉輕家，相聚而犯上。饑寒切
身，而不行非者寡矣。」（全晉文卷四十九傳子補遺上）蓋生存及生活
問題解決之後，人方可教；教而後行爲端正，行爲端正，而後社會才有
秩序。所以在經濟上，主張役簡輕賦，以減少人民的負擔。但傳玄並不
贊成放任，他認爲，政府的經濟措施應以當時的社會情況來決定，所謂
「世有事，即役煩而賦重，世無事，即役簡而賦輕。」（全晉文傳子平
賦役）由此可見，其經濟政策頗具機動性。此外，在役煩賦重之時，必
然造成社會大衆的困阨與艱難，故「役煩賦重，則上宜損制以恤其下，
事宜從省以致其用，此黃帝夏禹之所以成其功也。」（同上）此又涉及
到社會福利政策之運用了。

總之，傳玄的經濟主張，含有社會之廣泛意義。換言之，他不偏限
於經濟事務本身，而旁觸其他社會現象，此種觀點殊屬可取。

2.社會控制　前已言之，傳玄思想綜合法儒兩家，故其思想中法家
傾向極其明顯。易言之，法、刑、賞諸概念，在傳玄的思想中依然佔有

重要分量。尤其在社會控制方面最爲顯著。所以法與刑都是社會需要的一部分。他說：

> 立善防惡謂之禮，禁非立是謂之法，法者所以正不法也。明書
> 禁令曰法，誅殺威罰曰刑。（傅子法刑）

可見法與刑的立意不惡，卽其有正功能。但其執行確隨社會情況而有異。他說：

> 治世之民從善者多，上立德而下服其化，故先禮而後刑也。亂
> 世之民從善者少，上不能以德化之，故先刑而後禮也。（同上）

傅玄之所以重視法，並維護法的工具——賞與罰，主要在賞與罰符合人性特質，故能發揮控制功能。他說：

> 治國有二柄，一曰賞，二曰罰。賞者政之大德也，罰者政之大
> 威也。……民之所好莫甚於生，所惡莫甚於死。善治民者，開其正
> 道，因所好而賞之，則民樂其德。塞其邪路，因所惡而罰之，則
> 畏其威矣。善賞者賞一善，而天下之善皆勸；善罰者罰一惡，而天
> 下之惡皆懼者何？賞公而罰不貳也。有善，雖疏賤必賞；有惡，雖
> 近貴必誅，可不謂公而不貳乎。若賞一無功，則天下飾詐矣。罰一
> 無罪，則天下懷疑矣。是以明德信而不肯輕之，明德愼罰而不肯忽
> 之。（傅子治體）

由上見之，賞罰不僅在順人之情，而且須公平不阿，方有功效。蓋公平便無私，無私則民服。孔子說：「不患貧而患不均」正是此意。傅玄講「不貳」，重點亦在此。

雖然傅玄主張以刑賞爲控制工具，但刑與賞，必竟消極，尚須因人之性予以敎化。易言之，透過社會化把規範內化於人格之中。他說：

> 人含五常之性，有善可因，有惡可改……此先王因善敎義，因
> 義而立禮者也。……中國所以常制四夷者，禮義之敎行也。失其所

以教，則同乎夷狄矣；其所以同，則同乎禽獸矣。不唯同乎禽獸，
亂將甚焉。（傅子貴教）

教化可以把生物人（Individual）轉變為社會人（Person），使人
有禮義，以別於禽獸。換言之，由教化而盡人之善性，則必不至作姦犯
科，由是而社會秩序自然得以維持。

三、傅玄社會思想批判　傅玄思想折衷於儒法兩家之間，故不執一
端，殊屬可取。其考慮某一社會情況時，亦往往兼顧其他情況。例如，
「世有事，即役煩而賦重；世無事，即役簡而賦輕。」「役煩賦重，則上
宜損制以恤其下。」再如，治世以德化民，亂世以刑服民等等，均非執
一之論。換言之，其能考慮相對社會現象之存在與功能（或反功能）。
此種論點，在我國歷代思想家中，殊不多覯。當然，如從社會體系之觀
點而言，其每言一種現象，涵蓋變素不多，更未詳盡各變素間之相互關
連，自屬其缺失。但能綜合解釋、折衷兩家，可為今後綜合各派之說者
再闢新徑。不過，傅玄因折衷兩家之言而少創見。且此種折衷，尚須將
各派論點配合交織，綜合分析。對於社會現象而言，洵非易事。事實
上，社會現象之總體分析（Macro Analysis），殊屬不易，蓋各種現象
犬牙相錯，盤根錯節，欲理出一個牽一髮而動全身的頭緒，非但古人不
能，今人更因現象之日趨複雜而束手無策。總之，傅玄綜合儒法兩家觀
點，為研究社會思想另闢途徑，故有參考價值。

第四節　何　承　天

一、略傳　何承天（西元三七〇——四四七年）是南北朝時期的大
思想家之一，據南史列傳云：「何承天，東海郯人也。五歲喪父，母徐廣
姊也，聰明博學，故承天幼漸訓義。」（南史卷三十三）官至衡陽內史、

國子博士、御史中丞等。他是南朝儒學家，著有「達性論」。其思想之主要特質，在以儒家思想的觀點反駁佛教，故是一位無神論者。本節及下節范縝的社會思想，均在說明當時反佛教思想的大概。

二、社會思想 何承天的社會思想，主要是斥有神論，建立人本的生活世界。他以儒家思想為基礎，說明「至于生必有死，形斃神散，猶春榮秋落，四時代換」(達性論)的道理。在他看來，人的生活是來自自然（天地）與人類本身，而其中以人最為重要。因為人恃有智慧與思想，能了解萬物，創造事物（文化），和利用事物。他說：

> 故（人）能稟氣清和，神明特達，情綜古今，智周萬物，妙思窮幽賾，制作侔造化。（達性論）

換言之，人類的命運掌握在人類本身，無須外求於他。卽無須祈求神明之幫助——「至于生必有死，形斃神散。」根本無神明存在。何承天認為，祇要有仁能之統治者，利用自然提供的一切，人的生活自然可以獲得滿足。他說：

> 歸仁與能，是為君長。撫養黎元，助天宣德。日月淑清，四靈來格，祥風協律，玉燭揚輝。九穀㑩㑩，陸產水育，酸鹹百品，備其膳羞。棟宇舟車，銷金合土，絲紵玄黃，供其器服。文以禮樂，娛以八音。庇物殖生，罔不備設。（同上）

在何承天看來，人類的問題由人而生，亦須由人而解。他認為，人的問題在於所用過度不知節制，故他主張節儉。蓋儉則易足，足則有餘力發展，而後才能樂治。他說：

> 夫民用儉則易足，易足則力有餘，力有餘則情志泰，樂治之心於是生焉。事簡則不擾，不擾則神明靈，神明靈則謀慮審，濟治之務于是成焉。故天地以儉素訓民，乾坤以易簡示人，所以訓示懇懇若此之篤也。安得與夫飛沈蠉蠕並為眾生哉？（同上）

可見何承天的思想以物質因素爲基礎，進而影響心理過程，和社會政治現象。他這種以人爲本的思想，與佛教中之生死輪廻與因果報應，自是大相逕庭。

總之，他以順乎自然作爲社會生活的主要方式。因爲人有天賦之知能，和仁義道德之本性。所以能制定各種制度，並利用自然的一切營生。人能愛物及屋，民胞物與，不在預求來生得到善報，而是仁愛的一種表現，也是與自然相契合的方法。所以他嚴厲地駁斥有神論和靈魂輪廻說之迷信。

第五節 范 縝

一、略傳 梁書列傳云:「范縝字子眞，南鄉舞陰人也。……縝少孤貧，事母孝謹。年未弱冠，聞沛國劉瓛聚衆講說，始往從之，卓越不羣而勤學。……既長，博通經術，尤精三禮。性質直，好危言高論，不爲士友所安。」（梁書卷四十八）梁武帝徵爲尚書左丞，後因爲尚書令王亮辯曲，貶官廣州。范縝生於宋文帝元嘉二十七年（西元四五〇年），卒年不詳。南史列傳云，范縝有文集十五卷（南史卷五十七），但未流傳。其社會思想俱見梁書范縝傳載神滅論，及答曹舍人（弘明集卷九）。其中對佛教流行所造成的社會影響，有深刻批評。

二、社會思想 范縝的反神論與何承天不同，他從生理與心理兩方面說明形體與精神之關係。范縝認爲，形體與精神是互相連結不能分離的。形體是精神的寄託，精神是形體的作用；形體死亡，精神隨著消失，不生作用。所以人死之後，靈魂跟著毀滅，不能成爲神鬼。他說:

> 形者神之質，神者形之用，是則形稱其質，神言其用，形之與神，不得相異也。（神滅論）

說明了形神關係之後，他進一步指出生死的眞相。他說：

　　　生形之非死形，死形之非生形，區已革矣，安有生人之形骸而
　　有死人之骨骼哉？（同上）

又說：

　　　人之生也，資氣於天，禀形於地；是以形銷於下，氣滅於上。
　（答曹舍人）

生死之間的區別至爲明顯。換言之，形死如燈滅，燈滅，則燈不再
有光。人死後，精神隨之消失，故亦無靈性或鬼神存在。至於「爲之宗
廟，以鬼饗之。」主要是「從孝子之心，而厲偸薄之意。」所以任何弄
神弄鬼之事，在范縝看來，均是製造社會經濟問題的癥結。他之所以反
對佛教，主要是佛教爲社會生活帶來不安。他說：

　　　浮屠害政，桑門蠹俗，風驚霧起，馳蕩不休。吾哀其弊，思拯
　　其溺。夫竭財以赴僧，破產以趨佛，而不恤親戚，不憐窮匱者何
　　邪？良由厚我之情深，濟物之意淺。……千鍾委於富僧，歡意暢於
　　容髮。……又惑以茫昧之言，懼以阿鼻之苦，誘以虛誕之辭，欣以
　　兜率之樂。故捨逢掖，襲橫衣，廢俎豆，列缾鉢，家家棄其親愛，
　　人人絕其嗣續。致使兵挫於行間，吏空於官府，粟罄於惰遊，貨殫
　　於土木。所以姦宄弗勝，頌聲尚擁，惟此之故也。（同上）

范縝的這段話，把佛教對社會的不良影響，澈底道破。不過宗教的
影響並非全然是反面的，其正面的社會功能，依然不少。惟在當時佛教
盛行之際，范縝所言之弊端，並非空穴來風。只是范縝以此爲其攻擊宗
教鬼神的藉口罷了。

以上兩節，主要在說明南北朝時期反佛思想的要義，及儒家的潛在
勢力。換言之，魏晉以降，中國思想因傳統經學嬗變，思路分歧。及至

東晉渡江而南，人心空泛，少有寄託，空談之風因而大盛，❷此時佛教
乘虛而入，添補思想的空虛，充實清談的內容，加之政治上的提倡，才
「竭財以赴僧，破產以趣佛。」何承天、范縝之言，無異是對佛教流行
的一種反抗。所謂「浮屠害政，桑門蠹俗，」他們 把一切社會、政治、
經濟等問題的原因，悉歸於佛教之流行，正是此種反佛思想的具體表現，
也是中國傳統儒學的一種大反抗。

❷　何啓民著「魏晉思想與談風」，第二章，商務印書館，民國五十六年。

第 三 章
佛學思想與我國傳統思想的衝突

印度佛教自東漢明帝傳入中國之後，發展極爲迅速。及至魏晉南北朝，可謂佛教之全盛時期。其主要原因有二：一爲當時儒學的式微，一爲老莊思想的抬頭。⑬前者由於儒學本身的變遷，後者由於老莊思想與佛教合流，因而加速了佛教在中國之傳播。事實上，佛教本身的傳播方式，也是其快速成長的一個重要因素。由於佛教的快速成長，導致了佛教與中國傳統之衝突。

佛教與中國傳統的衝突，主要起源中印哲學之差異。尤其與傳統儒家思想的差異，造成儒釋（佛）思想上的大鬪爭。故自南北朝以下，中國之講佛學者，常須作某程度之修正。歸納言之，中國傳統思想與佛學之最大差異有三：（一）佛學講「諸行無常，諸法無我。」純粹是唯心論，這與中國傳統之實在論大相逕庭，故無法接受。（二）「諸行無常，諸法無我，涅槃寂淨」，乃佛教的最高境界，尤其達於涅槃，永不變動，這與中國傳統注重活動不甚相同。易經云：「天行健，君子以自強不息」。故從活動中追求最高之至善境界,乃中國之傳統思想之極致；而

---

⑬ 張東蓀著「中國哲學史上佛教思想之地位」，見項維新、劉福增主編「中國哲學思想論集」頁 339，牧童出版社，民國六十五年。

「不動」與「動」，判若天壤，自然無法調和。（三）印度階級森嚴，故謂下層階級沒有佛性，不能修成正果，這與中國儒家所謂「人皆可以爲堯舜」自然不能一致。又佛教講輪迴，以此生修行爲來生修行之基礎，因此並世之人，其成佛之可能不一，這又與中國傳統以此生修此生之思想迥然不同。所以基本上，佛教與中國傳統有着不能調和之矛盾。❹

雖然佛教與中國傳統相互矛盾，但卻發展迅速，其主要原因有四：

（一）由於政治上的奪權殘酷，殺戮凶狠，因此於掌權之後，內心頓生恐懼，尤其年邁之際，疑懼尤甚。而佛教講因果報應，只要守五戒行十善，就可以贖前愆。所以在政治上恣意凶殘之徒，無不心懷虔誠，以期修行贖罪。因之將大批財富捐贈佛寺，例如南朝的齊高帝、明帝、梁武帝、陳武帝；北朝的魏孝文帝、齊文帝、周文帝等等，無不大力興建佛寺，賜予財產，以致佛寺處處可見，財富累積萬貫。

（二）由於社會上階級森嚴，貧富懸殊，窮苦大衆，備受壓迫，其翻身不易，故以信佛逃避現實。換言之，他們認爲今生之苦，乃前世之孽造成的，惟有修行今世，方能自來世解脫。所以皈依佛教者衆。

（三）由於當時內亂外患，時而有之，因之造成無數難民。而救濟這些難民也是當時政治上一大難題。可是佛寺卻仰仗大量財富，本佛家慈悲之心，從事救濟。於是政府便把救濟委託佛寺辦理，而佛寺便藉此對於大量貧民加以控制，因之信奉佛教之人與日俱增。

（四）由於當時徭役繁重，許多人因逃避納稅徭役而紛紛皈依佛門，蓋入佛門既可免稅，又可免役。❺

上述佛教流行之原因，也是佛教受到責難的由來。除了前馮友蘭氏

---

❹　馮著「中國哲學史」頁 661-663，馮氏認爲，中國之講佛教者，卽據上述三項差異而予修正。
❺　見前薩孟武著「中國政治思想史」頁 319-322。

指出之佛教與中國傳統衝突的哲學原因外，薩孟武教授特別從社會的觀點，分析佛教有違中國傳統思想的原因。

(一)建造寺塔，用費巨億，使國空民窮。

(二)沙門不蠶而衣，不田而食，人民爲了避免徭賦，均欲投身沙門，致令國家徭賦因之減少。

(三)毀傷身體，遺棄兩親，而破壞家庭制度，且母拜子，更有失倫常之道。

(四)人人出家，民族有絕種之虞。**⑯**

此外，佛教上不臣天子，有破壞政治制度之嫌，也是造成反佛藉口之一。總之，佛教之基本哲學與實務，皆有違中國之傳統文化。然而佛教卻能在短短不及百年流行於當時，其原因固如上所述，從社會文化觀點論文，佛學之最大成功應歸於其與道家思想之融合。蓋道家乃中國固有之思想也，而南朝清談之主要內容卽以道家爲主。佛教與道家融合，使人於不覺之中喪失「文化之排他性」，所以佛教流行中國之成功，不能不歸於此。反觀天主教或基督教情況就迥異了。基督教自明熹宗天啓五年（西元一六二五）傳入中國**⑰**，至今已達三百五十餘年，但效果不彰，其主要原因，在於基督教秉持「排外」心理，無法與中國傳統思想相整合。雖然近二十年，于故樞機主教野聲（斌）提倡教會祭祖，惟尚屬起步。因此，基督教欲在中國昌盛發達，其本身必須作某種程度之調整，以與中國傳統思想相整合，否則難望與佛教相埒矣。

---

⑯　同⑮，頁 323。

⑰　楊森富編「中國基督教史」頁 8，商務印書館，臺北市，民國六十七年三版。

第 五 篇

隋唐五代時期的社會思想

第一章　隋唐五代的社會背景

　　中國自東漢末年以至南北朝的紛擾之局，隨著政治變遷，終於統一於隋代之下。其統一的原因固多，但北方的地大勢衆，經濟富足，當爲主因。❶ 隋統一天下之後，乃乘人民厭戰心理，盡棄天下兵器，積極從事建設。其主要者：（一）開運河，使交通順暢，便於運輸。（二）統一貨幣，有利於經濟發展。（三）統一軍政，事權專一，強化行政效率，使中央集權更見有效。（四）提倡效忠，加強國家統一。❷

　　由於戰事甫定，經濟尚未完全復甦，過急之建設，和無謂的浪費，導致人民的怨懟，因而造成隋代的快速覆滅（僅三十八年）。而隋之成果卻奠定了大唐盛世的根基。雖然隋代統一爲時短暫，但在社會上卻有重大之影響：一爲豪族勢力的沒落，二爲社會經濟的破壞。

　　豪族階級起源於魏，發展於晉，而以南北朝時爲最發達。自此之後，便趨式微。❸ 到了隋文帝統一中國，爲鞏固國家、集權中央，乃對豪族

---

❶　當時之人口數及戶數，可參見薩孟武教授著「中國社會政治史」，第三冊，頁2表。

❷　同上，見頁 4-13。

❸　所謂「貴族」、「世族」，或「豪族」，各家用詞不一，要指社會階級而言。至於起源何時，說者不一。蒙思明認爲起於東漢，乃至西漢或其以前（見蒙氏著「六朝世族形成的經過」，收韓復智編「中國通史論文選輯」（上），頁 431）而薩孟武教授認爲萌芽於魏世（見薩氏所著「中國社會政治史」，第三冊，頁14）。薩氏強調的是其政治勢力的運用，而蒙氏著重的是形成的淵源。

階級多方打擊， 惟以南朝之豪族階級爲主。 其主要對策： 一在土地集中，限制豪族土地所有權，斷絕豪族的財產來源。一在廢除戶口蔭附，使百姓脫離豪族之家，自立門戶。此固可減少豪族階級的勢力，更可因戶口之增加而增加國家的稅收。

此外，廢除九品中正之法，取消豪族取官的工具，都是隋文帝抑制豪族階級的手段。雖然當時並未完全成功，但豪族氣焰自此大減，造成中國社會結構的顯著改變。

第二爲經濟的破壞。中國自古以農立國，而農業問題繫於所有權的誰屬與天災地變的發生。隋開國之後，連遭水患、荒旱，致農業欠收，人民無食，自然鋌而走險。加之大興土木，開疆拓土，以致國庫空虛，人民更貧，所謂「老弱耕稼，不足以充飢，餒婦紡織，不足以贍養」。（隋書食貨志）又有貪官污吏魚肉百姓，人民更加痛苦。終至盜匪四起，天下大亂，由亂而分裂，隋隨之滅亡。

所以隋代的暴起暴卒，可說起於「矯枉過正」， 然而其倉促間的功業，卻爲唐代奠定了強大的基礎。

隋末羣雄割據，天下大亂，李淵起兵太原，進取關中，復用遠交近攻之計，取巴蜀，攻洛陽，勢如破竹，終將隋末大亂之局平定，建立了秦漢以後的第二個大帝國。

唐統一中國之後，對內建設，對外擴張。是中國史上「甚有光榮之時期」 其對外擴張， 建立在對內之建設上。 而對內之建設， 則以文化三源爲基礎：「一曰（北）魏（北）齊，二曰梁陳，三曰（西）魏周。」❹所以唐之社會文化能包容異己，並將之涵化 (Acculturation)，產生了中國文化之鼎盛時期。其影響非止於中國千百年之後，而遠播異域，楷

---

❹ 陳寅恪「隋唐制度淵源略論稿敍論」，載韓復智編「中國通史論文選輯」（下）頁1。

模後世，云爲亞洲之光。

　　唐在政治上的作爲，首先壓抑世族，再則「排抑武人」，以減少政治混亂的因素。「壓抑世族」，並非政治力量所能奏效，所以就從婚姻、門第上著手，以「檢正眞僞，進忠賢，退悖惡。」（新唐書高儉傳）終使世族力量逐漸衰退。減少階級的間隔，增加社會流動，此對唐代學術思想之發達，影響至爲深遠。蓋社會地位的高低，不再受世族階級的決定，換言之，社會地位由規定的地位 (Ascribed Status) 轉變爲贏得的地位 (Achievement Status)。人爲爭取地位而各抒己見，致使思想更見發達。再加之教育普及，「學校雖有貴賤之分，而庶人之有才學者，亦得昇入四門，而太學，而國子學。」❺庶人可以透過教育途徑而向上流動，所以唐朝的社會階級，已無南北朝時之嚴格。

　　由於社會階級流動性增加，教育普及，開科取士亦因之普及。而功名是利祿之唯一途徑；功名有賴教育，教育的成果卻使思想發達。所以諸種現象交互影響，終至導致唐代學術思想的發展，及其對後世之影響。

　　可是唐代之盛，固繫於其制度之完備，而唐代之衰，也由於制度之弊病。蓋「原唐所恃以治理天下者，一是府兵之制，二是文官制度，而這兩種制度又各有其缺點。」❻府兵之制導致軍備廢弛，文官之制導致朋黨之爭，終至藩鎮跋扈，不聽指揮，大唐帝國隨之消失。

　　唐末軍閥割據，天下分裂，交相剪滅，便進入五代。五代因政情不穩，亂局不定，一切制度均猥濫不堪，此時之社會除了混亂之外，學術思想了無建樹。

---

❺　薩孟武著「中國社會政治史」，第三册，頁99。
❻　同上，頁 154。

第二章 隋唐五代的社會思想

第一節 韓 愈

一、略傳 新唐書云:「韓愈字退之,鄧州南陽人。」生於唐代宗大曆三年(西元七六八年),卒於唐穆宗長慶四年(西元八二四年),享年五十有六。「愈三歲而孤, 隨伯兄會貶官嶺表。……愈自知讀書, ……比長,盡能通六經、百家學。擢進士第。……調四門博士, 遷監察御史。 上疏極論宮市, 德宗怒, 貶陽山令。……改江陵法曹參軍。 元和初, 權知國子博士, 分司東都, 三歲爲眞。 改都官員外郎, 即拜河南令, 遷職方員外郎。」(新唐書卷一百七十六) 後又做過史館修撰、知制誥、中書舍人。憲宗時上書斥佛,帝怒,貶潮州刺史。後以政聲四播,朝廷再予重用,官至國子祭酒、吏部侍郎。

韓愈乃當時儒家復古運動的代表, 其主要目的, 在擯斥自魏晉以來老莊思想和佛教信仰。他是一位唯社會學派的思想家,不信老莊思想的無爲而治, 亦不信佛教的出世觀念, 所以是一位典型的儒家思想的傳承者。他擯棄老莊, 倡止佛道。 而在振興古文, 拋棄駢儷方面, 貢獻尤

大。蘇軾說他「文起八代之衰」卽係對此而言。韓愈可說是唐朝的政治家、文學家、社會改革家，當然更是一位偉大的思想家。

二、社會思想

1.人性論 韓愈是唐代崇儒學派的代表，他的思想師承孔孟，乃屬必然。所以在人性論上，頗宗孔子之說。他不贊成孟子性善說和荀子的性惡說，也不同意揚雄的性中善惡混合說。他認爲人性分上中下三等，均與生俱來，他說：

> 性也者，與生俱生也。……性之品有上中下三。上焉者，善焉而已矣；中焉者，可導而上下也；下焉者，惡焉而已矣。其所以爲性者五：曰仁，曰禮，曰信，曰義，曰智。上焉者之於五也，主於一而行於四；中焉者之於五也，一不少有焉，則少反焉，其於四也混；下焉者之於五也，反於一而悖於四。（韓昌黎先生文集原性）

韓愈把人性分三等，而其表現則爲仁義禮智信。他批評孟子、荀子與揚雄的人性說，認爲三者之論，皆「得其一而失其二者也」。他說：

> 孟子之言性曰：人之性善。荀子之言性曰：人之性惡。揚子之言性曰：人之性善惡混。夫始善而進惡，與始惡而進善，與始也混而今也善惡，皆舉其中而遺其上下者也，得其一而失其二者也。（同上）

韓愈講人性善惡，顯然由性之表現層次著眼。他不主張「一元說」，蓋一元說無法說明和區別人性表現的程度。但三種程度可以透過教化而加深，惟不能改變。他說：

> 上之性就學而愈明，下之性畏威而寡罪，是故上者可教而下者可制，其品則孔子謂不移也。（同上）

由此可知，韓愈認爲善善之人，不教可善，教而愈明；善惡之人，教仍不爲善，故只能以強制方式控制。韓愈此說，曾受蘇軾批評，認爲

孔子所謂之「上智與下愚不移者，是論其才也。」（蘇東坡文集）換言之，
蘇軾認為韓愈誤解「上智與下愚不移」之眞義。今姑不論孔子所言指性
抑指才，現代「偏差行為」中，確也曾有人主張善惡之人，敎而無益，
善善之人，不敎而善。❼ 果眞如此，則社會化的成效似乎有限，甚或徒
勞無功。不過韓愈不以性善或性惡概括人類，而據善惡之表現（仁義禮
智信），將人性區分為三等，可謂另創新義。

　　不過，人性善惡之二分法，以及人性究竟屬善抑惡，或善惡混雜，
自古以來，評之者多，創見者少。事實上，善惡已經含有價值判斷，從
現代社會學而言，人性不過如告子所言：「性，猶湍水也，決諸東方則
東流；決諸西方則西流。人性之無分於善不善也，猶水之無分於東西
也。」（孟子告子）因此，性無善惡，至為明顯矣。

　　2.文化起源　韓愈認為，人類文化是社會中有智慧之聖人，依據實
際環境而創造出來的。其主要目的在滿足人類之需要。此種觀點，與儒
家傳統殆無二致。他說：

　　　　古之時，人之害多矣。有聖人者立，然後敎之以相生養之道。
　　　為之君，為之師，驅其蟲蛇禽獸而處之中土。寒，然後為之衣；
　　　飢，然後為之食；木處而顚，土處而病也，然後為之宮室；為之工
　　　以贍其器用，為之賈以通其有無；為之醫藥以濟其夭死，為之葬埋
　　　祭祀以長其恩愛；為之禮以次其先後；為之樂以宣其壹鬱；為之政
　　　以率其怠勌；為之刑以鋤其彊梗。相欺也，為之符璽斗斛權衡以信
　　　之；相奪也，為之城郭甲兵以守之。害至而為之備，患生而為之防。

❼　Albert K. Cohen, *Deviance and Control* (Englewood Cliffs, N.J.:
　　Prentice-Hall, 1966) pp. 42-43. 近幾年來，社會生物學 (Sociobio-
　　logy) 家發現，生物因素在社會科學上的影響，愈來愈受重視。詳見：
　　Boyce Rensberger, "Culture/Genes-The Continuing Debate"
　　in *Dialogue* (no 63. 1/1984) pp. 32-38. Washington; U.S. Infor-
　　mation Agency.

……如古之無聖人，人之類滅久矣。何也？無羽毛鱗介以居寒熱也，無爪牙以爭食也。(韓昌黎先生文集原道)

韓愈此言，實出於易繫辭下傳第二章，所謂「古者包犧氏之王天下也，仰則觀象於天，俯則觀法於地，觀鳥獸之文，與地之宜，近取諸身，遠取諸物，於是始作八卦，以通神明之德，以類萬物之情，……。」也就是孟子所謂：「當堯之時，天下猶未平，洪水橫流，氾濫於天下，草木暢茂，禽獸繁殖，五穀不登，禽獸偪人……堯獨憂之，舉舜而敷治焉。」(孟子滕文公)

總之，韓愈認爲，文化的發展是聖人基於高度智慧，以惻忍之心，爲濟人類需要而創造的結果；其目的在「以相生養之道」。韓愈以儒家道統之傳承自居，其文化起源說與先秦儒家相同，自無驚異之處。

3.社會組織　韓愈認爲，文化創造之後，人類生命及生活有了保障，不再受自然的侵害，而次一工作在建立社會組織與制度，以處理有關人類社會本身的問題。因此，他首先指出社會分工及其角色之重要。他說：

是故君者，出令者也；臣者，行君之令而致之民者也；民者，出粟米麻絲，作器皿，通貨財，以事其上者也。君不出令，則失其所以爲君；臣不行君之令而致之民，則失其所以爲臣；民不出粟米麻絲，作器皿，通貨財以事其上，則誅。(文集原道)

由此可見，他把社會分成君、臣、民三個階層，每一階層皆有其角色，各自扮演角色之要求行爲，則社會需要便可滿足。否則君不君，臣不臣，民不民，則社會生存堪虞，滿足自更不可能。然則角色之內涵如何？他說：

夫所謂先王之教者何也？博愛之謂仁，行而宜之之謂義，由是而之焉之謂道，足乎己無待於外之謂德。其文詩、書、易、春秋；

其法禮樂刑政；其民士農工賈；其位君臣、父子、賓主、昆弟、夫婦；其服麻絲，其居宮室，其食粟米、果蔬、魚肉；其爲道易明，而其爲敎易行也。是故以之爲己，則順而祥；以之爲人，則愛而公；以之爲心，則和而平；以之爲天下國家，無所處而不當。是故生則得其情，死則盡其常，郊焉而天神假，廟焉而人鬼饗。（同上）

韓愈這段話，把社會組織的理論基礎，角色內涵及其重要性，言之周詳，述之盡致。社會生活得此固順暢無比，社會秩序亦可藉而維繫。所以在韓愈看來，這個社會組織「道統」，「非向所謂老與佛之道也」。（文集原道）而是「堯以是傳之舜，舜以是傳之禹，禹以是傳之湯，湯以是傳之文、武、周公，文、武、周公傳之孔子，孔子傳之孟軻。」（同上）由此可知，韓愈承續儒家思想，並期予發揚，至爲顯見。

三、韓愈社會思想評價　韓愈思想的基本目的，是在發揚和傳承儒家思想，所以其思想因襲者多，創見者少。但此非謂其對於中國思想文化全無貢獻。事實上，韓愈在斥佛崇儒，維護中國傳統文化上所作的貢獻，少能與之相比。韓愈說：「斯道也……堯以是傳之舜，舜以是傳之禹，禹以是傳之湯，湯以是傳之文武周公，文武周公傳之孔子，孔子傳之孟軻，軻之死，不得其傳焉。荀與揚也，擇焉而不精，語焉而不詳。……然則如之何而可也？曰：不塞不流，不止不行。」（文集原道）他把傳承中國道統思想的心願，明顯揭櫫。所以韓愈抑佛揚儒，其原因殆出乎此。

正因其目的在中國儒家道統的傳承，故在思想內涵上，並無新的見地。他對人性的看法，雖然與孟子、荀子、揚雄均不相同，並予批評，然其本身卻因分析層次混淆，對於人性的見解，採孔子所謂之中人，中人以上，及中人以下之說。此與人性之涵義原不一致，故亦無特殊之處。其他之社會思想類似孔孟，了無新義。

第二節　柳　宗　元

一、略傳　柳宗元，字子厚，唐代著名之文學家及復古運動者。生於唐代宗大曆八年（西元七七三），卒於唐憲宗元和十四年（八一九年）。「宗元少精敏絕倫，爲文章卓偉精緻，一時輩行推仰。第進士、博學宏辭科，授校書郎，調藍田尉。貞元十九年，爲監察御史裏行。善王叔文、韋執誼，二人者奇其才。及得政，引內禁近，與計事，擢禮部員外郎，欲大進用。俄而叔文敗，貶邵州刺史，不半道，貶永州司馬。」（新唐書卷一百六十八）後因病逝世於柳州，享年四十有六。

柳宗元是當時的無神論者，也是復古運動的領導人之一。他的學說代表了唐代知識分子和社會大衆的心理傾向。尤其在駁斥迷信方面，表現了其典型的儒家風範。同時他尚否定神的存在，和韓愈同爲「文以載道」的思想家。惟韓愈囿於儒家道統而不能自拔，柳宗元之思想涵蓋面廣，包括道德與藝術。故對佛教理論的看法不同。柳宗元認爲，佛家經典並不違背儒家思想，所以對佛教的態度比韓愈緩和的多。著作輯有「柳河東集」流傳，其思想從此書可得其一斑。

二、社會思想　柳宗元是唐代儒家代表之一，其思想固在恢復儒學，而同時對於漢朝以還之佛家實務與天人感應迷信，痛予打擊。所以他的社會思想，基本上是儒家思想的承傳。此從下述三點可以見之。

1.斥自然決定論　柳宗元認爲，天與人事各不相涉，天掌生植，定自然秩序，與人間之社會現象風馬牛不相關，他說：

　　　　生植與災荒，皆天也；法制與悖亂，皆人也；二之而已。其事各行不相預，而凶豐理亂出焉，究之矣。（柳河東集卷三十一答劉禹錫天論書）

因之否認天人感應之說。他又說:

> 天地，大果蓏也；元氣，大癰痔也；陰陽，大草木也。其烏能
> 掌功而罰禍乎？功者自功，禍者自禍。欲望其掌罰者大謬；呼而
> 怨，欲望其哀且仁者，愈大謬矣。（柳河東集卷十六天說）

又說:

> 聖人之道，不窮異以為神，不引天以自高。利於人，備於事，
> 如斯而已矣。（柳河東集卷三）

由此可見，柳宗元認為人事或社會現象與天無關。天是自然現象，
功過善禍是人為現象，人為或社會現象不受自然現象的干預。他的此種
思想，顯然是承襲荀子所謂之「天行有常，不為堯存，不為桀亡。應之
以治則吉，應之以亂則凶。彊本而節用，則天不能貧。養備而動時，則
天不能病。修道而不貳，則天不能禍。……治亂天邪？曰：日月星辰瑞
曆，是禹桀之所同也；禹以治，桀以亂；治亂非天也」（荀子天論）而
來。

總之，柳宗元把天與人，或自然與社會加以區別，其主要目的在喚
起人的自信心，以自己的力量改變自己的環境，處理自己的事務，不可
仰賴於天。

2.社會起源與組織　柳宗元認為，人類初生，並無社會可言。社會
的產生，乃人類為了適應內外環境需要的結果。他說:

> 惟人之初，總總而生，林林而羣。雪霜風雨雷電暴其外，於是
> 乃知架巢空穴，挽草木取皮革。饑渴牝牡之欲毆其內，於是乃知噬
> 禽獸，咀果穀。合偶而居，交焉而爭，睽焉而鬥。力大者搏，齒利
> 者齧，爪剛者決，羣衆者軋，兵良者殺，披披藉藉，草野塗血，然
> 後強有力者出而治之，往往為曹於險阻，用號起令，而君臣什伍之
> 法立。（柳河東集卷一貞符）

　　因此，社會之產生，一方面在克服自然環境加諸人類的危害，另一方面在滿足個人生理上的種種需要。所以在柳宗元看來，人「總總而生」尚不能謂之社會，而當人類「林林而羣」時，社會才爲之出現。社會產生之後，接著產生各種問題，所謂「合偶而居，交焉而爭，睽焉而鬪」卽是社會產生以後的衝突現象。蓋此時社會組織尚不完備，有力之士，憑藉武力出而治之，以維持社會秩序，於是產生了政治制度和社會規範，而人與人之間的關係，亦因此而有所遵循。由此而言，社會組織乃社會衝突的結果。

　　社會組織的產生，旣是衝突的結果，爲了平息衝突便產生了政治組織，其中最明顯者，莫過於封建與郡縣之設。他說：

　　　　封建，非聖人意也。彼其初，與萬物皆生，草木榛榛，鹿豕狉狉；人不能搏噬，而且無羽毛，莫克自奉自衞。荀卿有言，必將假物以爲用者也。夫假物者必爭，爭而不已，必就其能斷曲直者而聽命焉。其智而明者，所伏必衆。告之以直而不改，必痛之而後畏，由是君長刑政生焉。故近者聚而爲羣；羣之分，其爭必大；大而後有兵有德，又有大者，衆羣之長又就而聽命焉，以安其屬。於是有諸侯之列，則其爭又有大者焉。德又大者，諸侯之列又就而聽命焉，以安其封。於是有方伯連帥之類，則其爭又有大者焉。德又大者，方伯連帥之類就而聽命焉，以安其人，然後天下會於一。是故有里胥，而後有縣大夫；有縣大夫，而後有諸侯；有諸侯，而後有方伯連帥；有方伯連帥，而後有天子。自天子至於里胥，其德在人者，死必求其嗣而奉之；故封建聖人意也，勢也。（柳河東集卷三封建論）

柳宗元所謂之「自天子至於里胥」的政治組織，卽有社會組織之義。蓋政治組織係社會組織之一，柳氏未將兩者加以區分故也。有了政

治組織，便可解決社會問題，平息社會衝突。因此，社會之產生，可說是順應人類本身問題而來。

3.社會控制　柳宗元所言之社會控制，實承儒家之傳統觀點。除了道德的控制外，賞與罰仍是正負兩種制裁的主要方式。他說：

> 夫聖人之爲賞罰者，非他，所以懲勸者也。賞務速而後有勸，罰務速而後有懲。……必使爲善者不越月踰時而得其賞，則人勇而有勸焉；爲不善者不越月踰時而得其罰，則人懼而有懲焉。爲善者日以有勸，爲不善者月以有懲，是毆天下之人而從善遠罪也。毆天下之人而從善遠罪，是刑之所以措，而化之所以成也。（柳河東集卷三斷刑論下）

柳宗元不僅主張賞罰爲社會控制的方法，而且認爲賞罰應在行爲表現之後立即爲之，以免「爲善者怠，爲不善者懈，」（同上）始能見效。此種行隨其賞，罰隨其過的效果，已爲心理學家所證實。蓋遷延日久，必然生忽，效果自然就不彰了。在以往，儒家言及的社會控制方法，常不提時間問題，以爲社會秩序必出於道德，而道德內化是持久的過程，所以時間不是行爲後果的變素。柳宗元把時間因素考慮到行爲之中，足見其對社會控制效果之重視了。

綜觀柳宗元之社會思想，基本上仍不脫儒家觀點之常軌，其斥地理決定論，並無新猷；其社會起源之說，亦無創見。但他把時間變素加在行爲之上，以期其效果之發揮，則應是創見了。

第三節　劉　禹　錫

一、略傳　劉禹錫字夢得，唐中山人。生於唐代宗大曆七年（西元七七二年），卒於唐武宗會昌二年（西元八四二年），爲唐代文學家、思

想家和詩人。貞元間擢進士，累官至集賢殿學士、太子賓客。曾貶為連州刺史，未至，又斥為朗州司馬。（見新唐書卷一六八）

劉禹錫是唐代有名之無神論者和科學主義者。其主要著作有「天論」三篇（餘見劉賓客文集），就柳宗元的「天說」加以發揮，以說明人天關係。此外作「因論」七篇，是對當時社會政治的總批判。其主要社會思想，是在「天論」中駁斥自然決定論的觀念。

劉禹錫在「天論」中所揭櫫的思想，主要是承續柳宗元的「天說」，並進一步加以發揮。其目的在駁斥自然（天）決定論。在劉禹錫看來，「天與人交相勝爾」。易言之，天與人各有各的功能，各有各的活動範圍，互不相干。他說：

> 天之道在生植，其用在強弱；人之道在法制，其用在是非。陽而卑生，陰而肅殺；水火傷物，木堅金利；壯而武健，老而耗眊；氣雄相君，力雄相長，天之能也。陽而藝樹，陰而揫斂；防害用濡，禁焚用洒，斬材藱堅，液礦硎鍔；義制強訐，禮分長幼；在賢尚功，建樹閑邪，人之能也。（劉賓客文集天論上）

天人各有活動範圍與功能，故各有應行遵循之法則，彼此不能干預。他駁斥了自漢董仲舒以來的天人感應說。他進一步指出，社會有秩序，是非分明，賞罰公正，人不會求助於天。反之，秩序混亂，賞罰不明，人除祈求於天之外，別無他法。他說：

> 人能勝乎天者，法也。法大行，則是為公是，非為公非，天下之人蹈道必賞，違善必罰。……故其人曰：「天何預乃人事耶？唯告虔報本，肆類授時之禮，曰天而已矣。福兮可以善取，禍兮可以惡召，奚預乎天耶？」法小弛，則是非駁，賞不必盡善，罰不必盡惡。……故其人曰：「彼宜然而信然，理也；彼不當然而固然，豈理邪？天也。福或可以詐取，而禍或可以苟免。」人道駮，故天命

之說亦駮焉。法大弛，則是非易位，賞恒在佞，而罰恒在直，義不足以制其強，刑不足以勝其非，人之能勝天之實盡喪矣。夫實已喪而名徒存，彼昧者方絜絜然提無實之名，欲抗乎言天者，斯數窮矣。（同上）

換言之，人之信天，乃至受制於天，係因人類問題叢生，秩序不能維持，在無可奈何情況下，藉天所作的一種安慰。因此，與其說真信天，毋寧說是在絕望時的一種心理寄託與慰藉。所以他說：

天恒執其所能以臨乎下，非有預乎治亂云爾；人恒執其所能以仰乎天，非有預乎寒暑云爾。生乎治者，人道明，咸知其所自，故德與怨不歸乎天。生於亂者，人道昧，不可知，故由人者舉歸乎天，非天預乎人爾。（同上）

劉禹錫將人求諸於天與天干諸人，分得極其清楚。天從未要求干預人，而是人歸乎天。所以在他看來，天人之間並無因果關係。所謂「天之所能者，生萬物也；人之所能者，治萬物也。」（同上）兩者交相勝，至為顯見矣。

劉禹錫進一步指出，任何物體都有一定之規律，其運動與變化如超越本身的規律，則必然帶來災禍，如海中行舟，其速度與載重超過船的容納極限，則易傾覆；如在其容納範圍之內，則安然無危。傾覆或安全係受人類自身行為之影響，非天懲罰之故也。

總之，他認為，天地萬物之本在「山川五行」；天地交互作用產生萬物，而人是萬物中最有智能者，所以能與天交勝，他說：

天之有三光懸寓，萬象之神明者也，然而其本在乎山川五行。……乘氣而生，羣分彙從，植類曰生，動類曰蟲，倮蟲之長，為智最大，能執人理，與天交勝，用天之利，立人之紀。紀綱或壞，復歸其始。（劉賓客文集天論下）

　　人利用天地萬物從事生活，故不受制於自然。他這種科學主義的自然觀，只算是對自然規律的說明，對於社會文化法則，並無進一步發揮。事實上，他的論點及後來「反迷信主義」者之觀點，在許多方面並不周延。人類既由自然而生，人的行為自然有其法則，但此法則仍是自然法則的一部分。換言之，在自然之總法則下，包含許多次法則，人類社會之法則即此次法則之一也。近幾年來，由於科技的發展破壞了自然生態，進而改變了自然法則，而此改變的後果如何？識者共睹，無須贅言。由此可言，人類社會本身的法則絕不可能超越於自然法則之外。唯因近兩百年來的科技躍進，使人類產生一種「科技理念」(Technological Ideology) 或「科技決定論」(Technological Determinism)，認為科技無所不能，可以主宰一切。可是眾所周知，人類無論如何發展，均須在整個宇宙法則之內進行，人類的成就比起宇宙的能力，不啻滄海一粟，微不足道，正如孫悟空的本領雖大，仍無法超越如來佛之手掌然。

　　但是，這並非認為人事現象受自然之控制，人類有智慧創造文化，當然可以建立自己的法則，問題在：此一法則必須與自然相配合，否則人類生存堪慮，再言社會法則就沒有意義了。

　　此外，今言「迷信」者，乃因吾人信仰之事或物無「科學」依據，科學是方法，換言之，以科學方法不能證實者均謂之迷信。然則現代所謂之科學方法，只代表人類現代知識發展的層次，或人類智慧層次之發展而已。究竟當代所謂之科學方法，是否為「真正的方法」，仍須根據宇宙法則之發現決定之（發現宇宙法則仍須方法，也就是需要判別知識之知識也）。吾人萬不可認為，人類目前的知識層次是最後層次，方法是最後方法。否則非但不能突破認識發展的限制，也會為人類帶來災禍。因為知識發展（包括方法）是種永無止境的擴展過程，不到「最後」，是不能肯定何者是迷信，何者不是迷信的。

第四節　无　能　子

中國自漢之後，雖然儒學盛行，非謂其他思想湮沒也。尤以老莊之道歷代不衰。因此，如謂儒爲官學而道爲民學，或無不可。及至唐代平定天下，奉老聃爲遠祖，立廟追封，極盡尊榮。❸ 所以唐代之道家思想，亦因之風行。尤其是在貞觀開元之後，唐國勢衰微之際，更爲顯著。无能子卽唐衰後之道家思想代表之一。

一、略傳　无能子是「不著人名氏，光啓中隱民間」(新唐書卷五十九藝文志注) 的無名氏。時在唐僖宗末年，因關東大饑，黃巢作亂，死亡遍地。无能子處此時期，目睹民生疾苦，自是痛心疾首，乃思消彌禍源之道，乃欲除社會組織，恢復自然狀態爲目的。著「无能子」三卷。

二、社會思想　无能子一書的社會思想，主要包括三點：

1.社會文化的起源與變遷　无能子認爲，宇宙產生之後而有萬物，人爲其中之一；有與其他動物完全一致的需要。他說：

> 天地未分，混沌一炁，一炁充溢，分爲二儀，有清濁焉；有輕重焉。輕清者上，爲陽爲天；重濁者下，爲陰爲地矣。……天地既位，陰陽炁交，於是裸蟲鱗蟲毛蟲甲蟲生焉。人者裸蟲也，與夫鱗毛羽甲蟲俱焉同生天地交炁而已，無所異也。或謂有所異者，豈非乎人自謂；異於鱗羽毛甲諸蟲者，豈非乎能用智慮邪，言語邪。夫自鳥獸迨乎蠢蠕，皆好生避死，營其巢穴，謀其飲啄，生育乳養其類而護之，與人之好生避死，營其宮室，謀其衣食，生育乳養其男女而私之，無所異也，何可謂之無智慮也邪。(无能子卷上過聖第一)

---

❸　見王溥著「唐會要」，卷五十。

人既然與其他動物無異，所以太古時的生活方式，完全順乎自然。他說：

> 所以太古時，裸蟲與鱗毛羽甲雜處，雌雄牝牡自然相合。无男女夫婦之別，父子兄弟之序。夏巢冬穴，無宮室之制。茹毛飲血无百穀之食，生自馳，死自仆，无奪害之心，无瘞藏之事，任其自然，遂其天眞，無所司牧。濛濛淳淳其理也。（同上）

此種自然之生活方式，迨至人類中之聖人出，創造文化，控制自然，以萬物爲芻狗，遂而破壞。他說：

> 無何，裸蟲中繁其智慮者，其名曰人，以法限鱗毛羽甲諸蟲。又相教播種以食百穀，於是有耒耜之用。構木合土，以建宮室，於是有斤斧之功。設婚姻以析雌雄牝牡，於是有夫婦之別，父子兄弟之序。爲棺槨衣衾以瘞藏其死，於是有喪葬之儀。結罝罘網羅，以取鱗毛羽甲諸蟲，於是有刀俎之味。濛淳以之散，情意以之作，然猶自強自弱，無所制焉。（同上）

換言之，人類由自然狀態脫穎而出者，乃因創造了文化；並以文化控制萬物，作爲擺脫自然、領導羣生的手段。人類創造文化和控制萬物之後，其本身也產生了問題，因爲先天的生物差異——強、弱、智、愚，造成了本身的不平等，進而發展出社會組織，以控制人的行爲。他說：

> 繁其智慮者又於其中擇一以統衆，名一爲君，名衆爲臣。一可役衆，衆不得凌一。於是有君臣之分，尊卑之節。尊者隆，衆者同。降及後世，又設爵祿以升降其衆，於是有貴賤之等，用其物，貧賤之差，得其欲。乃謂繁智慮者爲聖人。（同上）

所以人以文化與自然界相區別，並以之支配自然。然後以社會組織控制人類本身，以使天生之差異得以各適其所。可是有了社會組織之後，

便產生了社會價值，人爲爭此價值，秩序大亂，便發展出各種規範以爲控制之工具。他說：

> 旣而賤慕貴，貧慕富，而人之爭心生焉。謂之聖人者憂之，相與謀曰，彼始濛濛淳淳，孰謂之人，吾強名之曰人，人蟲乃分。彼始無卑無尊，孰謂之君臣，吾強分之，乃君乃臣。彼始無取無欲，何謂爵祿，吾強品之，乃榮乃辱。今則醨眞淳，厚嗜欲，而包爭心矣。爭則奪，奪則亂，將如之何。智慮愈繁者曰，吾有術焉，於是立仁義忠信之敎，禮樂之章以拘之，君苦其臣曰苛，臣侵其君曰叛；父不愛子曰不慈，子不尊父曰不孝；兄弟不相順曰不友不悌；夫婦不相一爲不眞不和。爲之者爲非，不爲之者爲是。是則榮，非則辱。於是樂是恥非之心生焉，而爭心抑焉。（同上）

但「仁義忠信之敎，禮樂之章」雖然有控制之作用，但畢竟需要長期內化，始克見效，而對於破壞道德以濟私欲之人，不能不以武力制止，所以需要用刑兵維持秩序。他說·

> 降及後代，嗜欲愈熾。於是背仁義忠信，踰禮樂而爭之，謂之聖人者悔之，不得已，乃設刑法與兵以制之。小則刑之，大則兵之，於是縲絏桎梏、鞭笞流竄之罪充於國，戈鋋弓矢之伐充於天下，覆家亡國之禍，綿綿不絕。生民困窮夭折之苦，漫漫不止。（同上）

其所以用刑兵控制社會，乃因人性嗜欲所致。

2.人性論　人嗜欲不止，社會秩序便無以維持，然則人性之本質爲何？此本質與社會秩序之維持又如何？无能子認爲，人天生有欲，但欲的表現（或動）在「有爲」。他說：

> 姬發之動亦欲也。欲則妄，所謂以妄取妄者也。夫无爲則淳正，而當天理父子君臣何有哉？有爲則嗜欲而亂人性，孝不孝，忠不忠

何異哉。(无能子卷中首陽子説第二)

欲雖人人皆有，但如無誘欲之物，則欲便無由表現，社會秩序自然
就得以維持了。他説：

> 嗟乎！自然而蟲之，不自然而人之，彊立宮室飲食以誘其欲，
> 彊分貴賤尊卑以一其爭，彊爲仁義禮樂以傾其眞，彊行刑法征伐以
> 殘其生，俾逐其末而忘其本，紛其情而伐其命，迷迷相死，古今不
> 復。(无能子卷上聖過第一)

无能子既是道家思想代表之一，所以主張「無爲」。蓋「無爲」則
欲無以引發，無欲則相安無事，天下平矣。他説：

> 有爲善不必福，惡不必禍，或制於分焉。故聖人貴乎無爲，姪
> 蟻井蛙示以虎豹之山，鯨鯢之海，必疑熟其所見也。嗜欲世務之人，
> 語以無爲之理，必惑宿於所習也。於是父不能傳其子，兄不能傳其
> 弟，沈迷嗜欲以至於死，還其元而無所生者，舉世無一人焉。嗟
> 乎！無爲在我也，嗜欲在我也。無爲則靜，嗜欲則作；靜則樂，作
> 則憂。常人惑而終不可使之達者。(无能子卷下固本第十一)

人性中之嗜欲與利有關，人爲了利又不能無爲。他説：

> 棺槨者濟死甚矣，然其工之心，非樂於濟彼也，迫於利也。欲
> 其日售則幸死，幸死非怨於彼也，迫於利也。醫者樂病，幸其必
> 瘳，非樂於救彼而又德彼也，迫於利也。槨與醫皆有濟救幸死幸生
> 之心，非有憎愛，各諧其所欲爾。(同上)

因此，无能子之人性觀，實係老子所謂「不見可欲，使民心不亂」
(老子三章)之闡發。他以不造客觀之物，以免引發主觀之欲念爲論點，
乃道家思想之一貫主張。

　3.反社會組織　无能子既然主張文明是引發嗜欲，製造問題的根源，
故其反對社會組織亦順理成章之事。換言之，他主張廢除一切倫常觀念

和規範，使人人平等，無所謂君臣、父子、兄弟、夫婦，以至富貴貧賤之差等。他說：

> 古今之人謂其所親者血屬，於是情有所專焉。聚則相歡，離則相思，病則相憂，死則相哭。夫天下之人與我所親，手足腹背，耳目口鼻，頭頸眉髮一也。何以分別乎彼我哉，所以彼我者必名字爾。所以疎於天下之人者不相熟爾，所以親於所親者相熟爾。嗟乎，手足腹背，耳目口鼻，頭頸眉髮，俾乎人人離析之，各求其謂之身體者且無所得，誰謂所親邪，誰謂天下之人邪。取於名字，彊爲者也。若以名所親之名名天下之人，則天下之人皆所親也。若以熟所親之熟熟天下之人，則天下之人皆所親矣。胡謂情所專邪。夫無所孝慈者，孝慈天下；有所孝慈者，孝慈一家。一家之孝慈未弊，則以情相苦，而孝慈反爲累矣。弊則僞，僞則父子兄弟將有嫌怨者矣。（无能子卷上質妄第五）

无能子顯然是想打破社會組織中地位與角色的觀念，使天下之人均齊於一。所以他引莊子的話說：「魚相處於陸，相煦於沫，不如相忘於江湖。」（莊子大宗師，原文爲：魚相與處於陸，相呴以濕，相濡以沫，不如相忘於江湖。）要在說明無社會組織之理想狀態。

三、无能子社會思想評價　无能子時處亂世，求治心切。因此他的思想在求世亂之所由起。他認爲，亂源起於物（或文明）所引起之欲。無物則欲不起，欲不起則無爭，無爭則無亂。從邏輯上言，其推理一貫，頗具成效。但從實言之，因其思想乃道家思想之延續，故其缺陷不言可喻。尤其是无能子欲廢除社會結構的基本單位——地位與角色，使天下萬物「一律平等，」這種觀念僅見其利而未見其弊，其不值一駁，至爲顯見。

總之，无能子的社會思想，可謂道家思想的闡發者，其中雖無新意，

但其亂後望治的心態，可以想見。對於社會秩序與社會調適雖不夠積極，而其消極調適，仍不失爲方式之一也。

第五節　趙　蕤

一、略傳　趙蕤，唐梓州塩亭人。博學多才，長於經世。唐書藝文志載，蕤字太賓，梓州人，開元，召之不赴（新唐書卷五十九）。可知其一隱而不出之學者。著有「長短經」（亦作「長短要術」），言經世治國之術，時約開元四年，凡九卷，六十四篇（第十卷不可考，見四庫全書提要）。其目的在「敍以長短，術以經綸通變者」（儒門經濟長短經序）。

二、社會思想

1.人格論　趙蕤對人格之分類與分析，並非起於學術之研究，而是以「知人」爲目的的一種「務覽英雄之心」。在他看來，行爲是心理的外在表現，因此由外在行爲，可以推測其內在思想。祇要互動時的內容不同，則可推知其不同之心理反應或動機。因爲「人未易知，知人未易」。（長短經卷一知人第五）他說：

> 孔子曰：凡人心險於山川，難知於天，天猶有春秋多夏旦暮之期。人者厚貌深情，故有貌愿而益，有長若不肖，有順慢而達，有堅而縵，有緩而釬。太公曰：士有嚴而不肖者，有溫良而爲盜者，有外貌恭敬，中心欺慢者，有精精而無情者，有威威而無成者，有如敢斷而不能斷者，有恍恍惚惚而反忠實者，有倭倭佗佗而有效者，有貌勇很而內怯者，有夢夢而反易人者，……此士外貌而不與中情相應者也。（長短經卷一知人第五）

外貌與中情不符，實係普遍現象。一般所謂「第一印象」（First Impression），顯然不能了解一個人的眞正人格。語云：「知人知面不

知心」。心是內在的，是行爲的推動因素之一（其他如文化、互動、情境，亦是行爲之推動因素）。因此，行爲與心理（中情）有直接關連。了解一個人的外在行爲容易，而了解一個人的心理則不易。但因行爲與心理有直接關連，故從行爲之了解，亦可了解其心理（或其未來之行爲動機）。他說：

微察問之，以觀其辭，窮之以辭，以觀其變。與之閒謀，以觀其誠。明白顯問，以觀其德。遠使以財，以觀其廉。試之以色，以觀其貞。告之以難，以觀其勇。醉之以酒，以觀其態。莊子曰：遠使之而觀其忠，近使之而觀其敬；煩使之而觀其能，卒然問焉而觀其智；急與之期而觀其信，雜之以處而觀其色。呂氏春秋曰：通則觀其所禮，貴則觀其所進，富則觀其所養，聽則觀其所行，近則觀其所好，習則觀其所言，窮則觀其所不受，賤則觀其所不爲，喜之以驗其守，樂之以驗其僻，怒之以驗其節，哀之以驗其仁，苦之以驗其志。經曰：任寵之人，觀其不驕奢；疏廢之人，觀其不背越；榮顯之人，觀其不矜誇；隱約之人，觀其不懾懼。少者觀其恭敬好學而能悌；壯者觀其廉絜務行而勝其私；老者觀其思愼，強其所不足而不踰。父子之閒，觀其慈孝；兄弟之閒，觀其和友；鄉黨之閒，觀其信義；君臣之閒，觀其忠惠。（同上）

從上引一段話中的對句觀之，其第一句係指行爲而言，其第二句係指心理而言。因爲心理是內在的，不能從外表直接觀察，故須以第一句之「行爲」引發之。此種「由外觀裏」的過程，是了解個人人格的最佳方式。孔子說：「視其所以，觀其所由，察其所安，人焉廋哉！人焉廋哉！」（論語爲政）正是此意。

2.科層結構　中國人的科層結構觀，淵源甚久，而正式而普遍運用者，當在秦始皇之時。秦以前之科層觀，大都置於結構功能上，換言

之，重在職位角色之發揮。但因分工與結構有關，故其效果自然昭著。
所以趙蕤特別重視科層結構。他說：

> 傅子曰：士大夫分職而聽，諸侯之君分土而守，三公總方而議，
> 則天子拱己而正矣。何以明其然耶？當堯之時，舜爲司徒，契爲司
> 馬，禹爲司空，后稷爲田疇，夔爲樂正，倕爲工師，伯夷爲秩宗，
> 皋陶爲理官，益掌驅禽，堯不能爲一焉，奚以爲君，而九子者爲
> 臣，其故何也？堯知九賦之事，使九子各授其事，皆勝其任以成九
> 功，堯遂乘成功以王天下。……君守其道，官知其事，……故稱設
> 官分職，君之體也，委任責成，君之體也。（長短經卷一大體第一）

科層結構之特質在分工，分工之目的在發揮功能，功能發揮，效果
提高，則目標自然容易達到了。所以趙蕤重視科層結構。

科層結構的另一特質，爲任用專才，其目的與分工相同。他說：

> 昔伊尹之興土工也，強脊者使之負土，眇者使之推，傴者使之
> 塗，各有所宜而人性齊矣。管仲曰：升降揖讓，進退閑習，臣不如
> 隰朋，請立以爲大行。闢土聚粟，盡地之利，臣不如寗戚，請立以
> 爲司田。平原廣牧，車不結轍，士不旋踵，鼓之而三軍之士視死如
> 歸，臣不如王子城父，請立以爲大司馬。決獄折中，不殺不辜，不
> 誣不罪，臣不如賓胥無，請立以爲大理。犯君顏色，進諫必忠，不
> 避死亡，不撓富貴，臣不如東郭牙，請立以爲大諫。君若欲治國強
> 兵，則五子者存焉；若欲霸王，則夷吾在此。……魏武詔曰：進取
> 之士，未必能有行，有行之士，未必能進取。陳平豈篤行，蘇秦豈
> 守信耶？而陳平定漢業，蘇秦濟弱燕者，任其長也。由此觀之，使
> 韓信下幃，仲舒當戎，于公馳說，陸賈聽訟，必無曩時之勳，而顯
> 今日之名也。故任長之道，不可不察。（長短經卷一任長第二）

人各才能不一，要在才能與職司（角色）配合，才能達到目的。不

同的地位角色，要求其不同之表現內容。所以大材大用，小材小用。管夷吾是霸王之才，卻非理想的折獄之官；蘇秦能濟弱燕，卻不能守信。所以「任長」是達到目的之過程，也就是社會心理學中所謂之「人格與地位」配合也。

3.政治主張　在趙蕤的政治主張中，特別重視君臣之間的關係。此種關係可謂上司下屬關係的代表。其調適與否，不祇關係到個人，而且牽連到國家社會。在以往，言君臣關係的思想家（尤以法家為然），皆以交換論之觀點出發，所謂君以名、利、權三者授之臣，以換其忠心，而臣以忠心換君所予之名、利、權。然在趙蕤看來，君臣的目標是以國家或社會對象。換言之，君不以臣為建立權力的工具，臣不以君為利益的來源，故君臣關係應建立個人利益之外。他說：

夫三皇無言，化流四海，故天下無所歸功。帝者體天則地，有言有令，而天下太平。君臣讓功，四海化行，百姓不知其所以然，故使臣不用禮賞功，美而無害。王者制人以道，降心服志。……君無疑於臣，臣無疑于主。國定主安，臣以義退，亦能美而無害。（長短經卷二君德第九）

因為趙蕤把君臣關係建立在超個人之利益上，所以君臣之間須以德相待。君須「聰達而多識，仁智而明恕，重慎而周密，樂施而愛人」。（同上）君既以仁待臣，臣自以忠侍君，反之則否。他說：

君任刑則臣畏罪而不敢欺，任德感義，與夫導德齊禮，有恥且格，等趨者也。任察畏非，與夫導政齊刑，免而無恥，同歸者也。優劣之懸，在於權衡，非徒鈞銖之覺也。（長短經卷二臣行第十）

君須以德服臣，則極其明顯矣。然則臣將何以侍君？他說：

夫人臣萌牙未動，形兆未見，昭然獨見存亡之機，得失之要，豫禁乎未然之前，使主超然立乎顯榮之處，如此者，聖臣也。虛心

盡意，日進善道，勉主以禮義，諫主以長策，將順其美，匡救其惡，如此者，大臣也。夙興夜寐，進賢不懈，數稱往古之行事，以屬主意，如此者，忠臣也。明察成敗，早防而救之，塞其閒，絕其源，轉禍以爲福，君終已無憂，如此者，智臣也。依文奉法，任官職事，不受贈遺，食飮節儉，如此者，貞臣也。國家昏亂，所爲不諛，敢犯主之嚴顏，面言主之過失，如此者，直臣也。是謂六正。（長短經卷二臣行第十）

六種正直之行爲，是臣侍君之正當角色。君臣以上述行爲相對待，則超越於「私人」關係之外，達到以人民福利爲目的，社會國家利益爲優先的前提。換言之，趙蕤旨在把君臣關係由私人性轉變爲公事性。使在追求社會國家利益上不受私人關係之影響，也就是走向制度化的道路。所謂「君臣親而有禮，百寮和而不同，讓而不爭，勤而不怨，唯職是司。」（長短經卷二理亂第十二）反之，「君臣爭明，朝廷爭功，大夫爭名，庶人爭利。」（同上）則秩序必然紛亂。蓋前者之君臣關係，係建立在公事之上，後者則建立在個人利益上。所以「明主之使其臣也，忠不得過職，而職不得過官。」（長短經卷三反經第十三）由此可見，君臣關係是建立在一種「非私人」性上，，也就是制度化了。

　　4.社會控制　就社會控制之性質而言，一須控制之工具，即所謂之制度；一須行制度之人，即官吏，兩者並用，方有效果。孟子曰：「徒法不能以自行」。（孟子離婁上）因此，自古以來的中國思想家，在言及社會控制時，大都在上述兩個重點之間有所側重。儒家重人輕法，非不須法；法家重法輕人，非不須人，實其側重點不同而已。趙蕤思想實承儒家，故其控制觀點，重人輕法。他說：

　　臣聞三代之亡，非法亡也，御法者非其人矣。故知法也者，先王之陳迹，苟非其人，道不虛行。（長短經卷三反經第十三）

　　趙蕤主張以人為主的社會控制觀，已極顯見。他之所以不主張以法為控制工具，在於法之弊端。司馬談說：法家嚴而少恩。在其完全抹煞人之尊嚴。趙蕤之觀點與此雷同，他說：

　　　法家者，蓋出於理官，信賞必罰，以輔禮制，此其所長也。及刻者為之，則亡教化，去仁愛，專任刑法，而欲以致治，至於殘賊至親，傷恩薄厚，此法家之弊也。（長短經卷三正論第十六）

　　但趙蕤並不抹煞法的功能。他引尹文子之言，認為社會秩序之維持，要靠「仁義禮樂，名法刑賞」八種方法，法即其中之一。法者即社會制度，而刑與賞乃維持此一制度的方法。其目的均在控制。「仁義禮樂名」五者，顯然是儒家社會控制的方法，「法刑賞」三者，屬法家之控制工具。仁義禮樂屬內在控制，名法刑賞屬外在控制。但八者利弊互見，各有長短。他說：

　　　尹文子曰：仁義禮樂，名法刑賞，此八者，五帝三王治世之術。故仁者，所以博施於物，亦所以生偏私。義者，所以立節行，亦所以成華偽。禮者，所以行敬謹，亦所以生惰慢。樂者，所以和情志，亦所以生淫放。名者，所以正尊卑，亦所以生矜篡。法者，所以齊衆異，亦所以生乖分。刑者，所以威不服，亦所以生凌暴。賞者，所以勸忠能，亦所以生鄙爭。（長短經卷三反經第十三）

　　八種社會控制工具，既各有利弊，則其效果之優劣，在於個人。換言之，人比制度因素更重要。他說：

　　　夫仁義禮樂，名法刑賞，忠孝賢智之道，文武明察之端，無隱於人，而常存於代，非自昭於堯湯之時，非故逃於桀紂之朝，用得其道則天下理，用失其道而天下亂。故知制度者，代非無也，在用之而已。（同上）

用制在人，所以說人的因素比其他因素更加重要。

5.制度變遷　　在趙蕤的思想中，時（情勢）與務（事情）是兩重要觀念。因爲一切制度之建立或變遷，均須依據這兩個因素而進行。時與務變動不居，制度卽應隨之改變與其配合。否則制度失調，會帶來反功能。他說：

> 昔先王當時而立法度，臨務而制事。法宜其時則理，事適其務故有功。今時移而法不變，務易而事以古，是則法與時詭，而時與務易。是以法立而時益亂，務爲而事益廢。故聖人之理國也，不法古，不脩今，當時而立功，在難而能免。（長短經卷三適變第十五）

制度隨時與務而改變，顯然是商鞅的思想，但他卻以此說明儒家所崇拜的三皇治道與五帝德化；　也用此說明道家的無爲而治❾　。　趙蕤認爲，「當時立法度，臨務而制事，」於個人可「各因其時而建功立德焉」（同上）；於社會可以四海昇平，導正人心。他把時與事的形勢，作爲修正制度的根據，雖然古已有之，但他比「易窮則變，變則通，」（周易繫辭下傳），更爲積極。

趙蕤的此種主張，並非是方法論上的演繹，而是有事實上的依據。他說：「夫事有趣同而勢異者，非事詭也，時之變耳。」（長短經卷七時宜第二十一）所謂「時之變」應指社會形勢不同。而社會形勢隨社會事實發生而不同，故應「隨時變通，不可執一。」（同上）他在「時宜」篇中，從秦王統一，到劉邦而王，期間情與勢異之處，臚述甚詳。他認爲，歷代成敗，多由情、勢轉變之因應而定。所以社會變遷乃一必然現象。能因應變遷者，事成；不能因應變遷者，事敗。由此而言，趙蕤所謂之社會變遷並非限於「變」而已。

---

❾　趙蕤說：道德經曰：「我無爲而人自化。」文子曰：「所爲無爲者，非謂引之不來，推之不往，謂其循理而擧事，因資而立功，推自然之勢也。」（長短經卷三適變第十五）

6.理想社會　　前文指出，趙蕤的思想屬於儒家，但不溺於所聞，囿於所見，故有其獨到之處。但在理想社會或社會設計上，其基本觀念與孔子者同。他說：

> 孔子閒居，謂曾參曰：昔者明王內脩七教，外行三至，七教脩而可以守，三至行而可以征，明王之守也，則必折衝千里之外。其征也，還師衽席之上。曾子曰：敢問七教。孔子曰：上敬老則下益孝，上敬齒則下益悌，上樂施則下益寬，上親賢則下擇交，上好德則下無隱，上惡貪則下恥爭，上廉讓則下知節，此之謂七教也。昔明王之治人也，必裂而封之，分屬而理之，使有司月省而時考之。進賢良，退不肖，哀鰥寡，養孤獨，恤貧窮，誘孝悌，選才能，此七者脩，則四海之內，無刑人矣。上之親也，如腹心，則下之親上也，如幼子之於慈母矣。其於信也如四時，而人信之也。如寒暑之必驗，故視遠若邇，非道邇也，見明德也。是以兵革不動而威，用利不施而親，此之謂明王之守，折衝千里之外者也。（長短經卷三適變第十五）

因此，趙蕤之理想社會，是一種政治清明，社會安全盡備的境界。由上一段話分析觀之，其與禮記禮運篇的大同境界，若合符節，皆係孔子思想的一貫傳統。

三、趙蕤社會思想評價　　趙蕤的社會思想，俱係儒家思想的發揮，其本身的創見不多。這是漢朝之後中國學術上的普遍現象，但是他對行為與心理的關係，卻有詳盡而合理之說明。此在中國古代思想中，殊為少見。

此外，對於科層結構之闡發，較之以前之學者，尤為詳盡。他不僅強調結構之分工，尤重功能之發揮。因此，以任用專才以達到分工的目的，發揮結構之功能，就成了其科層結構之主要特質。

至於其政治主張、社會控制，以及社會設計等等，均係沿承孔孟觀點，並無新見。

第六節　羅　　隱

一、略傳　羅隱字昭諫，唐末餘杭人，或曰新城人。生於衰唐之末，卒於後梁開平三年，年八十有餘。舊五代史云：「羅隱……詩名於天下，尤長於詠史，然多所譏諷，以故不中第」。後梁開平初年，「太祖以右諫議大夫徵，不至；魏博節度使羅紹威密表推薦，乃授給事中。」（卷二十四羅隱傳）羅隱因「貌古而陋」，加之持才傲物，爲公卿所惡，遂屢試不中。在其思想強調天賦不平等，或與此有關。著有「兩同書」兩卷傳世。

二、社會思想

1.不平等論　羅隱認爲，不平等是種必然現象，無論在自然界或在社會中，均不例外。他說：

> 夫一氣所化，陽尊而陰卑，三才肇分，天高而地下。龜龍爲鱗介之長，麟鳳處羽毛之宗。金玉乃土石之標，芝松則卉木之秀。此乃貴賤之理，著之於自然也。（兩同書貴賤第一）

萬物不平等，是自然創造之結果。而人在萬物之中，則最爲尊貴，所謂「人爲萬物之靈」，故人的地位亦最高。他說：

> 「然則萬物之中，唯人爲貴。」（同上）

又說：

> 夫強不自強，因弱以奉強。弱不自弱，因強以禦弱。故弱爲強者所伏，強爲弱者所宗。上下相制，自然之理也。（兩同書強弱第二）

　　人居萬物之最，而由人形成之社會，亦因人所具能力不一而不平等，此所謂之社會不平等也。社會不平等起於「人不自理」，需要有社會控制故也。他說：

　　　　然則萬物之中，唯人爲貴，人不自理，必有所尊，亦以明聖之
　　　　人，而居億兆之上也。是故時之所賢者，則貴之以爲君長，才不應
　　　　代者，則賤之以爲黎庶。（兩同書貴賤第一）

　　換言之，社會不平等，有助於社會秩序之維繫，「不能不說是順合天理，合於人情。」[⑩]社會有了君長、黎庶之分以後，便有貴賤之別。而貴賤取決於德之有無，換言之，地位高如君長者，必須有德，所謂「德必稱位」（荀子富國），而無德之人，則不足言貴。因此，位之高低「在乎有德，不在乎多力。」（兩同書強弱第二）。他說：

　　　　是故時之所賢者，則貴之以爲君長，才不應代者，則賤之以爲
　　　　黎庶。然處君長之位，非不貴矣，雖蒞力有餘，而無德可稱，則其
　　　　貴不足貴也。居黎庶之內，非不賤矣，雖貧弱不足，而有道可採，
　　　　則其賤未爲賤也。（兩同書貴賤第一）

　　因此，社會地位的高低，由德之有無與多寡爲標準。就此而言，羅隱的觀念，實係儒家的一貫主張。所以一個人應「不患無位，而患德之不修也；不憂其賤，而憂道之不篤也。」（同上）正是儒家德的傳統觀念。

　　2.文化起源　　羅隱的文化起源與發展觀，與傳統儒家思想了無區別。咸認是聖人（文化創造者）心思努力的結果。他說：

　　　　遠古之代，人心混沌，不殊於草木，取類於羽毛。後代聖人，
　　　　乃道之以禮樂，教之以仁義，然後君臣貴賤之制，坦然有章矣。
　　（兩同書敬慢第四）

────────────

⑩　薩孟武著「中國政治思想史」，頁370。

此處所謂之「制,」狹義言之，係指社會制度；廣義言之，泛指文化。古代把文化的創作與變遷歸之爲聖人，乃指文化的發明而言。事實上，遠古亦無所謂文化交流，或文化累積，其文化的發展除人爲創造之外，別無其他因素。所以人，尤其是聖人，就成了文化發展的唯一因素。從孔子以來，皆作如此主張。

3.人格　人格見之於個人內外行爲之表現。因其形成因素不一，故人格差異極其顯著。一般心理學或社會心理學常把人格分成若干類型，卽根據人之內外行爲不同故也。羅隱言人格差異，乃以道德爲標準。他說：

> 夫人者姦宄無端，眞僞匪一，或貌恭而心慢，或言親而行違，或賤廉而貴貪，或貧貞而富黷，或懲大以求變，或位高而自疑，或見利而忘恩，或逃刑而搆隙，此則著筮不足決，鬼神不能定，且利器者至重也。（兩同書得失第七）

人之行爲雖然各不相同，但歸納言之，仍可別爲君子與小人兩種。所謂「使夫小人退野，君子居朝，然後可爲得矣。」（兩同書眞僞第八）實事上，人之人格並不限於上列兩種，所謂「人心之不同各如其面」，羅隱所列舉者，乃以道德爲準繩也。

4.君臣關係　羅隱所言之君臣關係，建立在互敬之上。也就是建立在道德層次之上。羅隱並未列述君臣之角色，但卻指君臣地位之互賴。他說：

> 夫君者舟也，臣者水也。水能浮舟，亦能覆舟。臣能輔君，亦能危君。是以三傑用而漢興，六卿強而晉滅，陶朱在而越覇，田氏盛而齊亡，雖任事同，而成敗尤異也。（兩同書得失第七）

以水舟關係喩於君臣，原見荀子，要在說明兩者之間關係之互依與互賴。所以君臣必須建立在互敬關係之上，才能利國，亦能利民。他

說:

> 下之不敬，則不足以奉君; 上之不敬，則不足以御臣。……是
> 故明主之於天下也。設壇授將，側席求賢，賁束帛於丘園，降安車
> 於途巷。故得眞龍就位，振鷺來庭，天下榮之，願從其化也。(兩
> 同書敬慢第四)

君臣間之互敬，係以人性尊嚴爲基礎，並非建立在互補之角色內涵
上。羅隱自知君臣之角色內涵，但他特別強調兩者之間的人格尊嚴。他
說:

> 「然夫敬人者，不必自賤，蓋欲用其人也，慢人者，不必增貴，
> 適足怨其人也。」(同上)

此種觀點，亦儒家傳統觀念之一。總之，羅隱所重視者，係人性之
尊嚴或人權，並非地位上之角色要求。這與西方社會思想，有其根本之
不同也。

羅隱的思想，創見不多，但著重處不同。他言不平等，頗有見地。
尤其由自然表現之差異，引伸到社會地位的不同,亦係思想家常見之說。
其他思想雖無新猷，但強調人性尊嚴,可能是對自然不平等的一種補償。

三民大專用書書目

國父遺教

書名	著者		服務機關
國父思想	涂子麟	著	中山大學
國父思想	周世輔	著	前政治大學
國父思想新論	周世輔	著	前政治大學
國父思想要義	周世輔	著	前政治大學

法　律

書名	著者		服務機關
中國憲法新論	薩孟武	著	前臺灣大學
中國憲法論	傅肅良	著	中興大學
中華民國憲法論	管　歐	著	東吳大學
中華民國憲法逐條釋義(一)～(四)	林紀東	著	前臺灣大學
比較憲法	鄒文海	著	前政治大學
比較憲法	曾繁康	著	臺灣大學
美國憲法與憲政	荆知仁	著	政治大學
國家賠償法	劉春堂	著	輔仁大學
民法概要	鄭玉波	著	臺灣大學
民法概要	董世芳	著	實踐學院
民法總則	鄭玉波	著	臺灣大學
判解民法總則	劉春堂	著	輔仁大學
民法債編總論	鄭玉波	著	臺灣大學
判解民法債篇通則	劉春堂	著	輔仁大學
民法物權	鄭玉波	著	臺灣大學
判解民法物權	劉春堂	著	輔仁大學
民法親屬新論	黃宗樂	等著	臺灣大學
民法繼承新論	黃宗樂	等著	臺灣大學
商事法論	張國鍵	著	臺灣大學
商事法要論	梁宇賢	著	中興大學
公司法	鄭玉波	著	臺灣大學
公司法論	柯芳枝	著	臺灣大學

書名	作者		服務機關
強制執行法	陳榮宗	著	臺灣大學
法院組織法論	管歐	著	東吳大學

政治・外交

書名	作者		服務機關
政治學	薩孟武	著	前臺灣大學
政治學	鄒文海	著	前政治大學
政治學	曹伯森	著	陸軍官校
政治學	呂亞力	著	臺灣大學
政治學概要	張金鑑	著	前政治大學
政治學方法論	呂亞力	著	臺灣大學
政治理論與研究方法	易君博	著	政治大學
公共政策概論	朱志宏	著	臺灣大學
公共政策	曹俊漢	著	臺灣大學
公共政策	朱志宏	著	臺灣大學
公共關係	王德馨	等著	交通大學
中國社會政治史(一)~(四)	薩孟武	著	前臺灣大學
中國政治思想史	薩孟武	著	前臺灣大學
中國政治思想史 （上）（中）（下）	張金鑑	著	政治大學
西洋政治思想史	張金鑑	著	政治大學
西洋政治思想史	薩孟武	著	前臺灣大學
中國政治制度史	張金鑑	著	政治大學
比較主義	張亞澐	著	國策顧問
比較監察制度	陶百川	著	監察顧問
歐洲各國政府	張金鑑	著	政治大學
美國政府	張金鑑	著	政治大學
地方自治概要	管歐	著	東吳大學
國際關係——理論與實踐	朱張碧珠	著	臺灣大學
中美早期外交史	李定一	著	政治大學
現代西洋外交史	楊逢泰	著	政治大學

行政・管理

書名	作者		服務機關
行政學（增訂版）	張潤書	著	政治大學
行政學	左潞生	著	中興大學
行政學新論	張金鑑	著	政治大學

書名	著者		校名
行政管理學	傅肅良	著	中興大學
行政生態學	彭文賢	著	中興大學
各國人事制度	傅肅良	著	中興大學
考銓制度	傅肅良	著	中興大學
交通行政	劉承漢	著	成功大學
組織行為管理	龔平邦	著	前逢甲大學
行為科學概論	龔平邦	著	前逢甲大學
行為科學與管理	徐木蘭	著	臺灣大學
組織行為學	高尚仁 等	著	香港大學
組織原理	彭文賢	著	中興大學
實用企業管理學	解宏賓	著	中興大學
企業管理	蔣靜一	著	逢甲大學
企業管理	陳定國	著	臺灣大學
國際企業論	李蘭甫	著	香港中文大學
企業政策	陳光華	著	交通大學
企業概論	陳定國	著	臺灣大學
管理新論	謝長宏	著	交通大學
管理概論	郭崑謨	著	中興大學
管理個案分析	郭崑謨	著	中興大學
企業組織與管理	郭崑謨	著	中興大學
企業組織與管理（工商管理）	盧宗漢	著	中興大學
現代企業管理	龔平邦	著	前逢甲大學
現代管理學	龔平邦	著	前逢甲大學
事務管理手冊	新聞局	編	
生產管理	劉漢容	著	成功大學
管理心理學	湯淑貞	著	成功大學
管理數學	謝志雄	著	東吳大學
品質管理	戴久永	著	交通大學
可靠度導論	戴久永	著	交通大學
人事管理（修訂版）	傅肅良	著	中興大學
作業研究	林照然	著	輔仁大學
作業研究	楊超然	著	臺灣大學
作業研究	劉	著	舊金山州立大學

書名	作者		學校
系統分析	陳　進	著	前聖瑪麗大學

社　會

書名	作者		學校
社會學	蔡文輝	著	印第安那大學
社會學	龍冠海	著	前臺灣大學
社會學	張華葆	主編	東海大學
社會學理論	蔡文輝	著	印第安那大學
社會學理論	陳秉璋	著	政治大學
社會心理學	劉安彥	著	傑克遜州立大學
社會心理學	張華葆	著	東海大學
社會心理學	趙淑賢	著	安柏拉校區
社會心理學理論	張華葆	著	東海大學
政治社會學	陳秉璋	著	政治大學
醫療社會學	廖榮利	等著	臺灣大學
組織社會學	張苙雲	著	臺灣大學
人口遷移	廖正宏	著	臺灣大學
社區原理	蔡宏進	著	臺灣大學
人口教育	孫得雄	編著	東海大學
社會階層化與社會流動	許嘉猷	著	臺灣大學
社會階層	張華葆	著	東海大學
西洋社會思想史	張承漢	等著	臺灣大學
中國社會思想史（上）（下）	張承漢	著	臺灣大學
社會變遷	蔡文輝	著	印第安那大學
社會政策與社會行政	陳國鈞	著	中興大學
社會福利行政（修訂版）	白秀雄	著	臺灣大學
社會工作	白秀雄	著	臺灣大學
社會工作管理	廖榮利	著	臺灣大學
團體工作：理論與技術	林萬億	著	臺灣大學
都市社會學理論與應用	龍冠海	著	前臺灣大學
社會科學概論	薩孟武	著	前臺灣大學
文化人類學	陳國鈞	著	中興大學

書名	作者		服務機關
勞工問題	陳國鈞	著	中興大學
少年犯罪心理學	張華葆	著	東海大學
少年犯罪預防及矯治	張華葆	著	東海大學

教　育

書名	作者		服務機關
教育哲學	賈馥茗	著	臺灣師大
教育哲學	葉學志	著	彰化教育學院
普通教學法	方炳林	著	前臺灣師大
各國教育制度	雷國鼎	著	臺灣師大
教育心理學	溫世頌	著	傑克遜州立大學
教育心理學	胡秉正	著	政治大學
教育社會學	陳奎憙	著	臺灣師大
教育行政學	林文達	著	政治大學
教育行政原理	黃文輝	主譯	臺灣師大
教育經濟學	蓋浙生	著	臺灣師大
教育經濟學	林文達	著	政治大學
工業教育學	袁立錕	著	彰化教育學院
技術職業教育行政與視導	張天津	著	臺灣師大
技職教育測量與評鑒	李大偉	著	臺灣師大
高科技與技職教育	楊啟棟	著	臺灣師大
工業職業技術教育	陳昭雄	著	臺灣師大
技術職業教育教學法	陳昭雄	著	臺灣師大
技術職業教育辭典	楊朝祥	編著	臺灣師大
技術職業教育理論與實務	楊朝祥	著	臺灣師大
工業安全衛生	羅文基	著	臺灣師大
人力發展理論與實施	彭台臨	著	臺灣師大
職業教育師資培育	周談輝	著	臺灣師大
家庭教育	張振宇	著	淡江大學
教育與人生	李建興	著	臺灣師大
當代教育思潮	徐南號	著	臺灣大學
比較國民教育	雷國鼎	著	臺灣師大
中等教育	司琦	著	政治大學
中國教育史	胡美琦	著	文化大學

書名	作者		學校
中國現代教育史	鄭世興	著	臺灣師範大學
中國大學教育發展史	伍振鷟	著	臺灣師範大學
中國職業教育發展史	周談輝	著	臺灣師範大學
社會教育新論	李建興	著	臺灣師範大學
中國社會教育發展史	李建興	著	臺灣師範大學
中國國民教育發展史	司琦	著	政治大學
中國體育發展史	吳文忠	著	臺灣師範大學
如何寫學術論文	宋楚瑜	著	臺灣大學
論文寫作研究	段家鋒	等著	政戰學校等

心理學

書名	作者		學校
心理學	劉安彥	著	傑克遜州立大學等
心理學	張春興	等著	臺灣師大等
人事心理學	黃天中	著	淡江大學
人事心理學	傅肅良	著	中興大學

經濟・財政

書名	作者		學校
西洋經濟思想史	林鐘雄	著	臺灣大學
歐洲經濟發展史	林鐘雄	著	臺灣大學
比較經濟制度	孫殿柏	著	政治大學
經濟學原理（增訂新版）	歐陽勛	著	政治大學
經濟學導論	徐育珠	著	南康涅狄克州立大學
經濟學概要	歐陽勛	等著	政治大學
通俗經濟講話	邢慕寰	著	前香港大學
經濟學（增訂版）	陸民仁	著	政治大學
經濟學概論	陸民仁	著	政治大學
國際經濟學	白俊男	著	東吳大學
國際經濟學	黃智輝	著	東吳大學
個體經濟學	劉盛男	著	臺北商專
總體經濟分析	趙鳳培	著	政治大學
總體經濟學	鐘甦生	著	西雅圖銀行
總體經濟學	張慶輝	著	政治大學
總體經濟理論	孫震	著	臺灣大學

書名	著者		學校（機關）
數理經濟分析	林大侯	著	臺灣大學
計量經濟學導論	林華德	著	臺灣大學
計量經濟學	陳正澄	著	臺灣大學
經濟政策	湯俊湘	著	中興大學
合作經濟概論	尹樹生	著	中興大學
農業經濟學	尹樹生	著	中興大學
工程經濟	陳寬仁	著	中正理工學院
銀行法	金桐林	著	中國銀行
銀行法釋義	楊承厚	著	華南銀行
商業銀行實務	解宏賓	編著	中興大學
貨幣銀行學	何偉成	著	東吳大學
貨幣銀行學	白俊男	著	東吳大學
貨幣銀行學	楊樹森	著	文化大學
貨幣銀行學	趙鳳培	著	政治大學
現代貨幣銀行學	柳復起	著	新南威爾斯大學
現代國際金融	柳復起	著	新南威爾斯大學
國際金融理論與制度（修訂版）	歐陽勛等	編著	政治大學
金融交換實務	李麗	著	中央銀行
財政學	李厚高	著	逢甲大學
財政學（修訂版）	林華德	著	臺灣大學
財政學原理	魏萼	著	臺灣大學
商用英文	張錦源	著	政治大學
商用英文	程振粵	著	政治大學
貿易契約理論與實務	張錦源	著	政治大學
貿易英文實務	張錦源	著	政治大學
信用狀理論與實務	蕭啟賢	著	輔仁大學
信用狀理論與實務	張錦源	著	政治大學
國際貿易	李穎吾	著	政治大學
國際貿易實務詳論	張錦源	著	政治大學
國際貿易實務	羅慶龍	著	逢甲大學

國際貿易理論與政策（修訂版）	歐陽勛等編著	政治大學
國際貿易政策概論	余德培著	東吳大學
國際貿易論	李厚高著	逢甲大學
國際商品買賣契約法	鄧越今編著	外貿協會
國際貿易法概要	于政長著	東吳大學
國際貿易法	張錦源著	政治大學
外匯投資理財與風險	李麗著	中央銀行
外匯、貿易辭典	于政長編著 張錦源校訂	東吳大學 政治大學
貿易實務辭典	張錦源編著	政治大學
貿易貨物保險（修訂版）	周詠棠著	中央信託局
貿易慣例	張錦源著	政治大學
國際匯兌	林邦充著	政治大學
國際行銷管理	許士軍著	新加坡大學
國際行銷	郭崑謨著	中興大學
行銷管理	郭崑謨著	中興大學
海關實務（修訂版）	張俊雄著	淡江大學
美國之外匯市場	于政長譯	東吳大學
保險學（增訂版）	湯俊湘著	中興大學
人壽保險學（增訂版）	宋明哲著	德明商專
人壽保險的理論與實務	陳雲中編著	臺灣大學
火災保險及海上保險	吳榮清著	文化大學
市場學	王德馨等著	中興大學
行銷學	江顯新著	中興大學
投資學	龔平邦著	前逢甲大學
投資學	白俊男等著	東吳大學
海外投資的知識	葉雲鎮等譯	
國際投資之技術移轉	鍾瑞江著	東吳大學

會計・統計・審計

銀行會計（上）（下）	李兆萱等著	臺灣大學等
初級會計學（上）（下）	洪國賜著	淡水工商
中級會計學（上）（下）	洪國賜著	淡水工商
中等會計（上）（下）	薛光圻等著	西東大學等

書名	著（譯）者	類別	服務學校
會計辭典	龍毓珊	譯	臺灣大學商學院
會計學（上）（下）	辛世間	著	淡江大學
會計學題解	辛世間	著	淡江大學
成本會計（上）（下）	洪國賜	著	淡水工商
成本會計	盛禮約	著	淡水工商
政府會計	李增榮	著	政治大學
政府會計	張鴻春	著	臺灣大學
稅務會計	卓敏枝 等	著	臺灣大學
財務報表分析	洪國賜 等	著	淡水工商
財務報表分析	李祖培	著	中興大學
財務管理	張春雄	著	政治大學
財務管理（增訂新版）	黃柱權	著	政治大學
商用統計學（修訂版）	顏月珠	著	臺灣師範大學
商用統計學	劉一忠	著	舊金山州立大學
統計學（修訂版）	柴松林	著	政治大學
統計學	劉南溟	著	前臺灣大學
統計學	張浩鈞	著	臺灣大學
統計學	楊維哲	著	臺灣大學
統計學	顏月珠	著	臺灣師範大學
統計學題解	顏月珠	著	臺灣師範大學
推理統計學	張碧波	著	銘傳商專
應用數理統計學	顏月珠	著	臺灣師範大學
統計製圖學	宋汝濬	著	臺中商專
統計概念與方法	戴久永	著	臺灣交通大學
審計學	殷文俊 等	著	政治大學
商用數學	薛昭雄	著	政治大學
商用數學（含商用微積分）	楊維哲	著	臺灣大學
線性代數（修訂版）	謝志雄	著	東吳大學
商用微積分	何典恭	著	淡水工商
微積分	楊維哲	著	臺灣大學
微積分（上）（下）	楊維哲	著	臺灣大學
大二微積分	楊維哲	著	臺灣大學

大眾傳播與社會變遷　　　陳世敏　著　政治大學
組織傳播　　　　　　　　鄭瑞城　著　政治大學
政治傳播學　　　　　　　祝基瀅　著　政治大學
文化與傳播　　　　　　　汪　琪　著　政治大學

歷史‧地理

中國通史（上）（下）　　林瑞翰　著　臺灣大學
中國現代史　　　　　　　李守孔　著　臺灣大學
中國近代史　　　　　　　李守孔　著　臺灣大學
中國近代史　　　　　　　李雲漢　著　政治大學
中國近代史（簡史）　　　李雲漢　著　政治大學
中國近代史　　　　　　　古鴻廷　著　東海大學
隋唐史　　　　　　　　　王壽南　著　政治大學
明清史　　　　　　　　　陳捷先　著　臺灣大學
黃河文明之光　　　　　　姚大中　著　東吳大學
古代北西中國　　　　　　姚大中　著　東吳大學
南方的奮起　　　　　　　姚大中　著　東吳大學
中國世界的全盛　　　　　姚大中　著　東吳大學
近代中國的成立　　　　　姚大中　著　東吳大學
西洋現代史　　　　　　　李邁先　著　臺灣大學
東歐諸國史　　　　　　　李邁先　著　臺灣大學
英國史綱　　　　　　　　許介鱗　著　臺灣大學
印度史　　　　　　　　　吳俊才　著　政治大學
日本史　　　　　　　　　林明德　著　臺灣師大
日本現代史　　　　　　　許介鱗　著　臺灣師大
近代中日關係史　　　　　林明德　著　臺灣師大
美洲地理　　　　　　　　林鈞祥　著　臺灣師大
非洲地理　　　　　　　　劉鴻喜　著　臺灣師大
自然地理學　　　　　　　劉鴻喜　著　臺灣師大
地形學綱要　　　　　　　劉鴻喜　著　臺灣師大
聚落地理學　　　　　　　胡振洲　著　中興大學
海事地理學　　　　　　　胡振洲　著　中興大學
經濟地理　　　　　　　　陳伯中　著　前臺灣大學
都市地理學　　　　　　　陳伯中　著　前臺灣大學